Reihe Rechtswissenschaft
Band 165

Die körperschaftsteuerliche Organschaft im GmbH-Vertragskonzern

Sven Pache

Centaurus Verlag & Media UG 1995

Die Deutsche Bibliothek – CIP-Einheitsaufnahme

Pache, Sven:
Die körperschaftsteuerliche Organschaft
im GmbH-Vertragskonzern / Sven Pache. –
Pfaffenweiler : Centaurus Verl.-Ges., 1995
  (Reihe Rechtswissenschaft ; 165)
  Zugl.: Frankfurt (Main), Univ., Diss., 1994
  ISBN 978-3-89085-907-1   ISBN 978-3-86226-366-0 (eBook)
  DOI 10.1007/978-3-86226-366-0
NE: GT

ISSN 0177-2805

Satz: Vorlage des Autors

Vorwort

Die Arbeit hat im Wintersemester 93/94 dem Fachbereich Rechts-
wissenschaften der Johann Wolfgang Goethe Universität als Dissertation vorgelegen. Rechtsprechung und Literatur wurden bis
zum November 1993 berücksichtigt.

Ich möchte an dieser Stelle zunächst meinem Doktorvater, Prof.
Dr. Eckard Rehbinder dafür danken, daß er die Betreuung der Arbeit übernommen hat und durch sein zügiges Arbeiten eine rei-
bungslose Abwicklung des Prüfungsverfahrens ermöglicht hat.

Sehr gefreut habe ich mich auch über die spontane Bereitschaft
von Herrn Prof. Dr. Helmut Kohl die Zweitkorrektur zu übernehmen.

Meinen Dank möchte ich weiter der Firma "plan mit" GmbH in
Maintal sowie deren Mitarbeitern aussprechen, durch deren
freundliche Unterstützung eine Erstellung des Manuskripts auf
einem PC möglich wurde.

Ein besonderer Dank gebührt schließlich meinen Eltern, die mich
stets unterstützt haben.

Ein Tippfehler im Gutachten von Prof. Dr. Rehbinder ("körperschaftliche Organschaft") regte meine Phantasie derart an, daß
ich begann mir die Operation vorzustellen, die nötig sein muß,
damit eine "Tochter" zum Organ der "Mutter" werden kann und
quasi eine "körperliche Organschaft" entsteht. Ich hoffe, man
sieht mir den Einblick in meine Phantasien nach.

Erlensee im April 1994

Sven Pache

Gliederung

Literaturverzeichnis

I. Kommentare

Baumbach/Hueck/Hueck   Aktiengesetz, 13. Aufl., München 1968

Baumbach/Hueck   GmbH-Gesetz, 15. Aufl., München 1988

Blümich   Einkommensteuergesetz, Körperschaftsteuergesetz, Gewerbesteuergesetz, 14. Aufl., München, Stand September 1992

Felix/Streck   Körperschaftsteuergesetz mit Nebengesetzen, 3. Aufl., München 1991

Frotscher/Maas   Körperschaftsteuergesetz, Freiburg im Breisgau, Stand Juli 1992

Geßler/Hefermehl/Eckhardt/Kropff   Aktiengesetz §§ 291-318, 6. Lieferung, München 1976

Herrmann/Heuer/Raupach   Einkommensteuer und Körperschaftsteuergesetz mit Nebengesetzen, 20.Aufl., Köln, Stand März 1992

Hachenburg   Gesetz betreffend die Gesellschaft mit beschränkter Haftung, Großkommentar
Band 1, §§ 1-34, 8.Aufl., Berlin/New York 1992
Band 2, §§ 13-52, 7. Aufl.(Vorauflage), Berlin/New York 1979
       3 Lieferung, §§ 45-52, 8. Aufl., Berlin/New York 1991
Band 3, 5.Lieferung §§ 53-64, 8. Aufl. , Berlin/New York 1992

Hübschmann/Hepp/Spitaler   Kommentar zur Abgabenordnung und Finanzgerichtsordnung, 9.Aufl., Köln, Stand December 1992

Klein/Laube/Schöberle   Handbuch des Körperschaftsteuerrechts, Neuwied, Stand Oktober 1992

Kölner Kommentar   zum Aktiengesetz, Hrsg. Wolfgang Zöllner,
Band 1, §§ 1-75 AktG, 2.Aufl. Köln/Berlin/Bonn/München 1988
Band 3, §§ 291-410 AktG, Köln/Berlin/Bonn/München 1985

Kühn/Kutter/Hofmann   Abgabenordnung, 16.Aufl., Stuttgart 1990

Lademann   Kommentar zum Körperschaftsteuergesetz, Stuttgart/München/Hannover, Stand Juni 1992

Lutter/Hommelhoff   GmbH-Gesetz Kommentar, 13. Aufl., Köln 1991

Münchener Kommentar   zum Bürgerlichen Gesetzbuch, Band 1, §§ 1-240, 3. Aufl., München 1993

Münchener Rechtslexikon   Band 1, A-F, 2. Aufl.,München 1992

Palandt   Bürgerliches Gesetzbuch, 52. Aufl., München 1993

Rowedder/Koppensteiner/Rasner/
Rittner/Wiedemann/Zimmermann   Gesetz betreffend die Gesellschaften mit beschränkter Haftung, 2. Aufl., München 1990

Scholz   Kommentar zum GmbH-Gesetz
Band I, §§ 1-44, Anh. Konzernrecht, 8. Aufl., Köln 1993
Band II, §§ 41-85, 7. Aufl., Köln 1988

Singbartl   Körperschaftsteuer (KStG 1977) Kommentar, Frankfurt/M 1988

II. Monographien

Baumann, Jürgen   Einführung in die Rechtswissenschaft, 8. Aufl., München 1989

Der Konzern   Referate sowie Diskussionen, Köln 1976

Emmerich, Volker/
Sonnenschein, Jürgen   Konzernrecht, 4. Aufl., München 1992

Jurkat, Werner   Die Organschaft im Körperschaftsteuerrecht, Heidelberg 1975

Kort, Michael   Der Abschluß von Beherrschungs- und Gewinnabführungsverträgen im GmbH-Recht, Köln/Berlin/Bonn/München 1986

Kübler, Friedrich   Gesellschaftsrecht, 3. Aufl., Heidelberg 1990

Martens, Peter — Mehrheits- und Konzernherrschaft in der personalistischen GmbH, Dissertation, Köln 1970

Mestmäcker, Ernst Joachim — Verwaltung, Konzerngewalt und Rechte der Aktionäre, Karlsruhe 1958

Prael, Christoph — Eingliederungs- und Beherrschungsverträge als körperschaftliche Rechtsgeschäfte, Berlin 1978

Reuter, Hans-Peter — Die Besteuerung der verbundenen Unternehmen, München 1970

Schmidt, Karsten — Gesellschaftsrecht, 2. Aufl., Köln/Berlin/Bonn/München 1991

Schmidt, Ludwig/
Steppert, Helmut — Die Organschaft im Körperschaftsteuer-,Gewerbesteuer- und Umsatzsteuerrecht, 3. Aufl., Berlin 1978

Sonnenschein, Jürgen — Organschaft und Konzerngesellschaftsrecht unter Berücksichtigung des Wettbewerbsrechtes und des Mitbestimmungsrechts, Baden-Baden 1976

Verhoeven, Thomas — GmbH- Konzern-Innenrecht, Bonn 1978

Wilhelm, Hermann — Die Beendigung des Beherrschungs- und Gewinnabführungsvertrages, Köln/Berlin/Bonn/München 1976

Windbichler, Christine — Unternehmensverträge und Zusammenschlußkontrolle, Köln/Berlin/Bonn/München 1977

III. Aufsätze

Barandt, Peter — Widersprüchliche Bestimmung des Entstehungszeitpunktes von Veranlagungssteuern durch die Finanzrechtsprechung, in DB 1984, S.1702 ff.

ders. — Rückwirkung von Verträgen im Steuerrecht, in BB 1983, S.1293 ff.

Biergans, Enno — Überlegung zur Zurechnung latenter Einkünfte im Einkommensteuerrecht, in FR 1982, S.525 ff.

Blümers, Wolfgang/
Schmidt, Gerhard   Die körperschaftsteuerlichen Konsequenzen des "Supermarkt-Beschlusses" des BGH- eine Bestandsaufnahme in GmbHR 1991, S.32 ff.

dies.   Eintragungspflicht von Gewinnabführungsverträgen im GmbH-Recht und Anerkennung der körperschaftsteuerlichen Organschaft bei "Altverträgen", in DB 1989, S.31 ff.

Bösebeck, Ernst   "Satzungsdurchbrechung" im Recht der AG und GmbH, in NJW 1960, S.2265 ff.

Boujong, Karlheinz   Zur Auslegung und Fortbildung des GmbH-Rechts in der neueren Judikatur des Bundesgerichtshofs, in GmbHR 1992, S.207 ff.

Brezing, Klaus   Mehrstufige Unternehmensverbindungen im Steuerrecht, in ZGR 1978, S.77ff.

ders.   Nochmals: Die GmbH als Organgesellschaft im Körperschaftsteuerrecht, in GmbHR 1971, S.60 ff.

ders.   Probleme der mittelbaren finanziellen Eingliederung, in DStZ 1982, S.103ff.

Dornfeld, Robert Ernst   Stellt die wirtschaftliche Eingliederung ein überflüssiges Tatbestandselement der köperschaftsteuerlichen Organschaft dar?, in FR 1969, S.349 ff.

Dornfeld, Robert Ernst/
Telkamp, Heinz-Jürgen,   Konzernunternehmung und Organschaftsvoraussetzung - Zur wirtschaftlichen Eingliederung und zu den Anforderungen an den Organträger bei Holdinggesellschaften und Betriebsaufspaltung, in StuW 1971, S.67 ff.

Dötsch, Erwald   Steueränderungsgesetz 1992: Die Änderung des KStG, in DB 1992, S.650 ff.

Ebenroth, Carsten Thomas/
Müller, Andreas   Kündigung, Heilung und Mitwirkungspflichten bei fehlerhaften Organschaftsverhältnissen im GmbH-Konzern, in BB 1991, S.358 ff.

Eckhard, Walter   Die Regelung der körperschaftsteuerlichen Organschaft, in BB 1969, S.925 ff.

Eisenhardt, Ulrich | Zum Weisungsrecht der Gesellschafter in der nicht mitbestimmten GmbH, in Festschrift für Gerd Pfeiffer, Köln/Berlin/Bonn/München 1988

Emmerich, Volker | Das GmbH-Konzernrecht in AG 1975, Teil I, S.253 ff., Teil II, S.285 ff.

ders. | Supermarkt und die Folgen, in JuS 1992, S.102 ff.

ders. | Das GmbH-Konzernrecht, in "Der GmbH-Konzern", Köln 1976, S.4 ff.

Esch, Günter | Die Wirksamkeit von Ergebnisabführungsverträgen im Recht der GmbH, in BB 1986, S.272 ff.

Flume, Werner | Die Organschaft zu einer Holdinggesellschaft, in DB 1959, S.1296 ff.

ders. | Die Organschaft im Körperschaftsteuerrecht, in DB 1956, S.455 ff.

ders. | Der Gewinn- und Verlustübernahmevertrag im GmbH-Recht, in DB 1989, S.665 ff.

ders. | Das Video-Urteil und das GmbH-Recht, in DB 1992, S.25 ff.

Gäbelein, Wolfgang | GmbH- Konzernrecht- neue Konzeption erforderlich?, in GmbHR 1987, S.221 ff.

ders. | Unternehmensverträge mit abhängigen GmbH, in GmbHR 1989, S.502 ff.

Gutbrod, Karl | Wirksamkeitsvoraussetzungen für den Ergebnisabführungsvertrag der GmbH, in BB 1980, S.288 ff.

Heidner, Hans-Hermann | Grundzüge der Organschaft im Körperschaft-, Gewerbe- und Umsatzsteuerrecht, in DStR 1988, S.87 ff.

Herrmann, Carl/ Winter, Willi | Der Gewinnabführungsvertrag einer GmbH als Organschaft in zivil- und steuerrechtlicher Sicht, in FR 1982, S.262 ff.

Hönle, Bernd Michael | Der außeraktienrechtliche Gewinnabführungsvertrag in gesellschaftsrechtlicher und körperschaftsteuerlicher Sicht, in DB 1979, S.485 ff.

Heckschen, Herbert — Wirksamkeitsvoraussetzungen für Gewinnabführungsverträge im GmbH-Recht, in DB 1988, S.1685 ff.

ders. — Gelöste und ungelöste zivilrechtliche Fragen des GmbH- Konzernrechts, in DB 1989, S.29 ff.

Hillers — Anmerkung zum Beschluß des BayObLG v. 16.06.1988, in DNotZ 1988, S.626 ff.

Hübl, Leo — Gedanken zum neuen Organschaftserlaß, in DStZ 1972, S.81 ff.

ders. — Die gesetzliche Regelung der körperschaftsteuerlichen Organschaft, in DStZ 1972, S.145 ff.

Immenga, Ulrich/Werner, Horst — Der Stimmrechtsausschluß eines GmbH- Gesellschafters, in GmbHR 1976, S.53 ff.

Jurkat, Werner — Geschäftsleitende Holding als Organträger bei nur einer Tochtergesellschaft in BB 1970, S.959 ff.

Kleindiek, Detlef — Fehlerhafte Unternehmensverträge im GmbH- Recht 1988, S.613 ff.

Köhler, Helmut — Rückabwicklung fehlerhafter Unternehmenszusammenschlüsse, in ZGR 3/85, S.307 ff.

Kort, Michael — Rechtsfortbildung im GmbH- Konzernrecht, in ZIP 1989, S.1309 ff.

ders. — Handelsregistereintragungen bei Unternehmensverträgen im GmbH-Konzernrecht in AG 1988, S.369 ff.

Kottke, Klaus — Zur Rückwirkung von Ereignissen bei laufend veranlagten Steuern, in DStR 1982, S.545 ff.

Kreile, Reinhold — Gedanken zu einer gesetzlichen Regelung der körperschaftsteuerlichen Organschaft, in FR 1966, S.273 ff.

ders. — Der Gesetzentwurf zur Regelung der körperschaftsteuerlichen Organschaft, in FR 1968, S.456

Laube, Konrad — Probleme des Übergangs zur gesetzlichen Regelung der körperschaftsteuerlichen Organschaft, in BB 1969, S.1532 ff.

Lutter, Marcus — Das System des deutschen GmbH-Konzernrechts, in ZHG Sonderheft Nr.6, Entwicklungen im GmbH-Konzernrecht, 1986, S.192 ff.

Lutter, Marcus/
Hommelhoff, Peter — Formerfordernisse für Unternehmensverträge im GmbH- Recht, in NJW 1988, S.1240 ff.

Martens, Klaus-Peter — Das Konzernrecht nach dem Referentenentwurf eines GmbH-Gesetzes (I), in DB 1970, S.813 ff.

Müller, Klaus — Der Abschluß eines Gewinnabführungsvertrages bei der GmbH, in GmbHR 1973, S.97 ff.

Priester, Hans-Joachim — Bildung und Auflösung des GmbH-Vertragskonzerns, in ZHG Sonderheft Nr.6, Entwicklungen im GmbH-Konzernrecht, 1986, S.151 ff.

ders. — Bestimmungen zum Unternehmensvertrag in der Satzung der GmbH, in DB 1989, S.1013 ff.

Ranft, Eckhard — Gesetz zur Änderung des Körperschaftsteuergesetzes und anderer Gesetze -Organschaftsgesetz-, in FR 1969, S.331 ff.

Raupach, Arndt — Unternehmensorganisation/Unternehmensverträge, in JbdFfSt 1987/1988, S.251 ff.

Redaktion Der Betrieb — Weitere Einzelfragen zur Regelung der Organschaft im KStG, in DB 1969, S.1821 f.

Rehbinder, Eckard — Die Abwicklung fehlerhafter Unternehmensverträge beim GmbH-Vertragskonzern in Festschrift f. Hans Joachim Fleck, Zeitschrift für Unternehmens- und Gesellschaftsrecht, Sonderheft 7, S.254 ff., Berlin/New York 1988

Reuter, Hans-Peter — Gewerbesteuerliche Organschaft und Aktiengesetz, in Festschrift Für Hugo von Wallis, Hrsg. Franz Klein, Bonn 1985, S.427 ff.

Rix, Reinhard — Gesellschaftsrechtliche Probleme von Gewinnabführungsverträgen bei der GmbH, in MittRhNotK 1986, S.29 ff.

Rose, Gerd — Ausgewählte Probleme der Besteuerung von Kapitalgesellschaften und Konzernen, in StbJb 1971/72, S.183 ff.

Schmidt, Karsten — Konzernrecht, Minderheitenschutz und GmbH-Innenrecht, in GmbHR 1979, S.121 ff.

Schmidt, Ludwig — Die gesetzliche Regelung der Organschaft im Körperschaftsteuerrecht, in StuW 1969, S.442 ff.

ders. — Die GmbH als Organgesellschaft im Körperschaftsteuerrecht, in GmbHR 1971, S.9 ff.

Schneider, Uwe H. — Die Fortentwicklung des Handelsregisters zum Konzernregister, in WM 1986, S.181 ff.

ders. — Beherrschungs- und Gewinnabführungsverträge mit einer GmbH, in Beiträge zum Wirtschafts- und Bankrecht Band 1, Beherrschungs- und Gewinnabführungsverträge, in der Praxis der GmbH, S. 7 ff.,Hrsg. Uwe H. Schneider, Frankfurt/M 1989

Schwend, George/Hall, Anita — Voraussetzungen für die Anerkennung der gewerbesteuerlichen Organschaft, in DStR 1984, S.99 ff.

Skibbe, Manfred — Gesellschaftsrechtliche Aspekte des Ergebnisabführungsvertrages bei einer GmbH, in GmbHR 1968, S.245 ff.

Streck, Michael/Schwedhelm, Rolf — Zwei aufeinanderfolgende Rumpfwirtschaftsjahre- stets unzulässig?, in BB 1988, S.679

Strobl, Elisabeth — Beherrschungs- und Gewinnabführungsverträge im Steuerrecht unter besonderer Berücksichtigung der Spezialfragen wirksam abgeschlossener Altverträge, in Beiträge zu Wirtschafts- und Bankrecht Band 1, Beherrschungs- und Gewinnabführungsverträge in der Praxis der GmbH, S.65 ff, Hrsg. Uwe H. Schneider, Frankfurt/M 1989

Thiel, Rudolf   Aktuelle Fragen des Einkommensteuer- und Körperschaftsteuerrechts, in
Steuerberater-Jahrbuch 1966/67, S.247 ff.

Timm, Wolfram   Zur Sachkontrolle von Mehrheitsentscheidungen im
Kapitalgesellschaftsrecht, in ZHG 3/1987, S.403 ff.

ders.   Der Abschluß des Ergebnisübernahmevertrages im GmbH-Recht, in BB 1981,
S.1491 ff.

ders.   Unternehmensverträge im GmbH-Recht, in GmbHR 1989, S.11 ff.

ders.   Minderheitenschutz im GmbH-Verschmelzungsrecht in AG 1982, S.93 ff.

ders.   Neuere Entwicklungen im GmbH-(Vertrags-)Konzernrecht, in GmbHR 1992,
S.213 ff.

Ulmer, Peter   Fehlerhafte Unternehmensverträge im GmbH-Recht, in BB 1989, S.10 ff.

Venzmer, Kurt J.   Zur Wirksamkeit alter Gewinnabführungsverträge zwischen Gesellschaften mit
beschränkter Haftung, in Die Wirtschaftsprüfung 1990, S.305 ff.

Vetter, Eberhard   Die Zuständigkeit der Hauptversammlung beim Abschluß eines Beherrschungs-
und Gewinnabführungsvertrages mit einer GmbH, in BB 1989, S.2125 ff.

Vogel, Klaus   Noch einmal zum Thema: Organschaft und 'Wirtschaftliche Eingliederung', in
FR 1970, S.129

Voß, Achim   Nochmal: Gilt § 304 AktG auch für Ergebnisabführungsverträge mit einer
GmbH in DB 1971, S.1939 f.

Wallis von, Hugo   Zur Neuregelung der körperschaftsteuerlichen Organschaft, in AG 1969,
S.308 ff.

Wirth, Gerhard   Beendigung von Beherrschungs- und Gewinnabführungsverträgen bei der
Veräußerung der abhängigen GmbH in DB 1990, S.2105 ff.

Zöllner, Wolfgang   Die formalen Anforderungen an Beherrschungs- und Gewinnabführungsverträge
bei der GmbH, in DB 1989, S.913 ff.

Zöllner, Wolfgang   Inhalt und Wirkung von Beherrschungsverträgen bei der GmbH, in ZGR 1992, S.173 ff.

Einleitung

Im Zuge der stetig steigenden Zahl von GmbHs steigt auch die
Zahl der Unternehmensverträge zwischen GmbHs. Solche Unternehmensverträge werden in der Regel aus steuerlichen Gründen geschlossen. Einen großen Anreiz bietet hierfür die körperschaftsteuerliche Organschaft dadurch, daß Verluste der Organgesellschaft von den Gewinnen der Organträgergesellschaft steu-
ermindernd abgezogen werden können. Anders als im Aktienrecht
sind die Anforderungen an Unternehmensverträge im GmbH-Gesetz
nicht geregelt. Das hat zur Folge, daß sie seit langem in
Rechtsprechung und Literatur strittig sind. In letzter Zeit ist
die Diskussion über GmbH-Unternehmensverträge durch eine grundlegende Entscheidung des BGH, den sogenannten "Supermarkt"-Be-
schluß *, erneut in Bewegung geraten.

Ausgangspunkt dieser Untersuchung ist die Situation, daß zwei
GmbHs ein körperschaftsteuerliches Organschaftsverhältnis eingehen. Dargestellt werden nicht nur die Kernprobleme des GmbH-
Vertragskonzernrechts, sondern sämtliche Voraussetzungen, die
für eine steuerrechtliche Anerkennung einer solchen Organschaft
nötig sind. Dieser Ansatzpunkt wurde gewählt, weil er der In-
teressenlage in der Praxis entspricht. Neben den spezifisch
steuerrechtlichen Voraussetzungen verlangt das Gesetz auch kom-
plizierte zivilrechtliche Konstruktionen. So ist das Vorliegen
eines Gewinnabführungsvertrages und häufig auch eines Beherrschungsvertrages erforderlich die, um steuerrechtlich relevant
werden zu können, zivilrechtlich wirksam begründet werden müssen mit der Folge, daß die Frage nach den Voraussetzungen für
ein körperschaftsteuerliches Organschaftsverhältnis mit vielerlei zivilrechtlichen Problemen verwoben ist.

Die Konzeption dieser Arbeit macht die Darstellung sämtlicher
Tatbestandsmerkmale der §§ 17, 14 KStG erforderlich, sodaß
steuerrechtliche Probleme aus dem Bereich der Organschaft auf-
gezeigt werden können, die gewöhnlich von der Diskussion im Bereich des GmbH-Vertragskonzernrechts nicht umfaßt sind. Der

---

* BGH Beschluß vom 24.10.1988, BGHZ 105, 324 = ZIP 1989, S.29
  = WM 1988, S. 1819 = DB 1988, S.2623 = NJW 1989, S.295.

Schwerpunkt in diesem Teil der Arbeit ist auf die Eingliederungstatbestände gelegt worden. Es wird der Versuch unternommen, die Eingliederungstatbestände so zu systematisieren, daß
jeder Eingliederungstatbestand eine eigenständige Bedeutung er-
langt. Aus dem Bereich "körperschaftsteuerliche Organschaft"
werden jedoch nur die Probleme erörtert, die auftreten, wenn
zwei Gesellschaften mbH ein Organschaftsverhältnis begründen;
sonstige Probleme, wie die Beteiligung einer Personengesellschaft, werden nicht berücksichtigt.

Den Hauptschwerpunkt der Arbeit bilden indes gesellschaftsrechtliche Probleme, insbesondere die zivilrechtlichen Anforderungen an GmbH-Unternehmensverträge und die Frage der Behandlung von fehlerhaften Altverträgen. Es wird eine Lösung vorge-
stellt, die sich ausschließlich am GmbH-Recht und an allgemeinen gesellschaftsrechtlichen Prinzipien ausrichtet. Dabei ist
insbesondere Wert darauf gelegt worden, den eingeschlagenen Lösungsweg konsequent in bezug auf alle sich stellenden Probleme
durchzuhalten.

1. Teil

Die steuerrechtliche Problematik

A. Die rechtliche Entwicklung

Seit Einführung der Gewerbefreiheit im Jahre 1871 sind Unternehmenskonzentrationen zu beobachten. Die Motive dafür waren schon damals steuerrechtlicher Natur, da das deutsche Steuerrecht von jeher Unternehmenskonzentrationen begünstigt hat[1]. Eine breite konzernrechtliche Diskussion setzte ab etwa 1920 ein. Die Anerkennung einer körperschaftsteuerlichen Organschaft durch die Rechtsprechung ermöglichte schon recht früh, daß die Gewinne der Organgesellschaft nur bei der Organträgergesellschaft der Körperschaftssteuer unterworfen werden mußten. Dadurch wurde die damals bestehende Doppelbelastung von ausgeschütteten Gewinnen mit Körperschaftsteuer durch eine Besteuerung sowohl in der Ober- als auch der Untergesellschaft vermieden. Weiter bestand, damals wie heute, die Möglichkeit, etwaige Verluste der Organgesellschaft von den zu versteuernden Gewinnen der Organträgergesellschaft abzuziehen.

I. Die geschichtliche Entwicklung der körperschaftsteuerlichen Organschaft

Der Begriff der Organschaft wurde erstmals 1909 vom PreußOVG in einem Urteil verwendet. Seine Entscheidung bezog sich auf einen Fall, in dem sich zwei verbundene Unternehmen gegen die Doppelbelastung mit Gewerbesteuer gewendet hatten[2]. Die Organgesellschaft wurde von dem PreußOVG trotz rechtlicher Selbständigkeit als Angestellte des Organträgers angesehen.
Der RFH übertrug erstmals 1922 diese Rechtsprechung auf das Gebiet des Körperschaftsteuerrechts. 1927 arbeitete er in einem Urteil die klassischen Voraussetzungen für die körperschaftsteuerliche Organschaft heraus. Hiernach war erforderlich, daß das Organ finanziell, wirtschaftlich und organisatorisch nach Art einer bloßen Geschäftsabteilung in den Organträger eingegliedert sein muß[3]. Man ging davon aus, daß, wenn diese Voraussetzungen vorliegen, das Organ lediglich die Stellung eines Angestellten habe und deshalb dessen Gewinne bei dem

---

1) Darstellung bei Emmerich/Sonnenschein, S.28.
2) OVGSt Bd.10, S.391 ff.
3) RStBl.1928, S.52.

Organträger zu versteuern seien[4]. Bestrebungen, Organ und Organträger als wirtschaftliche Einheit anzusehen und daher zusammen zu besteuern, wurden von der Rechtsprechung schon sehr früh abgelehnt[5]. Um Wesen und rechtliche Wirkung der körperschaftsteuerlichen Organschaft zu erklären, wurden von Rechtsprechung und Literatur mehrere Theorien entwickelt (Einheitstheorie, Angestelltentheorie, Zurechnungstheorie, Bilanzierungstheorie)[6]. Der Streit darüber, welche dieser Theorien am ehesten dem Wesen der Organschaft entspreche und die gewünschten Rechtsfolgen erklären könne, nahm zusehends mehr Raum ein und wurde immer komplizierter.

Der BFH kam in den 60er Jahren immer mehr zu der Überzeugung, daß eine gesetzliche Regelung der körperschaftsteuerlichen Organschaft nötig sei[7].
Schließlich forderte er brieflich die Regierung auf, eine gesetzliche Regelung herbeizuführen[8]. Als die Regierung keine Initiative ergriff, änderte der BFH 1966 seine Rechtsprechung und versagte die Anerkennung einer Organschaft mit einer Personengesellschaft als Organträger[9]. Zur Begründung führte er an, daß es ohne gesetzliche Grundlage mit den Grundsätzen des Körperschaftsteuergesetzes unvereinbar sei, wenn eine Kapitalgesellschaft keine Körperschaftsteuer, sondern Einkommensteuer zahle[10].
Die Finanzverwaltung ordnete für eine Übergangszeit bis zum 1.1.1970 an, daß diese Rechtsprechung des BFH für bereits anerkannte Organschaftsverhältnisse nicht angewendet werden soll[11].
Am 15.8.1967 wurde schließlich durch das Gesetz zur Änderung des Körperschaftsteuergesetzes der neugeschaffene § 7a in das Körperschaftsteuergesetz eingefügt. Mit dieser Vorschrift wur-

---

4) Ausführliche Darstellung der Entwicklung bei Jurkat,
   S.88 ff.
5) Vgl. Gutachten des RFH vom 26.7.1932 RStBl.1933, S.136 ff.
6) Ausführliche Darstellung der Theorien Jurkat, S.37 ff.
7) Vgl. Urteil des BFH vom 4.4.1965, BStBl.III, 1965, 329.
8) Schreiben des BFH an den Bundesminister für Finanzen,
   Bundesverband der Industrie, Deutscher Industrie und
   Handelstag, veröffentlicht in BB 1962, S.438 f.
9) Urteil des BFH vom 17.11.1966 in BStBl.III 1, 1967, 118 ff.
10) BFH in BStBl.III, 1967, 118 (119).
11) BStBl.II, 1967, 169 u.256.

den erstmals die Anforderungen an eine körperschaftsteuerliche
Organschaft gesetzlich geregelt.

Hinsichtlich der Voraussetzungen für eine körperschaftsteuerliche Organschaft hielt sich der Gesetzgeber überwiegend an die
von der Rechtsprechung entwickelten Kriterien. Hierbei wurde
auch der Fall geregelt, daß die Organträgergesellschaft eine
Personengesellschaft oder eine andere Kapitalgesellschaft als
eine Aktiengesellschaft oder Kommanditgesellschaft auf Aktien
darstellt. Die Organtheorien wurden, da nunmehr eine gesetzliche Grundlage vorhanden war, hinfällig. Der Gesetzgeber ist bei
der gesetzlichen Verankerung der körperschaftsteuerlichen
Organschaft weitgehend der Zurechnungstheorie gefolgt. Dies
läßt sich aus der noch heute gültigen Formulierung des Gesetzgebers entnehmen, wonach unter bestimmten Voraussetzungen das
Einkommen des Organs dem Organträger zuzurechnen ist[12].

Im Zuge der Körperschaftsteuerreform von 1977 wurde dann die
körperschaftsteuerliche Organschaft in den §§ 14-19 KStG geregelt, wobei inhaltlich die Regelung des § 7a KStG nahezu unverändert übernommen wurde.

II. Die geschichtliche Entwicklung des Konzernrechts

Bei der in den Zwanziger Jahren durch den drastischen Anstieg
der Unternehmenszusammenschlüsse in Gang gekommenen konzern-
rechtlichen Diskussion standen insbesondere konzernorganisati-
onsrechtliche Fragen im Vordergrund. Probleme bereitete insbesondere das Fehlen gesetzlicher Regelungen. Der Gesetzgeber
reagierte unter anderem auf diese Schwierigkeiten mit der klei-
nen Aktienrechtsreform von 1931. In dieser wurden jedoch nur
einige dringende Angelegenheiten geregelt trotz wesentlich
weitreichenderer Reformvorhaben des Reichsjustizministers.

In Schrifttum und Rechtsprechung wurde zu dieser Zeit insbesondere kontrovers diskutiert, ob Unternehmensverträge, durch welche sich die Untergesellschaft ganz der Obergesellschaft unterwirft, sittenwidrig und daher nichtig seien. In der Literatur
wurde überwiegend von der Gültigkeit solcher Verträge ausgegangen.

---

12) Jurkat, S.51.

In das 1937 in Kraft getretene Aktiengesetz wurden zwar konzernrechtliche Regelungen aufgenommen und insbesondere eine
Konzerndefinition eingeführt (§ 15), auch wurde durch § 256
festgelegt, daß eine Dreiviertelmehrheit der Hauptversammlung
zum Abschluß eines Gewinnabführungsvertrages oder eines ähnlichen Vertrages nötig ist, hingegen wurde ein umfassendes Konzernrecht nicht geschaffen. Die Frage nach der Nichtigkeit von
Unternehmensverträgen, die eine völlige Unterwerfung des einen
unter das andere Unternehmen beinhalten, blieb ungeklärt.
Der Streit erledigte sich dadurch, daß der Gesetzgeber in dem
neuen Aktiengesetz von 1965 ausdrücklich auch den Beherrschungsvertrag geregelt hat. Die Frage nach der Gültigkeit der
vor 1965 geschlossenen Unternehmensverträge, die nach altem
Recht zu behandelt sind, blieb allerdings offen. Heute wird nahezu einhellig von der Gültigkeit solcher Verträge ausgegangen.

Mit dem Aktiengesetz von 1965 wurde ein umfassendes Konzernrecht für beherrschte Aktiengesellschaften und Kommanditgesellschaften auf Aktien geschaffen. Dabei wurden insbesondere der
Vertragskonzern und der faktische Konzern detailliert geregelt[13].

Für Gesellschaften mbH gab es Bestrebungen, ein Konzernrecht in
das GmbH-Gesetz zu integrieren. Hierzu wurden von der Bundesregierung in den Jahren 1973 und 1974 Entwürfe für ein neues
GmbH-Gesetz vorgelegt[14]. Das darin enthaltene Konzernrecht war
zu großen Teilen dem Konzernrecht des Aktiengesetzes nachgebil-
det. In bezug auf die Bildung von Vertragskonzernen sollte, abweichend von der Regelung im Aktienrecht, kein Zustimmungsbeschluß der herrschenden Gesellschaft notwendig sein. Die Entwürfe konnten sich jedoch nicht durchsetzen. Die GmbH-Novelle
von 1980 enthielt deshalb kein GmbH-Konzernrecht, und der Gesetzgeber verzichtete endgültig auf eine Regelung[15]. Die einzige gesetzliche Regelung, die den Fall betrifft, daß eine GmbH

---

13) Zur geschichtlichen Entwicklung Emmerich/Sonnenschein
    S.7 ff. mit weiteren Nachweisen
14) Vgl. BTDrucks. 7/253.
15) Emmerich/Sonnenschein, S.9.

sich einem Unternehmensvertrag unterwirft, enthält nun eine steuerrechtliche Vorschrift, nämlich § 17 KStG[16].

Diese Situation hat dazu geführt, daß Rechtsprechung und Wissenschaft die Aufgabe zugefallen ist, ein GmbH-Konzernrecht herauszubilden. Insbesondere der BGH hat dabei durch viel beachteten Entscheidungen Akzente gesetzt, wie in den Fällen ITT[17], Gervais-Danone[18], Süssen[19], Autokran[20], Familienheim[21], Hamburger Stahlwerke[22], Supermarkt[23], Tiefbau[24], Video[25] Stromlieferung[26] und TBB[27].

---

16) Emmerich/Sonnenschein, S.33.
17) BGHZ 65, 15.
18) BGH in DB 1979, S.1833.
19) BGHZ 80, 69.
20) BGHZ 95, 330.
21) BGHZ 103, 1.
22) BGHZ 105, 168.
23) BGHZ 105, 324.
24) BGHZ 107, 7.
25) BGH in DB 91, S.2176.
26) BGHZ 116, 37.
27) BGH in NJW 93, S.1200.

B. Die Anforderungen des § 17 KStG

Die körperschaftsteuerliche Organschaft ist in den §§ 14-19 KStG geregelt. Die Grundvorschrift im Recht der körperschaftsteuerlichen Organschaft stellt dabei § 14 KStG dar. Diese Vorschrift betrifft von ihrem Wortlaut her nur den Fall, daß ein Organschaftsverhältnis mit einer Aktiengesellschaft oder einer Kommanditgesellschaft auf Aktien als Organgesellschaft begründet werden soll. Wenn beabsichtigt ist, daß eine GmbH die Organgesellschaft bildet, so sind die Voraussetzungen in § 17 KStG festgelegt. Diese Vorschrift legt die Voraussetzungen für Organschaftsverhältnisse mit einer anderen Kapitalgesellschaft als einer Aktiengesellschaft oder einer Kommanditgesellschaft auf Aktien als Organgesellschaft fest. § 17 KStG verweist zunächst auf die §§ 14-16 KStG und erklärt diese Regelungen für entsprechend anwendbar, zudem beinhaltet die Regelung zusätzliche Anforderungen, die insbesondere den Gewinnabführungsvertrag betreffen.

I. Die Organ-GmbH nach § 17 S.1 KStG

§ 17 S.1 KStG sieht vor, daß die Organgesellschaft eine Kapitalgesellschaft im Sinne des § 1 Abs 1 Ziff.1 KStG sein muß. Dabei kommt heute lediglich die GmbH in Betracht, nicht dagegen die GmbH&Co.KG, da diese eine Personengesellschaft ist[28]. Früher waren nach der Vorschrift auch die bergrechtliche Gewerkschaft und die Kolonialgesellschaft zu behandeln[29].

Auch eine GmbH-Vorgesellschaft kann als Organgesellschaft fungieren[30]. Sie wird, sofern ihre nachfolgende Eintragung als GmbH ins Handelsregister erfolgt, zivilrechtlich und steuerrechtlich als GmbH behandelt. Dies gilt jedoch nicht für die

---

28) BFH in BStBl.II, 1978, 269; Klein/Laube/Schöberle § 14, Anm.2a.
29) Hübl in DStZ 1972, S.86; Felix/Streck § 17, Anm.3.
30) BFH in BStBl.II, 1978, 486 f; Felix/Streck § 17, Anm.3. Um eine solche Vorgesellschaft handelt es sich, wenn bereits ein notariell beurkundeter Gesellschaftsvertrag abgeschlossen wurde, die Gesellschaft aber noch nicht im Handelsregister eingetragen ist und daher noch keine GmbH vorliegt.

Vorgründungsgesellschaft, sodaß diese nicht die Position einer Organgesellschaft einnehmen kann[31]

Nach § 17 S.1 KStG muß es sich weiter um eine Gesellschaft mit Sitz und Geschäftsleitung im Inland handeln. Bei einer GmbH wird der Ort des Sitzes gemäß §§ 11 AO, 3 Abs.1 Nr.1 GmbHG in der Satzung bestimmt[32].
Gemäß § 10 AO richtet sich die Beantwortung der Frage, ob die Geschäftsleitung im In- oder Ausland ansässig ist, nach dem Mittelpunkt der geschäftlichen Oberleitung. Die geschäftliche Oberleitung befindet sich in der Regel dort, wo die leitenden und zur Vertretung der Gesellschaft befugten Personen die ihnen obliegende geschäftsführende Tätigkeit entfalten[33].

II. Die Organträger-GmbH

Bezüglich der Organträgergesellschaft regeln die §§ 17, 14 Nr.3 i.V.m. § 1 Abs.1 Nr.1 KStG, daß als Organträger unter anderem eine Körperschaft im Sinne § 1 KStG amtieren kann. Zu den dort aufgezählten Körperschaften zählt auch die GmbH. § 14 S.1 KStG sieht vor, daß es sich auch bei der Organträgergesellschaft um eine inländische Gesellschaft handeln muß. Die Voraussetzungen, unter denen die Organträger-GmbH als inländische Gesellschaft eingeordnet werden kann, entsprechen denen der Organ-GmbH.

a) Ausländische Organträgergesellschaften
Es besteht allerdings insofern ein Unterschied zwischen der Organträgergesellschaft und der Organgesellschaft, als unter bestimmten Voraussetzungen auch eine ausländische Gesellschaft als Organträger fungieren kann. Diese Voraussetzungen sind durch § 18 KStG festgelegt. Zunächst ist erforderlich, daß das ausländische Unternehmen eine deutsche Zweigniederlassung unterhält, die im Handelsregister eingetragen ist. Nach § 2 Nr.1 KStG sind Firmen, die weder Geschäftsleitung noch Sitz im Inland haben, als ausländische Unternehmen beschränkt körper-

---

31) BFH in BStBl.II, 1990, 91, bei einer Vorgründungsgesellschaft ist der Gesellschaftsvertrag noch nicht notariell beurkundet.
32) Schmidt/Steppert, S.22.
33) Schmidt/Steppert, S.23; Kühn/Kutter/Hofmann § 10 AO, Anm.3.

schaftsteuerpflichtig; das bedeutet, daß ein ausländisches Mutterunternehmen weder Sitz noch Geschäftsleitung im Inland haben darf, um als ausländisches Unternehmen gemäß § 18 KStG angesehen zu werden.

Zweifelhaft ist, ob eine ausländische Gesellschaft auch dann als Organträger agieren kann, wenn sich entweder der Sitz oder die Geschäftsleitung im Inland befinden. Zum Teil wird davon ausgegangen, daß zu einem solchen Unternehmen kein Organschaftsverhältnis möglich sei[34]. Für diese Ansicht spricht insbesondere der Gesetzeswortlaut.

Nach der überwiegend vertretenen Meinung soll § 18 KStG in einem solchen Fall analog anzuwenden sein[35]. Begründet wird diese Ansicht damit, daß kein vernünftiger Grund ersichtlich sei, Unternehmen, bei denen sich nur der Sitz oder die Geschäftsleitung im Ausland befindet, anders zu behandeln als Unternehmen, die sowohl Sitz als auch Geschäftsleitung im Ausland haben[36]. Weiter weist die Entstehungsgeschichte der Vorschrift auf eine planwidrige Lücke hin. Die Voraussetzungen, unter denen eine ausländische Gesellschaft als Organträger dienen kann, waren ursprünglich in § 7a Abs.6 KStG geregelt. § 18 KStG wurde während des laufenden Gesetzgebungsverfahrens im Zuge der parlamentarischen Verhandlungen eingefügt. Mit dieser Vorschrift sollte eine von dem BFH für rechtswidrig erklärte[37] Praxis der Finanzverwaltung legalisiert werden[38]. Da keine Gründe für eine Ungleichbehandlung ersichtlich sind, kann davon ausgegangen werden, daß der Gesetzgeber solche Fälle nicht in seine Überlegungen einbezogen hat. Aufgrund dessen erscheint es angemessen, diese Lücke über eine Analogie zu schließen.

Nach § 18 Nr.1-3 KStG muß die gemäß § 14 KStG erforderliche finanzielle, organisatorische und wirtschaftliche Eingliederung im Verhältnis zur Zweigniederlassung gegeben und der Gewinnab-

---

34) Gassner in Lademann, § 14, Rz.13; Sonnenschein, S.99.
35) Danelsing in Blümich, § 14, Rz.15; Jurkat, S.117; Hübl in DStZ 1972, S.85 f.
36) Danelsing in Blümich, § 14, Anm.15; Jurkat, S.117.
37) BStBl. 1974 II, 616.
38) Hübl in DStZ 1972, S.84, Sonnenschein, S.99 f.

führungsvertrag mit dieser abgeschlossen sein. Die Zweigniederlassung muß weiter beschränkt körperschaftsteuerpflichtig sein.
Außerdem ist erforderlich, daß die sonstigen Voraussetzungen
des § 14 KStG erfüllt sind. Liegen die Voraussetzungen des § 18
KStG vor, werden die Einkünfte des Organs der Zweigniederlassung zugerechnet.

b) Die Steuerpflichtigkeit

Gemäß § 14 Nr.3 S.1 KStG darf die Organträger-GmbH nicht steu-
erbefreit sein. Diese Einschränkung bezieht sich nur auf sub-
jektive Steuerbefreiungen, wie sie z.B. in § 5 KStG enthalten
sind. Objektive Steuerbefreiungen sind dagegen möglich[39].

c) Die Gewerblichkeit

Gemäß § 14 S.1 KStG muß es sich bei der Organträgergesellschaft
um ein gewerbliches Unternehmen handeln. Die allgemeine Definition des gewerblichen Unternehmens ist in § 15 Abs.2 S.1 EStG
und in § 1 Abs.1 GewStDV niedergelegt und knüpft an die Art der
Tätigkeit des Unternehmens an. Danach liegt ein gewerbliches
Unternehmen vor, wenn eine selbständige nachhaltige Tätigkeit,
die mit Gewinnerzielungsabsicht unternommen wird und die sich
als Beteiligung am allgemeinen wirtschaftlichen Verkehr darstellt ausgeübt wird. Übt das Unternehmen eine freiberufliche
Tätigkeit aus oder betreibt es Land- oder Forstwirtschaft, ist
das Unternehmen nicht als gewerblich anzusehen.

Gemäß § 2 Abs.2 GewStG gilt die Tätigkeit von Kapitalgesellschaften kraft ihrer Rechtsform stets als gewerblich. Damit
wäre eine GmbH kraft ihrer Rechtsform immer als gewerbliches
Unternehmen anzusehen, unabhängig davon, welche Tätigkeit sie
ausübt. Fraglich ist, ob diese Fiktion des Gewerbesteuerrechts
auf den Gewerbebegriff des § 14 Abs.1 KStG zu übertragen ist.
Die Finanzverwaltung ist der Ansicht, daß diese Fiktion in das
Körperschaftsteuerrecht zu übernehmen sei. Aus Abschn. 48 Abs.1
KStR ergibt sich, daß es sich dann um ein gewerbliches Unternehmen im Sinne des § 14 S.1 KStG handelt, wenn die Anforderungen des § 2 GewStG an das Vorliegen eines Gewerbebetriebs erfüllt sind.

_____

39) Gassner in Lademann, § 14, Rz.13.

Die Rechtsprechung hat sowohl vor als auch nach der gesetzlichen Regelung der körperschaftsteuerlichen Organschaft bis heute Organschaftsverhältnisse grundsätzlich nicht anerkannt, wenn die Organträgergesellschaft keine gewerbliche Tätigkeit ausübt. Mit Einführung des § 7a KStG hat sich lediglich die Begründung geändert, mit der solchen Organschaftsverhältnissen die Anerkennung versagt wurde.

Den Urteilen des BFH vor der Normierung der körperschaftlichen Organschaft läßt sich nicht eindeutig entnehmen, woran der BFH die Anerkennung der Organschaft in den Fällen scheitern ließ, in denen ein Unternehmen keine gewerbliche Tätigkeit ausübt. Es läßt sich nicht herauslesen, ob der BFH bei einer solchen Sachlage die Gewerblichkeit des Organträgers als eigenständige Anforderung prüft[40]. Zum Teil entsteht der Eindruck, daß lediglich das Tatbestandsmerkmal der wirtschaftlichen Eingliederung erfordert, daß der Organträger gewerblich tätig ist[41]. Jedenfalls ist den Entscheidungen deutlich zu entnehmen, daß es unbedingt erforderlich sein soll, daß der Organträger einer gewerblichen Tätigkeit nachgeht.

In neueren Urteilen führt der BFH aus, daß der Begriff des gewerblichen Unternehmens im Steuerrecht einheitlich zu bestimmen sei, so daß Unternehmen auch kraft der Rechtsform als gewerbliche Unternehmen im Sinne von § 14 Abs.1 KStG gelten können[42]. Der BFH geht in den Fällen, in denen das Unternehmen keine gewerbliche Tätigkeit entfaltet, nunmehr durchgängig davon aus, daß in ein solches Unternehmen eine wirtschaftliche Eingliederung nicht möglich sei[43]. Im Ergebnis ist es daher unerheblich, daß der BFH die Fiktion des § 2 Abs.2 GewStG anerkennt, da, sobald diese Fiktion zum Tragen kommt, ein Organschaftsverhältnis

---

40) Auf Eigenständigkeit deuten die Urteile des BFH vom 17.12.1969 in BStBl.II, 1970, 257 (260 f.) und vom 18.02.1970 in BStBl.II, 1970, 554 (555 f.) hin. Deutlich auch das Urteil vom 25.06.1957 zur gewerbesteuerlichen Organschaft in BSTBl.III, 1957, 303 (305); grundlegend und häufig zitiert das RFH Urteil vom 01.04.41 in RStBl.1942, S.947 (948).
41) So das Urteil des BFH vom 31.01.1973 in BStBl.II, 1973, 740 (741); Die Entscheidung bezieht sich nicht auf den Rechtszustand vor der gesetzlichen Verankerung.
42) BFH in BStBl.II, 1989, 668 (669); BStBl.II, 1990, 24 (25).
43) BFH in BStBl.II, 1989, 668 (669); BStBl.II, 1990, 24 (29).

schließlich daran scheitert, daß keine wirtschaftliche Eingliederung in ein solches Unternehmen möglich sein soll.

In der Literatur wird zum Teil angenommen, daß Gewerblichkeit
im Sinne von § 14 S.1 KStG nur dann vorliege, wenn das Unternehmen auch wirklich einer gewerblichen Tätigkeit nachgehe[44].

Ganz überwiegend wird allerdings in der Lehre mittlerweile davon ausgegangen, daß ein gewerbliches Unternehmen kraft Rechtsform ausreichend sei. Die Autoren folgen insoweit der Ansicht
der Finanzverwaltung. Danach erfordere § 14 S.1 KStG lediglich
ein gewerbesteuerpflichtiges Unternehmen im Sinne von § 2
GewStG[45].

Felix/Streck sind der Meinung, daß ein gewerbliches Unternehmen
immer dann vorliege, wenn ein Unternehmen gewerbliche Einkünfte
habe. Das bedeutet, daß die Vermutung des § 8 Abs.2 KStG eingreift. Nach dieser Fiktion gelten die Einkünfte einer GmbH
stets als Einkünfte aus Gewerbebetrieb. Diese Ansicht führt
auch dazu, daß eine GmbH kraft einer Fiktion stets als gewerbliches Unternehmen anzusehen ist[46]. Eine solche Sichtweise entspricht daher im Ergebnis der herrschenden Meinung, lediglich
der Begründungsansatz ist geringfügig abweichend.

Jurkat differenziert feiner und prüft in unabhängigen Abschnit-
ten zunächst, ob ein Unternehmen vorliegt und dann, ob dieses
gewerblich ist. Er ist der Ansicht, daß es sich zunächst um ein
Unternehmen im Sinne des Dritten Buches des Aktiengesetzes handeln müsse[47]. Wenn ein solches Unternehmen vorliegt, soll dieses als gewerblich anzusehen sein, wenn es gewerbesteuerpflich-
tig im Sinne von § 2 GewStG ist[48].

---

44) Heute insbesondere noch Gassner in Lademann, § 14 KStG Rz.
    15 ff.; früher ebenso Herrmann/Heuer § 7a KStG, Anm.34;
    heute gegenteilige Meinung, vgl. Winter in Herrmann/Heuer/
    Raupach, § 14 KStG, Rz.39.
45) Hübl in DStZ 1972, S.82 f.; Danelsing in Blümich, § 14
    KStG, Rz.28; Schmidt/Steppert, S.25 f.; Sonnenschein,
    S.73 f.; Singbartl § 14 KStG, Anm.2a; Winter in Herrmann/
    Heuer/Raupach § 14 KStG, Rz.39; Frotscher/Maas § 14, Rz.11.
46) Felix/Streck § 14 KStG, Anm.5.
47) Jurkat, S.133 ff.
48) Jurkat, S.138 f.

Damit bringt Jurkat den aktienrechtlichen Unternehmensbegriff
in das Recht der körperschaftsteuerlichen Organschaft ein.
Diese Meinung hat zur Folge, daß die Fiktion des § 2 Abs.2
GewStG nicht genügt, um das Vorliegen eines gewerblichen Unternehmens zu bejahen. Auch für das Vorhandensein eines Unternehmens im aktienrechtlichen Sinne werden überwiegend Anforderungen an die Art der Tätigkeit des Unternehmens gestellt, wobei
die Einzelheiten höchst strittig sind[49]. Jurkat führt zur Begründung an, daß ein Vergleich mit dem Konzernrecht des Aktiengesetzes ergebe, daß der Unternehmensbegriff des Aktienrechts
zu übernehmen sei[50].

Der Meinung Jurkats muß entgegengehalten werden, daß sie keine
Stütze im Gesetz findet. Allein ein Vergleich mit dem Aktienrecht vermag die Übertragung des aktienrechtlichen Unterneh-
mensbegriffes nicht zu rechtfertigen[51]. Daß eine solche Über-
leitung vom Gesetzgeber nicht gewollt ist, zeigt sich auch
daran, daß bei Organschaften im Rahmen des § 14 KStG[52] das Vorliegen eines Unternehmens im aktienrechtlichen Sinne doppelt zu
prüfen wäre, denn dieser Unternehmensbegriff ist auch Tatbestandsmerkmal des § 291 Abs.1 AktG, der den zur Anerkennung einer Organschaft erforderlichen Gewinnabführungsvertrag regelt.
Die Ansicht Jurkats würde zudem dazu führen, daß der aktienrechtliche Unternehmensbegriff ungewollterweise auch auf andere
Gesellschaftsformen, wie die GmbH, übertragen würde.

Insgesamt kann festgestellt werden, daß § 14 KStG nicht zu entnehmen ist, daß es sich um eine echte gewerbliche Tätigkeit
handeln muß, die der Organträger ausübt. Es ist im Steuerrecht
von einem einheitlichen Begriff des gewerblichen Unternehmens
auszugehen. Die Fiktion des § 2 Abs.1 GewStG gehört zur Definition des Begriffs des gewerblichen Unternehmens und ist daher
auch im Bereich des Körperschaftsteuerrechts anzuwenden[53].

---

49) Zum aktienrechtlichen Unternehmensbegriff:
    Biedenkopf/Koppensteiner in Kölner Kommentar zum AktG,
    § 15, Rz.6-12.
50) Jurkat, S.149 f.
51) Ebenso: BFH in BStBl.II,1989, 668 (669).
52) Also mit einer beherrschten AG oder KGaA.
53) Heidner in DStR 1988, S.87.

Eine GmbH ist daher kraft ihrer Rechtsform als gewerbliches Unternehmen anzusehen.

III. Die Eingliederung

Weiterhin ist erforderlich, daß die Organgesellschaft in die Organträgergesellschaft eingegliedert ist. Die Eingliederung muß in finanzieller, wirtschaftlicher und organisatorischer Hinsicht erfolgen. Dieser Tatbestand, der von der Rechtsprechung entwickelt wurde, ist nunmehr vom Gesetzgeber in § 14 Nr.1 und 2 KStG verankert worden.

Hinsichtlich der genauen Anforderungen an die einzelnen Eingliederungstatbestände sowie deren Beziehung zueinander herrscht sehr viel Unklarheit. Diese Unklarheit resultiert daraus, daß der Gesetzgeber die Anforderungen an die einzelnen Eingliederungstatbestände entweder überhaupt nicht konkretisiert oder sehr weitgefaßte Umschreibungen gewählt hat, die einer Begrenzung durch Auslegung bedürfen. Dies deutet zum einen darauf hin, daß der Gesetzgeber die sehr umfangreiche Rechtsprechung möglichst unverändert beibehalten und diese lediglich in Gesetzesform festschreiben wollte. Da jedoch die Rechtsprechung zum Teil sehr weit zurückreicht und zum Teil widersprüchlich ist, ergeben sich Schwierigkeiten, die Anforderungen an die einzelnen Eingliederungstatbestände genau zu bestimmen.

Zum anderen ist der Gesetzgeber bei verschiedenen Punkten offensichtlich bewußt von der bisherigen Rechtsprechung abgewichen. Der BFH versucht demgegenüber, seine Rechtsprechung möglichst unverändert aufrechtzuerhalten, obwohl, insbesondere auf seinen Druck hin, eine gesetzliche Grundlage geschaffen wurde. All dies führt zu einer großen Unsicherheit, die zum Teil so weit geht, daß bei einigen Autoren Zweifel an der Verfassungsmäßigkeit der gesetzlichen Regel aufgekommen sind.

a) Die wirtschaftliche Eingliederung

Das Gesetz verlangt in § 14 Nr.2 S.1 KStG, daß das Organ wirtschaftlich in den Betrieb des Organträgers eingegliedert ist. Die wirtschaftliche Eingliederung ist das Merkmal, über welches am meisten Uneinigkeit herrscht. Dies resultiert daraus, daß das Gesetz trotz der Weite des Begriffs "wirtschaftlich eingegliedert sein" keine nähere Umschreibung enthält, wann eine solche vorliegt. Für die Systematik der anderen Eingliederungstatbestände sind jedoch die Funktion und die Anforderungen dieses im Gesetz nicht näher beschriebenen Tatbestandes von entscheidender Bedeutung, um Überschneidungen und Widersprüche zwischen den einzelnen Eingliederungstatbeständen zu vermeiden.

1. Die Eigenständigkeit des Tatbestandsmerkmals

Angesichts der Weite des Begriffs der wirtschaftlichen Eingliederung ist es zunächst naheliegend, daß sich der Gesetzgeber auf die von der Rechtsprechung entwickelten Umschreibungen bezieht[54]. Der Rechtsprechung ist es allerdings nicht gelungen, das Tatbestandsmerkmal greifbar und unmißverständlich zu definieren. Sie hat bisher lediglich allgemein gehaltene Umschreibungen herausgearbeitet. In der Literatur wird daher häufig die Auffassung vertreten, daß es besser gewesen wäre, wenn der Gesetzgeber darauf verzichtet hätte, das Merkmal der wirtschaftlichen Eingliederung ins Gesetz zu übernehmen[55]. Wie schon erwähnt, geht die Kritik zum Teil so weit, daß Zweifel an der Verfassungsmäßigkeit der Vorschrift laut wurden[56]. Die Autoren begründen ihre verfassungsrechtlichen Bedenken damit, daß nach der Rechtsprechung des BVerfG steuerrechtliche Vorschriften so gefaßt sein müssen, daß die Steuerlast für den Bürger meßbar und in einem gewissen Maße voraussehbar ist[57]. Eine derartige Kritik muß angesichts der umfassenden Rechtsprechung in diesem Bereich als zu weitgehend angesehen werden[58]. Zudem scheitert

---

54) Winter in Herrmann/Heuer/Raupach, § 14 KStG, Rz.133.
55) Dornfeld in FR 1969, S.351; Dornfeld/Telkamp in StuW 1971, S.82; Ranft in FR 1969, S.333, Reuter in FS v. Wallis S.431; Jurkat, S.206; Eckhard in BB 1969, S.927; Kreile in FR 1968, S.458.
56) Jurkat, S.206; Thiel in StbJB 1966/67, S.271; Dornfeld in FR 1969, S.350.
57) BVerfGE 13, 153 (160).
58) BFH in BStBl.II, 1976, 389; Winter in Herrmann/Heuer/ Raupach, § 14 KStG, Rz.133; Vogel in FR 1970, S.133.

die Anerkennung eines Organschaftsverhältnisse nur selten wegen des Tatbestandsmerkmals der wirtschaftlichen Eingliederung. Die Rechtsprechung geht lediglich bei einigen klar abgrenzbaren Fallgruppen vom Fehlen der wirtschaftlichen Eingliederung aus[59].

Aufgrund der unpräzisen Definition bestehen Probleme, eigenständige Anforderungen an das Vorliegen der wirtschaftlichen Eingliederung zu stellen, die nicht schon von den übrigen Eingliederungstatbeständen umfaßt sind. Diese Situation hat dazu geführt, daß einige Autoren der Meinung sind, daß der Tatbestand der wirtschaftlichen Eingliederung keine eigenständige Bedeutung habe und, soweit die finanzielle und die organisatorische Eingliederung vorliegen, zu unterstellen sei[60]. Dornfeld führt in diesem Zusammenhang aus, daß die wirtschaftliche Eingliederung eine reine Leerformel darstelle, die keine eigenen Anforderungen aufstelle[61].

Gegen diese Argumentation spricht die Tatsache, daß bei der Umsetzung der Rechtsprechung in Gesetzesform (§ 7a KStG) auch während des Gesetzgebungsverfahrens Uneinigkeit darüber bestand, ob die wirtschaftliche Eingliederung als Voraussetzung der Organschaft in das Gesetz übertragen werden solle. Demnach hat der Gesetzgeber die wirtschaftliche Eingliederung bewußt als eigenständiges Tatbestandsmerkmal ins Gesetz aufgenommen. Einem solchen Tatbestandsmerkmal muß daher eine eigenständige Bedeutung zugemessen werden, es kann nicht als erfüllt unterstellt werden[62].

---

59) Vgl. mehr dazu unter B.III.a)4.
60) Dornfeld in FR 1969, S.351; Dornfeld/Telkamp in StuW 1971, S.82; Ranft in FR 1969, S.333; Reuter in FS v.Wallis, S.431, Kreile in FR 1966, S.275; Sonnenschein, S.273.
61) Dornfeld in FR 1969 S.351; ebenso Sonnenschein S.273.
62) BFH in BStBl.II, 1990, 24 (25 f.); Vogel in FR 1970, S.129; Jurkat, S. 205 ff; Schmidt/Steppert, S.33.

2. Die Anforderungen des BFH

Grundsätzlich läßt sich feststellen, daß der BFH bei der Kon-
kretisierung des Begriffs der wirtschaftlichen Eingliederung
sein Augenmerk auf folgende Kriterien richtet:
(1) Die Art des geforderten Zusammenhangs zwischen den Betäti-
gungen des Organträgers und des Organs.
(2) Die Funktion des Organs innerhalb der durch die Organschaft
repräsentierten wirtschaftlichen Einheit.
(3) Die Anforderungen an die Art der Betätigung des Organträgers[63].

Nach der Rechtsprechung des BFH liegt eine wirtschaftliche Eingliederung dann vor, wenn eine wirtschaftliche Zweckabhängigkeit des beherrschten Unternehmens von dem herrschenden Unternehmen besteht[64]. Dazu ist erforderlich, daß das herrschende
Unternehmen eigene gewerbliche Zwecke verfolgt, denen sich das
beherrschte Unternehmen im Sinne einer Zweckabhängigkeit unter-
ordnet. Das beherrschte Unternehmen muß den gewerblichen Zwe-
cken des Herrschenden dienen, und zwar in der Weise, daß es
durch die eigene wirtschaftliche Abhängigkeit die gewerblichen
Zwecke des herrschenden Unternehmens fördert oder ergänzt. Dabei muß das beherrschte Unternehmen nach Art einer unselbständigen Geschäftsabteilung des herrschenden Unternehmens erscheinen[65].

Die Organgesellschaft muß mindestens einen gewerblichen Zweck
der Organträgergesellschaft fördern oder ergänzen, sie steht
dadurch in Zweckabhängigkeit zur Organträgergesellschaft. Dabei
ist es nicht notwendig, daß die Organgesellschaft in gleicher
Weise gewerblich tätig ist wie die Organträgergesellschaft[66].
Die Gesellschaften müssen in der Weise verbunden sein, daß sie
sich als Glieder einer wirtschaftlichen Kette in ihren Aufga-
benbereichen ergänzen[67]. Nötig ist, daß beide Unternehmen nach

---

63) Dornfeld/Telkamp in StuW 1971, S.68.
64) BFH in BStBl.II, 1990, 24 (26); 1989, 668 (669).
65) Zuletzt BFH in BStBl.II, 1990, 24, mit weiteren Nachweisen;
    Abschn.50 KStR.
66) BFH in BStBl.II 1976, 389 (390); 1970, 348 (349);
    ebenso Frotscher/Maas, § 14 Rz.98.
67) Sonnenschein, S.246; BFH in BStBl.II, 1972, 722 (723).
    BFH in DStR 1954, S.327.

einem einheitlichen Gesamtkonzept geführt werden[68]. Dabei ist
es möglich, daß beide Unternehmen unterschiedlichen Geschäfts-
zweigen angehören und der Zweck des Organträgers, den das Organ
fördert, lediglich die Risikostreuung ist[69].

Nach Auffassung des BFH besteht keine wirtschaftliche Zweckabhängigkeit der Organgesellschaft von dem Organträger, wenn der
Organträger keine gewerbliche Tätigkeit ausübt, sondern nur Gewerbebetrieb kraft Rechtsform ist[70]. Weiter ist nicht ausreichend, wenn lediglich der Organträger die gewerblichen Zwecke
des Organs fördert, da in einem solchen Fall ebenfalls keine
wirtschaftliche Zweckabhängigkeit des Organs vorliegt[71].

3. Kritik an der Rechtsprechung des BFH

Insbesondere dieses vom BFH herausgearbeitete Kriterium der
Zweckabhängigkeit erscheint kritikwürdig. Bei genauer Betrachtung reduziert sich dieses Merkmal auf die Erforderlichkeit,
daß der Organträger eine gewerbliche Tätigkeit ausübt. Nach der
Umschreibung des BFH verlangt das Tatbestandsmerkmal der wirtschaftlichen Eingliederung, daß der Organträger einem wirtschaftlichen Zweck nachgeht, den das Organ fördert. Ein solcher
wirtschaftlicher Zweck soll nur dann vorliegen, wenn der Organträger eine gewerbliche Tätigkeit entfaltet. Eine gewerbliche
Tätigkeit liegt nach Ansicht des BFH nicht vor, wenn das Unternehmen nur kraft der Fiktion des § 2 Abs.2 KStG als Gewerbebetrieb gilt[72]. Wie schon erörtert, stellt die Gewerblichkeit
des Organträgers ein eigenständiges Tatbestandsmerkmal des § 14
KStG dar. Dieses Tatbestandsmerkmal wird jedoch "ad absurdum"
geführt, wenn ein gewerbliches Unternehmen kraft Rechtsform als
ausreichend angesehen wird und dann über die "Hintertür" der
wirtschaftlichen Eingliederung dem Organschaftsverhältnis die
Anerkennung versagt wird, wenn der Organträger keiner gewerblichen Tätigkeit nachgeht.

---

68) BFH in BStBl.II, 1976, 389 (390).
69) BFH in BStBl.II, 1976, 389 (390); ebenso Frotscher/Maas
    § 14, Rz.100.
70) BFH in BStBl.II, 1990, 24 (26); 1989, 668 (669); 1972, 722
    (723); 1976, 389 (390); 1970, 257 (260); 1973, 740 (741);
    ebenso Frotscher/Maas § 14, Rz.98.
71) BFH in BStBl.II, 1990, 24 (26); 1989, 668 (669).
72) BFH in BStBl.II, 1990, 24 (26); 1989, 668 (669).

Der BFH führt im Grunde genommen seine alte Rechtsprechung aus der Zeit, in der die körperschaftsteuerliche Organschaft gesetzlich noch nicht geregelt war, fort. Die gesetzliche Verankerung hat lediglich dazu geführt, daß sich die Begründungsansätze etwas geändert haben. In älteren Entscheidungen des BFH wurde, wie bereits ausgeführt[73], nicht klar unterschieden, ob die Gewerblichkeit des Organträgers als eigenes Tatbestandsmerkmal[74] oder im Rahmen der wirtschaftlichen Eingliederung[75] zu prüfen ist. Jedoch hat der BFH immer dann die Anerkennung eines Organschaftsverhältnisses abgelehnt, wenn der Organträger keiner echten gewerblichen Tätigkeit nachgegangen ist.

Heute, da eine gesetzliche Grundlage mit zwei selbständigen Tatbestandsmerkmalen "gewerbliches Unternehmen" und "wirtschaftliche Eingliederung" vorhanden ist, muß der BFH scharf zwischen diesen Tatbestandsmerkmalen unterscheiden; Vermischungen, wie zum Teil in der alten Rechtsprechung anzutreffen, sind nicht mehr möglich. Nunmehr legt der BFH den Begriff des gewerblichen Unternehmens weit aus und geht von einem einheitlichen Begriff des gewerblichen Unternehmens im Steuerrecht aus. Durch die Anforderungen an die wirtschaftliche Eingliederung verliert jedoch das Tatbestandsmerkmal des gewerblichen Unternehmens jede eigene Bedeutung. Es wäre nach der derzeitigen Rechtsprechung des BFH völlig folgenlos, wenn aus dem Gesetzestext die Passage gestrichen würde, daß es sich bei dem Organträger um ein gewerbliches Unternehmen handeln muß. Auffällig an der Rechtsprechung des BFH ist in diesem Zusammenhang, daß nahezu ausnahmslos in allen Fällen, in denen die Anerkennung einer körperschaftsteuerlichen Organschaft daran scheitert, daß nach Auffassung des BFH keine wirtschaftliche Eingliederung vorliegt, der Organträger keine gewerbliche Tätigkeit ausübt. Es handelt sich dabei insbesondere um Fälle von Holdinggesellschaften oder Betriebsaufspaltungen[76]. Der BFH hat

---

73) Vgl. dazu unter B.II.c).
74) Diesen Eindruck vermittelt die Entscheidungen in BStBl.II, 1970, 257 (260 f.); 554 (555 f.) und in BStBl. III, 1957, 303 (305)..
75) Demgegenüber die Entscheidung des BFH in BStBl.II, 1973, 740 (741).
76) So etwa die Urteile des BFH in BStBl.II, 1990, 24; 1989, 668; 1973, 740 (741); 1972, 722; 1970, 257; u.348; u. 554.

zwar in solchen Fällen jeweils die weiteren Anforderungen an die wirtschaftliche Eingliederung aufgezählt, dargestellt und zum Teil auch deren Fehlen bemängelt, aber schließlich die wirtschaftliche Eingliederung mit dem tragenden Argument, daß der Organträger keine gewerbliche Tätigkeit ausübe, scheitern lassen[77]. Diese Rechtsprechung schlägt sich auch in den Körperschaftsteuerrichtlinien nieder. Im Abschn.50 Abs.1 KStR sind die allgemeinen Anforderungen an die wirtschaftliche Eingliederung aufgeführt, wobei Abschn.50 Abs.1 S.6 KStR anordnet, daß bei der Frage, ob eine wirtschaftliche Eingliederung vorliege, keine engen Maßstäbe anzulegen sind. Die Rechtsprechung des BFH zu Holdinggesellschaften und Fällen von Betriebsaufspaltung wird dann sehr breit in Abschn.50 Abs.2 KStR dargestellt. Der BFH benutzt das Tatbestandsmerkmal der wirtschaftlichen Eingliederung, um seine Rechtsprechung zum Tatbestandsmerkmal der Gewerblichkeit des Organträgers, die heute nicht mehr haltbar ist, letztlich doch aufrechtzuerhalten. Mittlerweile wird vom BFH in zwei Stufen, verteilt auf zwei Tatbestandsmerkmale, das geprüft, was er früher häufig in einer Stufe bei der Gewerblichkeit des Organträgers geprüft hat. Die Rechtsprechung des BFH ist deshalb mit dem Wortlaut des Gesetzes unvereinbar.

Die Formulierung des § 14 KStG verbietet es, das Vorliegen einer wirtschaftlichen Eingliederung davon abhängig zu machen, ob der Organträger eine gewerbliche Tätigkeit ausübt[78].

Die weiteren Anforderungen an den Zweck des Organträgers, den das Organ fördern soll, sind vom BFH derart weit gefaßt worden, daß diese als uferlos bezeichnet werden müssen. Die Rechtsprechung[79] erkennt selbst die Risikostreuung oder Gewinnmaximierung als einen möglichen Zweck an, den das Organ fördern kann. Somit ist immer ein vom Organ zu fördernder Zweck vorhanden.

---

77) Vgl. besonders deutlich BFH in BStBl.II, 1989, 668.
78) Ebenso: Sonnenschein, S.272 f; Im Ergebnis auch Jurkat, S.150 f., anderer Ansicht: Heidner in DStR 1988, S.88.
79) BFH in BStBl.II, 1976, 389 (390); deutlich werden die geringen Anforderungen an den zu fördernden Zweck auch bei BFH in BStBl.II, 1970, 348 (349); Darstellung der Rechtsprechung bei Sonnenschein S.272 f.

In der Literatur gibt es demgegenüber Autoren, die der Meinung
sind, daß engere Anforderungen an die Zweckförderung zu stellen
seien. So ist Vogel der Ansicht, daß die konkrete Tätigkeit des
Organträgers gefördert werden müsse und es nicht ausreichend
sei, wenn nur das allgemeine Ziel der Gewinnmaximierung und Ri-
sikominderung gefördert werde[80]. Dem muß entgegengehalten werden, daß gerade in der heutigen Zeit größere Konzerne häufig
darauf angewiesen sind, das unternehmerische Risiko zu streuen,
da viele Branchen sehr kurzlebig sind und daher ein breites En-
gagement in einer solchen Branche nur mit Hilfe der Risikostreuung möglich ist. Die Anforderungen an den zu fördernden
Zweck zu verschärfen, ist daher nicht der richtige Weg, um dem
Tatbestandsmerkmal Konturen zu verschaffen.
Aus diesem Grunde sind die in neuerer Zeit auch vom BFH unter-
nommenen Bestrebungen, den Begriff der Zweckabhängigkeit einzu-
engen, abzulehnen. Der BFH hat in einer neueren Entscheidung
eine Zweckabhängigkeit des Organs abgelehnt, wenn lediglich der
Organträger für das Organ tätig wird[81], da in einem solchen
Fall das herrschende Unternehmen dem beherrschten Unternehmen
dienen würde. Dieser Rückschluß des BFH ist nicht stichhaltig,
denn die Frage, welches Unternehmen konkret tätig ist, gibt
keinen Aufschluß darüber, welches Unternehmen übergeordnet ist;
es handelt sich vielmehr um eine ökonomische Frage, die von
tatsächlichen Gegebenheiten abhängt[82].

Insgesamt kann festgestellt werden, daß die Uferlosigkeit des
Begriffs der Zweckförderung Anlaß gibt, die Frage zu stellen,
ob der Begriff dazu geeignet ist, für die Definition des Tatbestandsmerkmals der wirtschaftlichen Eingliederung mit herangezogen zu werden[83].

Eine weiteres vom BFH aufgestelltes Kriterium ist das Erfordernis, daß eine einheitliche Leitung nach einem Gesamtkonzept
ausgeübt wird[84]. In der Praxis handelt es sich hierbei schon
fast um eine lediglich theoretische Voraussetzung. Schon die

---

80) Vogel in FR 1970, S.129 (132).
81) BFH in BStBl.II, 1989, 668 (669).
82) So im Ergebnis auch BFH in BStBl.II, 1970, 348 (349).
83) Sonnenschein, S.272 f; Jurkat, S.206 f.
84) BFH in BStBl.II, 1976, 389 (390).

Finanzverwaltung legt bei der Prüfung weite Maßstäbe an[85], und
auch der BFH vernachlässigt letztlich bei der Subsumtion dieses
Merkmal. Es bestehen Zweifel daran, daß es sich hierbei überhaupt um eine greifbare, nachprüfbare Notwendigkeit handelt[86].
Zunächst muß bemerkt werden, daß sich kaum feststellen lassen
wird, ob mehrere Unternehmen nach einem Gesamtkonzept geführt
werden. Es handelt sich dabei wiederum um einen uferlosen Begriff, denn auch das Gesamtkonzept kann lediglich aus Gewinnmaximierung oder Risikostreuung bestehen[87].

Als einzige greifbare Voraussetzung, die weiter in Betracht
kommt, verbleibt daher die einheitliche Leitung der Unternehmen. Jurkat vertritt richtigerweise die Ansicht, daß eine wirtschaftliche Eingliederung voraussetze, daß der Organträger
tatsächlich Leitungsmacht auf wirtschaftlichem Sektor über das
Organ ausübe[88]. Dabei ist insbesondere das Augenmerk darauf zu
legen, daß die einheitliche Leitungsmacht auch wirklich ausgeübt wird. Unter der Ausübung von einheitlicher Leitungsmacht
versteht man allgemein die Willensbildung, die Willensdurchset-
zung und die Kontrolle[89]. Leitungsmacht wird insbesondere dann
ausgeübt, wenn der Organträger für die jeweiligen Unternehmen
oder Unternehmensteile die Ziele und Zielgrößen festlegt[90].
Weiter ist erforderlich, daß der Organträger in erkennbarer
Form Grundlinien der Geschäftspolitik bestimmt und in diesem
Zusammenhang grundlegende Fragen der Konzernunternehmen aufeinander abstimmt[91]. Dies können im einzelnen sein: die Preisge-
staltung, der Warenbezug, die Investitionsplanung, der Produk-
tionsablauf, der Warenverkauf, ect.[92]. Der Organträger muß,
nach außen erkennbar, solche Entscheidungen mittragen. Dies
kann durch Weisungen oder Genehmigungen geschehen; gemeinsame
Besprechungen und Beratungen sind weiter ein Indiz, daß der Organträger Einfluß nimmt[93]. Eine wirtschaftliche Eingliederung
liegt jedoch dann nicht vor, wenn der Organträger lediglich die

---

85) Vgl. Abschn. 50 Abs.1 S.6 KStR.
86) Zweifelnd insbesondere auch Sonnenschein, S.272 f.
87) BFH in BStBl.II, 1976, 389 (390).
88) Jurkat, S.208; ebenso Sonnenschein, S.272 ff.
89) Dornfeld/Telkamp in StuW 1971, S.73.
90) Frotscher/Maas § 14, Rz.99.
91) BFH in BStBl.II, 1970, 257 (261).
92) Jurkat, S.209.
93) Jurkat, S.209; BFH in BStBl.II, 1970, 257 (261).

Möglichkeit hätte, auf derartige Fragen einzuwirken, aber davon keinen Gebrauch macht. Insbesondere dadurch, daß auf die faktische Ausübung von Leitungsmacht abgestellt wird, erhält der Begriff der wirtschaftlichen Eingliederung ein eigenes Profil und wird nachprüfbar. Zusätzlich harmoniert dadurch, wie noch zu erörtern ist, die wirtschaftliche Eingliederung mit den anderen Eingliederungstatbeständen.

Damit dem Tatbestandsmerkmal der wirtschaftlichen Eingliederung wieder eine eigenständige Bedeutung zukommt, ist weiter nötig, daß entgegen der derzeitigen Praxis bei der Beurteilung, ob einheitliche Leitungsmacht ausgeübt wird, enge Maßstäbe angelegt werden.

4. Besonders strittige Fallgruppen

Wie schon angeführt, sind es lediglich einige Fallgruppen, in denen der BFH das Vorliegen einer wirtschaftlichen Eingliederung verneint und eine steuerliche Anerkennung der Organschaft ablehnt. An Hand dieser Fallgruppen findet häufig in der Literatur die Diskussion über die Anforderungen an das Tatbestandsmerkmal der wirtschaftlichen Eingliederung statt.

aa) Holdinggesellschaften

Eine solche Fallgruppe liegt vor, wenn eine Eingliederung in sogenannte Holdinggesellschaften erfolgen soll. Holdinggesellschaften sind Gesellschaften, die keinen eigenen Produktions- oder Handelsbetrieb unterhalten, sondern nur eine oder mehrere Beteiligungen an anderen Unternehmen besitzen[94]. Zunächst muß hierbei zwischen einer reinen Vermögensverwaltungsholding und einer Geschäftsleitungsholding unterschieden werden[95]. Zu einer Verwaltungsholding ist nach einhelliger Meinung kein Organschaftsverhältnis möglich[96], da in einem solchen Fall keine einheitliche Leitung durch die Organträgergesellschaft ausgeübt

---

94) Schmidt/Steppert, S.80.
95) Gassner in Lademann, § 14 KStG, Rz.21; Dornfeld/Telkamp in StuW 1971, S.75.
96) BFH in BStBl.II, 1970, 257 (260); Gassner in Lademann, § 14 KStG, Rz.21; Dornfeld/Telkamp in StuW 1971, S.75; Jurkat, S.161; Jurkat in BB 1970, S.959; Danelsing in Blümich, § 14 KStG, Rz.51; Felix/Streck § 14, Anm.26; Winter in Herrmann/Heuer/Raupach, § 14 KStG, Rz.40; Hübl in DStZ 1972, S.89.

wird und daher eine wirtschaftliche Eingliederung nicht in Betracht kommt.

Die Frage, ob zu einem Holding-Unternehmen ein Organschaftsverhältnis möglich sein kann, stellt sich daher nur im Zusammenhang mit geschäftsleitenden Holding-Unternehmen. Die Abgrenzung von geschäftsleitenden und Verwaltungsholdinggesellschaften ist nicht immer einfach. Am geeignetsten ist eine Negativabgrenzung, und zwar dergestalt, daß in den Fällen, in denen keine einheitliche Leitung ausgeübt wird, eine Verwaltungsholding vorliegt[97].

Die Rechtsprechung des BFH zur wirtschaftlichen Eingliederung in Holding-Unternehmen reduziert sich auf die Frage, wann eine solche Gesellschaft eine gewerbliche Tätigkeit ausübt. Im Falle der geschäftsleitenden Holding ist der BFH der Ansicht, daß nur, wenn mehrere Unternehmen von der Holding geleitet werden, von einer gewerblichen Tätigkeit auszugehen sei. Sofern dagegen nur eine Tochtergesellschaft vorhanden sei, die geleitet werde, soll keine gewerbliche Tätigkeit vorliegen. Begründet wird diese Auffassung damit, daß durch die Leitung und Koordinierung von mehreren Unternehmen die Holding die Konzernspitze bilde. Ihre Tätigkeit würde die wirtschaftliche Einheit herstellen und könne daher als gewerbliche bezeichnet werden. Bei nur einer Tochtergesellschaft liege dagegen keine eigene gewerbliche Tätigkeit des Holding-Unternehmens vor, da nur das Unternehmen der Tochtergesellschaft betrieben werde.
Gegen diese Meinung, die neben dem BFH insbesondere von Flume[98] vertreten wird, wurde von etlichen Autoren eingewandt, daß eine solche Ungleichbehandlung von Holding-Unternehmen mit nur einer Tochter im Gegensatz zu Holding-Unternehmen mit mehreren Töchtern nicht gerechtfertigt sei[99]. Diese Kritik erscheint begründet, wenn man sich vor Augen hält, daß das Kriterium, das dar-

---

97) BFH in BStBl.II, 1970, 257 (260); Jurkat in BB 1970, S.959; Dornfeld/Telkamp in StuW 1971, S.75; Hübl in DStZ 1972, S.89.
98) In DB 1959, S.1296 ff.
99) Felix/Streck § 14, Anm.26; Gassner in Lademann, § 14 KStG, Rz.21; Dornfeld/Telkamp in StuW 1971, S.77 ff.; Rose in StbJb 1971/72, S.216; Jurkat in BB 1970, S.959; Jurkat, S.160.

über entscheidet, ob zu einer Holdinggesellschaft ein Organschaftsverhältnis möglich ist, die Anzahl der Tochtergesell-
schaften sein soll. Selbst wenn man mit dem BFH davon ausginge,
daß die Ausübung einer gewerblichen Tätigkeit erforderlich ist,
erscheint es zweifelhaft, daß ein Holding-Unternehmen mit nur
einer Tochter keiner gewerblichen Tätigkeit nachgeht, während
ein Holding-Unternehmen mit mehreren Töchtern eine gewerbliche
Tätigkeit ausüben soll.

Nach der hier vertretenen Meinung bereitet die Behandlung von
geschäftsleitenden Holding-Unternehmen keine größeren Probleme,
da auch bei geschäftsleitenden Holding-Unternehmen einzig die
Ausübung einheitlicher Leitungsmacht ausschlaggebend ist.

bb) Die Betriebsaufspaltung
Besonders strittig sind außerdem die Fälle der sogenannten Betriebsaufspaltung. Eine Betriebsaufspaltung liegt vor, wenn aus
einem einheitlichen Unternehmen einzelne betriebliche Aufgaben
ausgegliedert und auf ein rechtlich selbständiges Unternehmen
übertragen werden (echte Betriebsaufspaltung). Die klassische
Betriebsaufspaltung bedeutet die Aufspaltung in ein Besitz- und
ein Betriebsunternehmen. Das Besitzunternehmen bleibt Eigentümer des Anlagevermögen und verpachtet es an das Betriebsunternehmen, auf das alle anderen Vermögenswerte übertragen worden
sind. Wenn Besitz- und Betriebsunternehmen von vornherein als
zwei selbstständige Unternehmen gegründet worden sind, spricht
man von einer unechten Betriebsaufspaltung. Echte und unechte
Betriebsaufspaltung werden steuerlich gleich beurteilt[100].

Auch bei dieser Fallgruppe geht es letztlich nur um die Frage,
ob der Organträger eine gewerbliche Tätigkeit ausübt. In bezug
auf das Betriebsunternehmen ergeben sich dabei für die
Rechtsprechung keine Probleme, da dieses in aller Regel gewerblich tätig ist und daher auch nach Ansicht des BFH eine wirtschaftliche Eingliederung in ein solches Unternehmen möglich
ist[101].

---

100) Gassner in Lademann, § 14 KStG, Rz.22; Schmidt/Steppert,
     S.83.
101) Gassner in Lademann, § 14 KStG, Rz.12.

Kontrovers diskutiert wird jedoch der Fall, daß das Besitzunternehmen als Organträger fungieren soll. Die bloße Verpachtung von Betriebsteilen durch die Besitzgesellschaft ist nach Ansicht des BFH keine gewerbliche Tätigkeit, da keine Teilnahme am allgemeinen Wirtschaftsverkehr vorliege[102]. Weiter ist der BFH der Meinung, daß in einer solchen Situation, in dem lediglich das herrschende Unternehmen für das beherrschte Unternehmen aktiv tätig werde, keine Zweckabhängigkeit des beherrschten Unternehmens vorhanden sei[103].

Wie schon erörtert, ist diese Einengung des Begriffs der Zweckförderung durch den BFH abzulehnen. Auch nach Meinung des BFH liegen bei einer Betriebsaufspaltung zwei selbständige Unternehmen vor[104]. Der Zweck der Besitzgesellschaft ist die Gewinnerzielung durch die Verpachtung des Aktivvermögens. Diesen Zweck fördert die Betriebsgesellschaft als Pächterin des Aktivvermögens. Daran vermag auch die Tatsache, daß nur der Organträger aktiv tätig ist und das Organ lediglich eine Verpachtungstätigkeit entfaltet, nichts zu ändern[105]. Denn auch die Gewinnmaximierung oder Risikostreuung kann, wie der BFH selbst festgestellt hat, einen ausreichenden Zweck darstellen[106]. Entscheidend bleibt wiederum, ob im Einzelfall einheitliche Leitungsmacht ausgeübt wird.

An den Fallgruppen der Holdinggesellschaften und der Betriebsaufspaltung zeigt sich besonders deutlich, daß die Rechtsprechung des BFH zur wirtschaftlichen Eingliederung lediglich auf die Ausübung einer gewerblichen Tätigkeit abstellt. Letztlich weisen die beiden Fallkonstelationen keine Besonderheiten auf und bedürfen eigentlich keiner gesonderten Auseinandersetzung.

---

102) BFH in BStBl.II, 1973, 740 (742).
103) BFH in BStBl.II, 1989, 668 (669).
104) BFH (großer Senat) in BStBl.II, 1972, 63 (65); so auch vom BVerfG unter verfassungsrechtlichen Aspekten gutgeheißen, siehe BStBl.II, 1969, 389 (390).
105) Vgl. ebenso in bezug auf ein lediglich verwaltendes Organ BFH in BStBl.II, 1970, 348 (349).
106) BFH in BStBl.II, 1976, 389 (390).

Zusammenfassend kann festgestellt werden, daß eine wirtschaftliche Eingliederung vorliegt, wenn der Organträger faktisch Leitungsmacht über das Organ ausübt.

b) Die organisatorische Eingliederung

Zur Anerkennung einer körperschaftsteuerlichen Organschaft ist außerdem nötig, daß das Organ organisatorisch in das Unternehmen des Organträgers eingegliedert ist. Grob ausgedrückt, liegt eine organisatorische Eingliederung dann vor, wenn sichergestellt ist, daß in der Organgesellschaft die unternehmerischen Vorstellungen und der Wille des Organträgers durchgesetzt werden können[107]. Es muß gewährleistet sein, daß in der Geschäftsführung der Organgesellschaft der Wille des Organträgers tatsächlich durchgeführt wird[108]. Das heißt, die Organgesellschaft muß in ihrer Geschäftsführung den Weisungen der Organträgergesellschaft unterworfen sein. Dabei müssen die Weisungen der Organträgergesellschaft für das Organ verbindlich und rechtlich erzwingbar sein[109]. Auf welchem Wege ein solcher Zustand erreicht wird, ist prinzipiell den Beteiligten anheimgestellt. In der Praxis wird bei Gesellschaften mbH in aller Regel ein Beherrschungsvertrag oder ein ähnlicher Vertrag abgeschlossen. Häufig wird auch eine Personalunion eingegangen oder die Leitung des Organs auf einen Verwaltungsrat übertragen. In den häufigen Fällen, in denen das Organ eine Einmanngesellschaft ist, ergibt sich meist eine Personalunion von selbst.

1. Die Abgrenzung der organisatorischen von der wirtschaftlichen Eingliederung

Bereits die oben angeführte kurze Umschreibung des Begriffs der organisatorischen Eingliederung läßt Abgrenzungsschwierigkeiten und Überschneidungen zum Begriff der wirtschaftlichen Eingliederung erwarten.

Eine Abgrenzung der beiden Eingliederungstatbestände ist dergestalt vorzunehmen, daß bei der organisatorischen Eingliederung die rechtlichen Möglichkeiten im Vordergrund stehen, während

---

107) Hübl DStZ 1972, S.92.
108) Vgl. Abschn. 51 KStR.
109) Danelsing in Blümich, § 14 KStG, Rz.72; Gassner in Lademann, § 14 KStG, Rz.41; Felix/Streck § 14, Anm.30.

bei der wirtschaftlichen Eingliederung die tatsächliche Ausübung von Leitungsmacht entscheidend ist[110].

§ 14 Nr.2 KStG stellt eine Fiktion dahingehend auf, daß eine
organisatorische Eingliederung stets vorliegt, wenn das Organ
gemäß §§ 319-327 AktG eingegliedert ist oder durch einen Beherrschungsvertrag gemäß § 291 Abs.1 AktG beherrscht ist. Diese
Fiktionen und die sprachliche Bedeutung des Wortes
"organisatorisch" deuten darauf hin, daß die organisatorische
Eingliederung an formale Voraussetzungen anknüpft.

Demgegenüber ergibt schon die sprachliche Auslegung des Begrif-
fes "wirtschaftlich", daß dieses Tatbestandsmerkmal an faktische Voraussetzungen anknüpft[111]. Die organisatorische Eingli-
derung gewährleistet, daß die Instrumente geschaffen werden,
mit denen der Organträger Leitungsmacht ausüben kann. Dabei ist
nicht erforderlich, daß von diesen rechtlichen Möglichkeiten
Gebrauch gemacht wird. Notwendig ist allein, daß die rechtlichen Möglichkeiten vorhanden sind und jederzeit genutzt werden
können[112]. Es muß aber gewährleistet sein, daß, wenn der Organträger von seinen rechtlichen Möglichkeiten zur Willensdurch-
setzung Gebrauch macht, dies von dem Organ beachtet und umgesetzt wird[113].

Die wirtschaftliche Eingliederung liegt dagegen bereits dann
vor, wenn einheitliche Leitungsmacht tatsächlich ausgeübt wird.
Um von einer Eingliederung sprechen zu können, ist ein gewisses
Maß an tatsächlicher Einflußnahme nötig. Dies wird durch den
Tatbestand der wirtschaftlichen Eingliederung verwirklicht.
Nicht von Bedeutung ist in diesem Zusammenhang, ob die Ausübung
der Leitungsmacht überhaupt den rechtlichen Möglichkeiten des
Organträgers entspricht. Eine derartige Sichtweise gewährleistet, daß zum einen dem Wortlaut des § 14 KStG entsprochen wird
und zum anderen beiden Tatbestandsmerkmalen eine eigene Bedeu-
tung zukommt. Es wird erreicht, daß der Organträger ein gewis-

---

110) In die selbe Richtung gehend Danelsing in Blümich § 14
     KStG, Rz.65
111) Jurkat, S.214 f.
112) Ähnlich auch Jurkat, S.214 f.
113) Frotscher/Maas § 14 Rz.111; Winter in Herrmann/Heuer/
     Raupach, § 14 KStG, Rz.137.

ses Maß an rechtlichen Möglichkeiten hat, die er im Bedarfsfall anwenden kann, aber nicht muß.

In der Literatur wird größtenteils davon ausgegangen, daß es erforderlich sei, daß das rechtliche Verhältnis, auf dem die organisatorische Eingliederung beruht, auch tatsächlich durchgeführt werde.
Es wird sodann überwiegend verlangt, daß der Organträger der Organgesellschaft auch tatsächlich laufend Weisungen erteile. Dies soll sowohl für den GmbH-Beherrschungsvertrag als auch für die sonstigen Rechtsverhältnisse gelten[114].

Diese Sichtweise führt zwangsläufig dazu, daß die Grenzen zwischen organisatorischer und wirtschaftlicher Eingliederung verwischt werden und letztlich das Tatbestandsmerkmal der wirtschaftlichen Eingliederung inhaltsleer wird[115]. Wenn beispielsweise ein Beherrschungsvertrag vorliegt und durchgeführt wird, wird zwangsläufig auch faktisch Leitungsmacht ausgeübt. Weiterhin spricht gegen diese Meinung die Fiktion des § 14 Nr.2 KStG. Der Gesetzgeber bringt hier deutlich zum Ausdruck, daß für die Annahme einer organisatorischen Eingliederung das Vorliegen eines bestimmtes Rechtsverhältnisses ausreicht. Weitere Anforderungen, wie die tatsächliche Durchführung des Rechtsverhältnisses, sind nicht zu stellen[116]. Daher kann es bei anderen Rechtsverhältnissen nicht auf deren Durchführung ankommen. Von Bedeutung ist lediglich, daß die rechtlichen Möglichkeiten ähnlich weitreichend sind wie die der Rechtsverhältnisse, an die der Gesetzgeber die Fiktion des § 14 Nr.2 KStG geknüpft hat.
Auch die Funktion des Tatbestandsmerkmals der organisatorischen Eingliederung spricht für dieses Ergebnis. Das Tatbestandsmerkmal soll gewährleisten, daß der Wille des Organträgers durchge-

---

114) Gassner in Lademann, § 14 KStG, Rz.41; Danelsing in Blümich, § 14 KStG, Rz.72; Jurkat, S.226; Frotscher/Maas § 14, Rz.111; Winter in Herrmann/Heuer/Raupach, § 14 KStG, Rz.138; Schmidt/Steppert, S.39 u.41, verlangen sogar in bezug auf den aktienrechtlichen Beherrschungsvertrag die Durchführung.
115) Schmidt/Steppert kommen dann auch dazu, daß die wirtschaftliche Eingliederung nur eine geringe Bedeutung hat, S.38.
116) Lediglich Schmidt/Steppert verlangen eine tatsächliche Durchführung, haben aber selbst Bedenken in bezug auf die Fiktion, vgl. S.39 u. 41.

führt wird, dieser kann auch darin bestehen dem Organ möglichst
freie Hand zu lassen. Es ist zwar für eine Eingliederung erforderlich, daß der Organträger eine gewisse Leitungsmacht wirklich ausübt, jedoch ist dies ein Problem der wirtschaftlichen
und nicht der organisatorischen Eingliederung. Es genügt daher
zur Begründung einer organisatorischen Eingliederung, daß der
Organträger die rechtliche Möglichkeit hat, jederzeit seinen
Willen in der Geschäftsleitung der Organgesellschaft durchzusetzen[117].

Man könnte der hier vertretenen Meinung entgegenhalten, daß sie
lediglich dazu führe, das Tatbestandsmerkmal der organisatorischen Eingliederung auf zwei Tatbestandsmerkmale zu verteilen.
Die hier vorgenommene Abgrenzung führt jedoch zu einer wesentlich größeren Flexibilität und hat daher durchaus praktische
Bedeutung. Für das Vorliegen einer wirtschaftlichen Eingliederung ist lediglich erforderlich, daß Leitungsmacht faktisch
ausgeübt wird; woraus diese Leitungsmacht resultiert oder ob
sie berechtigterweise ausgeübt wird, ist unerheblich. Die organisatorische Eingliederung muß nur die rechtliche Möglichkeit
eröffnen, daß der Organträger seinen Willen jederzeit durchsetzen kann. Ob die tatsächlich ausgeübte Leitungsmacht auf diesen
rechtlichen Möglichkeiten beruht, ist nicht von Bedeutung. Die
in der Literatur vorherrschende Meinung führt demgegenüber
dazu, daß die Leitungsmacht, die ausgeübt wird, immer auf dem
Rechtsverhältnis beruhen muß, das zur organisatorischen Eingliederung führt.
Entsprechend der Ansicht der herrschenden Lehre ist nötig, daß
der Wille des Organträgers auch realisiert wird[118]. Das bedeutet, daß für den Fall, daß der Organträger von seinen rechtlichen Möglichkeiten Gebrauch macht, gewährleistet sein muß, daß
seine Weisungen auch umgesetzt werden. Andernfalls wären die
rechtlichen Möglichkeiten wertlos.

---

117) Gleicher Meinung BFH in BStBl.III, 1967, 715 (716),
     Danelsing in Blümich § 14 KStG, Rz.65.
118) Schmidt/Steppert, S.39; Jurkat, S.226; Winter in
     Herrmann/Heuer/Raupach, § 14 KStG, Rz.137; Felix/Streck
     § 14, Anm.30.

2. Der Einfluß der Gesellschafterrechte

aa) Jurkats Meinung

Jurkat hat die Frage aufgeworfen, ob die Mehrheitsbeteiligung, die bei einer GmbH erforderlich ist, um eine finanzielle Eingliederung zu begründen, nicht auch dazu führe, daß eine organisatorische Eingliederung vorliege[119]. Er argumentiert, daß die Obergesellschaft aufgrund ihrer Stimmenmehrheit jederzeit durch Beschluß auf die Geschäftsführung Einfluß nehmen könne. Eine organisatorische Eingliederung liege bereits vor, wenn eine Weisungsgebundenheit durch die Aufstellung von Richtlinien, insbesondere im Produktions- und im Finanzbereich, bestehe und entsprechende Kontrollmöglichkeiten vorhanden seien. Der Abschluß eines Beherrschungsvertrages oder die Bildung einer direkten Personalunion sei nicht nötig. Er führt zur Begründung an, daß in der GmbH die Gesellschafterversammlung das oberste Organ darstelle und der Geschäftsführer nur die Stellung eines Beauftragten der Gesellschafterversammlung habe[120].

Angesichts der hier vertretenen Meinung, nach der nicht die Ausübung von tatsächlicher Leitungsmacht erforderlich ist, stellt sich die Frage, ob eine derartige Einflußmöglichkeit durch Beschluß nicht als ausreichend angesehen werden kann[121]. Dies gilt besonders in den Fällen, in denen es sich bei der Organgesellschaft um eine Einmanngesellschaft bzw. um eine 100%ige Tochter des Organträgers handelt. Für eine organisatorische Eingliederung ist erforderlich, daß der Organträger unmittelbar und jederzeit seinen Willen durchsetzen kann. Wenn der Organträger aufgrund seiner Gesellschafterrechte auf die Geschäftsführung Einfluß nehmen möchte, bedarf es dazu eines Gesellschafterbeschlusses. Dabei ist ein formalisiertes Verfahren zu beachten. Es ist die Gesellschafterversammlung einzuberufen und ein Beschluß zu fassen. Eine schriftliche Beschlußfassung im Umlaufverfahren ist nur mit Zustimmung aller Gesellschafter möglich. Selbst wenn der Organträger alle Gesell-

---

119) Vgl. Jurkat, S.226, Rz.354.
120) Jurkat, S.226 Rz.356.
121) Jurkat selbst ist der Ansicht, daß die Gesellschafterrechte allein nicht genügen, weil noch die Ausübung von Leitungsmacht erforderlich sei.

schaftsanteile hält, hat er eine Niederschrift über die Beschlußfassung anzufertigen[122]. Es ist in jedem Fall ein formales Verfahren einzuhalten, um auf die Geschäftsführung einwirken zu können. Von der Möglichkeit unmittelbar und jederzeit den Willen des Organträgers durchsetzen zu können, kann daher nicht gesprochen werden. Eine andere Beurteilung ist auch dann nicht möglich, wenn Richtlinien und Kontrollmöglichkeiten vorhanden sind. Auch bei einer solchen Sachlage wären Veränderungen, beispielsweise von Richtlinien, an einen Gesellschafterbeschluß gebunden. Eine organisatorische Eingliederung könnte in diesem Zusammenhang lediglich dadurch begründet werden, daß die Satzung Gesellschaftern ein direktes Weisungsrecht einräumt.

bb) Die Meinung Sonnenscheins

Sonnenschein vertritt die Auffassung, daß es rechtlich nicht möglich sei sicherzustellen, daß der Organträger auf die Geschäftsführung des Organs in dem Maß einwirken könne, wie es nach der Definition für das Vorliegen einer organisatorischen Eingliederung erforderlich ist. Insbesondere sei es rechtlich nicht möglich, den Geschäftsführer verbindlich zu veranlassen, für die Gesellschaft negative Weisungen auszuführen. Dies sei weder durch Beherrschungsvertrag noch durch Personalunion oder Gesellschafterbeschluß zu erreichen [123]. Die Organgesellschaft führe lediglich wegen ihrer finanziellen Abhängigkeit, die aufgrund der Mehrheitsbeteiligung des Organträgers besteht, den Willen des Organträgers aus. Mit anderen Maßnahmen könne lediglich in einem sehr eingeschränkten Rahmen gewährleistet werden, daß der Wille der Organträgergesellschaft ausgeführt wird. Nach Sonnenscheins Sichtweise stellt die organisatorische Eingliederung auf dem Boden der herrschenden Auffassung keine eigenständige Voraussetzung dar[124]. Das Tatbestandsmerkmal der organisatorischen Eingliederung erfordere nur das Vorhandensein einer einheitlichen Leitung der Unternehmen[125]. Zum Vorliegen einer

---

122) Zur Beschlußfassung Karsten Schmidt, S.910 ff.
123) Sonnenschein, S.123 ff.; Emmerich/Sonnenschein betonen demgegenüber, daß es Sinn des Beherrschungsvertrages sei, die Organgesellschaft an negative Weisungen zu binden, vgl. S.392.
124) Sonnenschein, S.164 ff.
125) Sonnenschein, S.165 f.

wirtschaftlichen Eingliederung bedürfe es lediglich der Unter-
ordnung des Organs unter die einheitliche Leitung des Organträgers. Sonnenschein sieht für beide Eingliederungstatbestände
nahezu identische Voraussetzungen und folgert daraus, daß sich
die wirtschaftlichen Eingliederung auf eine inhaltslose Leerformel reduziere[126].

Die Einflußmöglichkeiten der Organträgergesellschaft sind
weitreichender als von Sonnenschein angenommen. Zunächst ist
seine Ausgangsüberlegung, daß eine Anbindung der Organgesellschaft an das Konzerninteresse nicht möglich sei, kritikwürdig.
Eine solche Anbindung ist durchaus denkbar und häufig sogar unumgänglich[127]. Dies ergibt sich schon daraus, daß sich beim
Vorliegen eines Organschaftsverhältnisses Konzern- und Unter-
nehmensinteressen kaum voneinander abgrenzen lassen. Es kann
nicht derart stringent zwischen den Interessen der Gesellschaft
und des Konzerns unterschieden werden, wie dies von einigen Autoren angestrebt wird[128]. Veranlaßt beispielsweise der Organträger das Organ, ein verlustreiches Geschäft abzuschließen,
wäre die Folge, daß aufgrund des für ein Organschaftsverhältnis
nötigen Gewinnabführungsvertrages der Organträger den Verlust
auszugleichen hätte[129]. Steuerlich, bezogen auf den gesamten
Konzern, könnte dies wiederum zu einem Vorteil führen. Von diesem Standpunkt aus ist es fraglich, ob es für das Organ überhaupt einen Vorteil bedeutet, wenn es Gewinne erwirtschaftet,
da es diese abzuführen hat. Entgegen der Meinung Sonnenscheins
ist deshalb das Konzerninteresse in der Regel mindestens mittelbar mit dem der Gesellschaft gekoppelt[130]. Daß in Ausnahmesituationen das Weisungsrecht des Organträgers gewissen Grenzen
unterliegt, ist unumgänglich. Daraus kann jedoch nicht gefolgert werden, daß der Organträger nicht in der Lage wäre, seinen
Willen durchzusetzen.

---

126) Sonnenschein, S.273.
127) Vgl. auch Geßler in Der Konzern, S.219 f.; Emmerich in
    JuS 1992, S.102 (103); Zöllner in ZGR 1992, S.173
    (179 ff.); im Ergebnis ebenso der BGH, der § 308 Abs.1
    S.2 AktG anwendet, vgl in DB 1992, S.828 (830).
128) Neben Sonnenschein auch Kort, S.66.
129) In dieselbe Richtung gehend Emmerich in Scholz
    Anh. Konzernrecht, Rz.275.
130) Vgl. Sonnenschein, S.153 f.

3. Der Beherrschungsvertrag

Die organisatorische Eingliederung wird auch bei der GmbH häufig durch den Abschluß eines sogenannten Beherrschungsvertrags verwirklicht. Durch einen solchen Beherrschungsvertrag, wie er in § 291 AktG für Aktiengesellschaften geregelt ist, verpflichtet sich die Organgesellschaft, die Leitung der Gesellschaft unter die Leitungsmacht des Organträgers zu stellen.

Um eine organisatorische Eingliederung zu begründen, ist es erforderlich, daß der Beherrschungsvertrag zivilrechtlich wirksam zustande kommt. Mit Steueränderungsgesetz vom 25.02.1992[131] ist nun in § 14 Nr.2.S.3 KStG geregelt, daß der Beherrschungsvertrag zivilrechtlich wirksam werden muß, um die Fiktion des § 14 Nr.2 S.2 KStG auslösen zu können. Aber auch unabhängig von der Fiktion kann eine organisatorische Eingliederung nur mit einen zivilrechtlich wirksamen Beherrschungsvertrag begründet werden. Dies ergibt sich nach der hier vertretenen Meinung aus der Systematik der Eingliederungstatbestände. Nur zivilrechtlich wirksame Beherrschungsverträge vermögen sicherzustellen, daß der Organträger jederzeit in der Lage ist, seinen Willen durchzusetzen; denn nur zivilrechtlich wirksame Verträge vermögen rechtlich durchsetzbare Verpflichtungen zu begründen[132].

In der Praxis wird häufig ein sogenannter Organschaftsvertrag abgeschlossen, wenn ein Organschaftsverhältnis zwischen Gesellschaften mbH angestrebt wird. Ein solcher Vertrag besteht aus einem Gewinnabführungsvertrag und einem Beherrschungsvertrag. Die zivilrechtlichen Anforderungen an die beiden Vertragstypen sind höchst streitig, wenn die Verträge nicht unter die Regelungen des Aktiengesetzes fallen. Da beide Verträge gesellschaftsrechtlich gestaltende Wirkung haben, stellen sich bei beiden die gleichen Probleme. Aus diesem Grunde werden die zivilrechtlichen Anforderungen im folgenden für beide Verträge gemeinsam erläutert[133].

---

131) BGBl.I 92, S.297 = BStBl.I 92, S.146.
132) Anderer Ansicht Strobl in Beherrschungs- und Gewinnabführungsverträge in der Praxis der GmbH, S.71.
133) Vgl. dazu den 2.Teil.

4. Die Fiktionen des § 14 Nr.2 S.2 KStG

Gemäß § 14 Nr.2 S.2 KStG ist stets vom Vorliegen einer organisatorischen Eingliederung auszugehen, soweit die Organgesellschaft durch einen Beherrschungsvertrag im Sinne des § 291 Abs.1 AktG dem Willen des Organträgers unterstellt oder das Organ gemäß §§ 319-327 AktG eine eingegliederte Gesellschaft ist. Fraglich ist, inwieweit diese Fiktionen auf ein GmbH-Organschaftsverhältnis Anwendung finden.

aa) Anwendbarkeit im Rahmen des § 17 KStG

Die Eingliederung ist ein spezifisch aktienrechtlicher Tatbestand, der unstreitig nur zwischen zwei Aktiengesellschaften vorliegen kann[134]. Eine Übernahme dieser Fiktion auf Organschaftsverhältnisse, die nach § 17 KStG zu behandeln sind, scheidet daher von vornherein aus[135].

Zwischen GmbHs können zweifellos Beherrschungsverträge vereinbart sein. Fraglich ist, ob diese Beherrschungsverträge der Fiktion des § 14 Nr.2 S.2 KStG zu unterstellen sind. Überwiegend wird zwar davon ausgegangen, daß auch Beherrschungsverträge zwischen GmbHs eine organisatorische Eingliederung begründen können. Dennoch sollen diese Verträge nach herrschender Ansicht nicht gemäß der Fiktion des § 14 Nr.2 S.2 KStG zu behandeln sein[136]. Begründet wird diese Meinung damit, daß der Wortlaut des § 14 KStG die Fiktion an das Vorliegen eines Beherrschungsvertrages im Sinne des § 291 Abs.1 AktG binde. Ein Beherrschungsvertrag im Sinne des § 291 Abs.1 AktG liege nur dann vor, wenn die beherrschte Gesellschaft eine Aktiengesellschaft oder eine Kommanditgesellschaft auf Aktien sei[137]. Weiterhin seien die zivilrechtlichen Anforderungen an einen Beherrschungsvertrag im Rahmen des § 17 KStG andere als die an einen Vertrag im Sinne des § 291 AktG.

---

134) Winter in Herrmann/Heuer/Raupach, § 14 KStG, Rz.146; Jurkat, S.223; Danelsing in Blümich, § 14 KStG, Rz.66; Schmidt/Steppert,S.41.
135) Winter in Herrmann/Heuer/Raupach, § 17 KStG, Rz.35.
136) Jurkat, S.219 u.226; Schmidt/Steppert,S.41; Felix/Streck § 14 Anm.29; Winter in Herrmann/Heuer/Raupach, § 17 KStG, Rz.35; Danelsing in Blümich, § 14 KStG, Rz.69, Gassner in Lademann, § 14 KStG, Rz.39; Frotscher/Maas § 14, Rz.108.
137) Jurkat, S.219.

Unabhängig davon, ob es zutrifft, daß die zivilrechtlichen Anforderungen unterschiedlich sind, handelt es sich hierbei nicht um den richtigen Ansatzpunkt zur Beantwortung der Frage, ob die Fiktion des § 14 Nr.2 S.2 KStG Anwendung findet. Das Gesetz hat die Fiktion an den Beherrschungsvertrag wegen dessen Wirkung geknüpft. Daß ein im Rahmen des § 17 KStG abgeschlossener Beherrschungsvertrag mit dem in § 291 Abs.1 AktG festgelegten Inhalt dieselbe Wirkung hat, wie ein nach § 291 AktG zu behandelnder Vertrag, ist unbestritten. Entscheidend für das Vorliegen einer organisatorischen Eingliederung ist, daß der Organträger die rechtliche Möglichkeit hat, seinen Willen jederzeit durchzusetzen. Die rechtlichen Möglichkeiten sind in beiden Fällen identisch[138].

Außerdem besteht die Bestrebung, die auch der BFH verfolgt, die außeraktienrechtliche und aktienrechtliche Organschaft möglichst gleich zu behandeln[139].

Auch der Wortlaut des Gesetzes spricht für die Anwendung der Fiktion. § 17 S.1 KStG erklärt § 14 KStG für entsprechend anwendbar. Nach § 14 Nr.2 S.2 KStG ist die Fiktion an einen Beherrschungsvertrag im Sinne des § 291 Abs.1 AktG gebunden. Der Wille des Gesetzgeber ist dabei so zu verstehen, daß der Vertrag den in § 291 Abs.1 AktG festgelegten Regelungsgehalt aufweisen muß. Demnach löst ein Beherrschungsvertrag im Rahmen des § 17 KStG, soweit er den Regelungsgehalt eines aktienrechtlichen Vertrages hat, auch die gleichen Rechtsfolgen aus[140].
Zusammenfassend kann festgestellt werden, daß auch ein Beherrschungsvertrag, der zwischen GmbHs besteht, eine unwiderlegliche Vermutung für das Vorliegen einer organisatorischen Eingliederung begründet[141].

---

138) Strobl a.a.O. (Fn.130), S.67; Gassner in Lademann, § 14 KStG, Rz.39.
139) BFH in BStBl.II, 1981, 383 (384), Raupach in JbfFStR 1987/88, S.285.
140) Raupach in JbfFStR 1987/88, S.285.
141) Strobl a.a.O. (Fn.130), S.71; Raupach a.a.O., S.285: tendenziell wohl auch Gassner in Lademann, § 14 KStG. Rz.39.

bb) Die zeitlichen Anforderungen gemäß
§ 14 Nr.2 S.3 KStG

Der Gesetzgeber hat mit Steueränderungsgesetz vom 25.02.92[142] durch den neugeschaffenen § 14 Nr.2 S.3 KStG die Wirkung der Fiktion auch an zeitliche Anforderungen geknüpft[143] und damit im wesentlichen Vereinfachungen gegenüber der alten Rechtslage vorgenommen. Eine organisatorische Eingliederung kann auch dann durch einen Beherrschungsvertrag begründet werden, wenn der Vertrag zu Beginn des Veranschlagungszeitraums zwar abgeschlossen und durchgeführt wurde, aber noch nicht wirksam war. Voraussetzung ist, daß der Vertrag bis zum Ende des folgenden Wirtschaftsjahres wirksam wird.

Diese Regelung wurde in das Gesetz eingefügt, weil zur zivilrechtlichen Wirksamkeit eines Beherrschungsvertrages eine Handelsregistereintragung nötig ist, die insbesondere in den neuen Bundesländern einige Zeit in Anspruch nimmt. Das Erfordernis einer solchen Handelsregistereintragung ergibt sich bei dem aktienrechtlichen Beherrschungsvertrag bereits aus dem Gesetz (§ 294 Abs.1 AktG) und ist auch bei einem Beherrschungsvertrag mit einer abhängigen GmbH nach Ansicht des BGH und der herrschenden Literatur erforderlich[144].

Der Vertrag gilt dann als abgeschlossen, wenn eine vertragliche Einigung vorliegt[145]. Es ist nicht erforderlich, daß bereits alle formalen Anforderungen vorliegen, die zu einer zivilrechtlichen Wirksamkeit erforderlich sind[146].

Die Neuregelung bedeutet nicht, daß nunmehr prinzipiell die Fiktion des § 14 Nr.2 S.2 KStG nur dann zum Tragen kommt, wenn der Beherrschungsvertrag durchgeführt wurde. Dies zeigt schon ein Vergleich mit § 14 Nr.4 S.2 KStG, in dem für den Gewinnabführungsvertrag explizit festgelegt ist, daß dieser nur dann anerkannt werden kann, wenn er während der gesamten Geltungs-

---

142) BGBl.I 92, S.297 = BStBl.I 92, S.146.
143) Zu § 14 Nr.2 S.3 KStG Danelsing in Blümich § 14 KStG, Rz.79, sowie Dötsch in DB 1992, S.650 f., vgl. auch BT-Drs.12/1108 vom 3.9.91, S.67.
144) Dazu unter 2.Teil,E.VII.
145) Danelsing in Blümich § 14 KStG, Rz.79.
146) Zu den formalen Anforderungen vgl. insgesamt unter 2.Teil.

dauer durchgeführt wurde. Die Vorschrift des § 14 Nr.2 S.3 KStG verlangt dagegen nur für den Fall, daß der Beherrschungsvertrag zwar geschlossen wurde, aber noch nicht zivilrechtlich wirksam ist, die Durchführung des Vertrages. Wenn dagegen der Vertrag zivilrechtlich wirksam geworden ist, bedarf es nicht mehr der Durchführung des Vertrages.

Die Regelung ist in bezug auf Beherrschungsverträge nur dann von Bedeutung, wenn es darum geht, ob die Fiktion des § 14 Nr.2 S.3 KStG zur Anwendung kommt.

5. Die Personalunion

Wenn kein Beherrschungsvertrag vorliegt, ist die Personalunion der häufigste Weg, um zwischen zwei Gesellschaften mbH zu einer organisatorischen Eingliederung zu gelangen. Dies bedeutet gleiche Geschäftsführung bei Organträger und Organ[147]. Eine solche personelle Verflechtung ist bei einem Organschaftsverhältnis z.B. dadurch erreichbar, daß ein Geschäftsführer des Organträgers auch die Geschäftsführung des Organs übernimmt. Die Personalunion wird häufig als die stärkste Form der organisatorischen Eingliederung bezeichnet[148]. Nach überwiegender Meinung ist bei deren Vorliegen nicht erforderlich, daß eine darüber hinausgehende Verpflichtung besteht, den Weisungen des Organträgers zu folgen[149]. Wenn die Organträgergesellschaft der einzige Gesellschafter des Organs ist, liegt eine Personalunion häufig nahe oder ergibt sich automatisch[150].

Die Personalunion ist der sicherste Garant dafür, daß der Organträger jederzeit seinen Willen durchsetzen kann. Dies wird auch von den Vertretern der herrschenden Meinung immer wieder betont[151]. Es existiert zwar keine gesetzliche Vermutung für

---

147) BFH in BStBl.II, 1970, 257 (261); 1969, 505 (507); 1977, 357 (359); Schwend/Hall in DStR 1984, S.101.
148) Schmidt/Steppert, S.39; Gassner in Lademann, § 14 KStG, Rz.41; Winter in Herrmann/Heuer/Raupach, § 14 KStG, Rz.138.
149) Schmidt/Steppert, S.39; Gassner in Lademann, § 14 KStG, Rz.41; Winter in Herrmann/Heuer/Raupach, § 14 KStG, Rz.138; Felix/Streck § 14, Anm.30.
150) Dennoch wird zumeist zusätzlich ein Beherrrschungsvertrag geschlossen.
151) So z.B. Frotscher/Maas § 14, Rz.109.

das Vorliegen einer organisatorischen Eingliederung, es ist
aber davon auszugehen, daß, wenn keine besonderen Umstände ersichtlich sind, sie zu einer organisatorischen Eingliederung
führt.

6. Weitere Möglichkeiten einer organisatorischen Eingliederung

Es sind noch weitere Rechtsverhältnisse denkbar, die eine organisatorische Eingliederung zwischen GmbHs begründen könnten.
Voraussetzung ist auch in diesen Fällen, daß der Wille des Organträgers Beachtung findet[152]. Beispielsweise könnte die Geschäftsleitung des Organs durch die Gestaltung der Arbeitsver-
träge der Geschäftsführer oder durch entsprechende Regelungen
in der Satzung an die Weisungen des Organträgers gebunden werden. Möglich wäre auch, die Geschäftsführung des Organs einem
vom Organträger beherrschten Verwaltungsrat zu unterwerfen.
Dies könnte durch Satzungsbestimmungen oder durch Vertrag erfolgen[153].
Eine organisatorische Eingliederung kann auch auf anderen For-
men der Personalverflechtung beruhen[154]. Es käme z.B. in Betracht, daß ein Prokurist des Organträgers die Geschäftsführung
des Organs übernimmt. Eine erschöpfende Aufzählung der Gestal-
tungsmöglichkeiten ist nicht zu leisten. Entscheidend ist, ob
die gewählte rechtliche Konstruktion gewährleistet, daß der Organträger seinen Willen durchsetzen kann und das Organ verpflichtet ist, die Weisungen des Organträgers zu befolgen; weiter muß sie zivilrechtlichen wirksam zustande kommen.

7. Die mittelbare organisatorische Eingliederung

Nach einhelliger Meinung ist eine organisatorische Eingliederung auch mittelbar möglich[155], z.B. in der Form, daß zwischen
der Mutter- und der Tochtergesellschaft ein Beherrschungsvertrag vorliegt und wiederum zwischen der Tochter- und einer En-

152) Vgl. Abschn.51 KStR.
153) Frotscher/Maas § 14, Rz.109;, Gassner in Lademann,
     § 14 KStG, Rz.43.
154) Aufzählung bei Schwend/Hall DStR 1984, S.101.
155) Jurkat, S.227; Winter in Herrmann/Heuer/Raupach, § 14
     KStG, Rz.136; Danelsing in Blümich, § 14 KStG, Rz.78;
     Felix/Streck § 14, Anm.31; Frotscher/Maas § 14, Rz.110;
     Schmidt/Steppert, S.42; ebenso Abschn. 51, S.2 KStR.

kelgesellschaft. Auf diese Art und Weise könnte eine organisatorische Eingliederung zwischen Mutter- und Enkelgesellschaft begründet werden.

Nach der Finanzverwaltung ist nur in den Fällen, in denen die finanzielle Eingliederung des Organträgers auf einer mittelbaren Beteiligung beruht, eine mittelbare organisatorische Eingliederung möglich[156]. Es ist jedoch kein Grund ersichtlich, warum eine mittelbare organisatorische Eingliederung nur bei einer mittelbaren finanziellen Beteiligung anzuerkennen sein soll. Dem Wortlaut des Gesetzes ist nicht zu entnehmen, daß eine unmittelbare organisatorische Eingliederung erforderlich wäre; deshalb ist auch eine mittelbare organisatorische Eingliederung ausreichend, soweit gewährleistet ist, daß der Organträger jederzeit seinen Willen in der Organgesellschaft durchsetzen kann[157].

c) Die finanzielle Eingliederung

§ 14 Nr.1 S.1 KStG regelt das Tatbestandsmerkmal der finanziellen Eingliederung. Der Gesetzeswortlaut erfordert in diesem Zusammenhang, daß die Organgesellschaft unmittelbar finanziell in die Organträgergesellschaft eingegliedert ist. Der Organträger muß solchermaßen an der Organgesellschaft beteiligt sein, daß er die Mehrheit der Stimmrechte innehat. Der Gesetzgeber hat deshalb auf die Mehrheit der Stimmrechte abgestellt, weil eine Einflußnahme der Obergesellschaft in der Regel über die Ausübung des Stimmrechts erfolgt. Die Funktion dieses Eingliederungstatbestandes besteht insbesondere darin, eine Veränderungssperre für die Verhältnisse zu schaffen, die zu der wirtschaftlichen und organisatorischen Eingliederung führen. Durch die Mehrheit des Organträgers in der Gesellschafterversammlung des Organs ist sichergestellt, daß nicht ohne Willen des Organträgers Maßnahmen, auf denen die Eingliederung beruht, durch Gesellschafterbeschluß ausgehebelt, verändert oder aufgehoben werden können. Es soll der Entscheidung des Organträgers obliegen, die nötigen Rechtsverhältnisse auszubauen oder einzugrenzen.

---

156) So Abschn.51 KStR.
157) Ebenso Frotscher/Maas § 14, Rz.110; Winter in Herrmann/Heuer/Raupach, § 14 KStG, Rz.136.

Eine Stimmrechtsmehrheit liegt, soweit der Gesellschaftsvertrag keine besonderen Vereinbarungen über die Mehrheitsanforderungen von Gesellschaftsbeschlüssen enthält, dann vor, wenn der Organträger über die einfache Mehrheit gemäß § 47 Abs.1 GmbHG verfügt. Bestimmt der Gesellschaftsvertrag, daß Gesellschafterbeschlüsse mehr als der einfachen Mehrheit bedürfen, dann liegt eine finanzielle Eingliederung erst vor, wenn der Organträger diese Mehrheit besitzt, da er erst dann in der Lage ist, seinen Willen durchzusetzen[158]. Ist nach der Satzung nur für bestimmte Beschlüsse eine qualifizierte Mehrheit erforderlich, so muß je nach Einzelfall entschieden werden, ob der Zweck der finanziellen Eingliederung noch mit einfacher Mehrheit erreicht werden kann. Dabei sind insbesondere Art und Umfang der Angelegenheiten, die einer qualifizierten Mehrheit bedürfen, von ausschlaggebender Bedeutung. Es muß gewährleistet sein, daß sich der Organträger bei Fragen, die im Geschäftsverkehr regelmäßig auftreten, durchsetzen kann[159].

Nicht erforderlich ist, daß der Organträger das Stimmrecht in einer bestimmten Form ausübt oder selbst wahrnimmt.

1. Belastete Anteile

Dem Organträger müssen die Gesellschaftsanteile wirtschaftlich zuzurechnen sein. Dabei gelten die Grundsätze des § 39 AO. Wenn dem Organträger nicht zivilrechtlich, sondern lediglich wirtschaftlich die Anteile zuzurechnen sind, so muß er uneingeschränkt über das Stimmrecht verfügen können. Eine finanzielle Eingliederung kann daher nicht in einen Treuhänder, Pfandgläubiger oder Sicherungseigentümer erfolgen, da diese nicht uneingeschränkt über die Stimmrechte verfügen können.
Der Sicherungsgeber, Verpfänder oder Treugeber kann dagegen Organträger sein, soweit er nicht in der Ausübung seines Stimmrechts beschränkt ist[160].

---

158) Hübl in DStZ, S.86; Danelsing in Blümich, § 14 KStG, Rz.33, Jurkat, S.174; Frotscher/Maas § 14, Rz.62; Winter in Herrmann/Heuer/Raupach, § 14 KStG, Rz.117; Gassner in Lademann, § 14 KStG, Rz.31.
159) Frotscher/Maas § 14, Rz.62.
160) Felix/Streck § 14 KStG, Anm.14; Schmidt/Steppert, S.29; Gassner in Lademann, § 14 KStG, Rz.27; Frotscher/Maas § 14, Rz.65.

44

Bei Vorliegen eines Nießbrauchverhältnisses an GmbH-Anteilen ist eine finanzielle Eingliederung nach der überwiegenden Ansicht weder wenn der Organträger Nießbraucher der Anteile ist noch wenn er Nießbrauchbesteller ist möglich[161].

Der Nießbraucher ist zivilrechtlich nicht Inhaber der Anteile. In der Regel sind die Anteile dem Nießbraucher auch nicht wirtschaftlich gemäß § 39 AO zuzurechnen, da es sich bei dem Nießbrauch lediglich um ein Nutzungsrecht handelt[162]. Sollten aufgrund einer besonderen Vertragsgestaltung dem Nießbraucher die Anteile ausnahmsweise doch wirtschaftlich zuzurechnen sein, ist eine finanzielle Eingliederung dann unproblematisch, wenn vereinbart ist, daß ihm auch die Ausübung des Stimmrechts zustehen soll[163]. Wenn dies nicht der Fall ist, gewinnt der Streit, wem bei einem Nießbrauchverhältnis an einem Gesellschaftsanteil das Stimmrecht zusteht, eine entscheidende Bedeutung. Nach der wohl überwiegenden Meinung steht das Stimmrecht dem Nießbrauchbelasteten zu[164]. Zum Teil wird demgegenüber davon ausgegangen, daß dem Nießbraucher das Stimmrecht zustehe[165]. Vereinzelt wird vertreten, daß die Ausübung des Stimmrechts gemeinschaftlich zu erfolgen hätte[166].

Der Nießbrauchbelastete bleibt Gesellschafter. Daher müssen ihm auch die nichtabspaltbaren Mitgliedschaftsrechte zustehen, zu denen auch das Stimmrecht zählt. Im Einklang mit der herrschenden Ansicht steht somit dem Nießbrauchbelasteten das Stimmrecht zu.

---

161) Felix/Streck § 14 KStG, Anm.14; Winter in Herrmann/Heuer/Raupach § 14 KStG, Rz.113; Frotscher/Maas § 14 Rz.66.
162) Gassner in Lademann, § 14 KStG, Rz.26; Schmidt/Steppert, S.29.
163) Eine Übertragung des Stimmrechts als solchem ist nicht möglich und wird in eine Vollmacht zur Ausübung des Stimmrechts umgedeutet; vgl. hierzu OLG Koblenz in DB 1992, S.1468 f.
164) Hueck in Baumbach/Hueck. § 15, Rz.52; Zutt in Hachenburg, Anh. § 15, Rz.61; Jurkat, S.182 Rz.268, insbesondere Fn.240; erstmals auch von der Rechtsprechung bestätigt, durch das OLG Koblenz mit Urteil vom 16.01.92 vgl. in DB 1992 S.1468 ff.
165) Bassenge in Palandt, § 1068, Anm.3)a)bb).
166) Zu den vertretenen Meinungen mit weiteren Nachweisen Schilling/Zutt in Hachenburg, 7.Aufl. (1979), Anh. § 15, Rz.61.

Wenn dem Nießbraucher nicht die Ausübung des Stimmrechts eingeräumt wird, ist eine finanzielle Eingliederung in ihn nicht
möglich, selbst wenn er wirtschaftlicher Eigentümer der Anteile
sein sollte.

Der Nießbrauchbelastete bleibt, wie erörtert, der wirtschaftliche Eigentümer der Gesellschaftsanteile. Überwiegend wird dennoch angenommen, daß auch der Nießbrauchbelastete kein Organträger sein kann. Dies soll sich daraus ergeben, daß die Gewinnabführung an ihn mit dem Wesen des Nießbrauchs nicht vereinbar sei. Die Autoren beziehen sich dabei auf den für ein
Organschaftsverhältnis nötigen Gewinnabführungsvertrag. Demnach
sei es unvereinbar mit dem Nießbrauchverhältnis, daß einerseits
der Organträger aufgrund des Gewinnabführungsvertrages Anspruch
auf Gewinn, andererseits der Nießbraucher Anspruch auf den Gewinnanteil habe[167]. Dieses Argument bezieht sich somit eigentlich mehr auf das Tatbestandsmerkmal Gewinnabführungsvertrag
als auf die finanzielle Eingliederung. Aber auch unter diesem
Blickwinkel erscheint die Argumentation nicht überzeugend, denn
die Vertragsverhältnisse sind klar abgrenzbar. Zwischen Organ
und Organträger besteht ein Gewinnabführungsvertrag, so daß die
Organgesellschaft zunächst in jedem Fall frei von ihrer Verpflichtung wird, wenn sie an den Organträger leistet. Daß im
Verhältnis Organträger/Nießbraucher letzterer einen Anspruch
auf den Gewinnanteil hat, ist eine reine Frage der Gewinnverwendung durch den Organträger. Wie der Organträger diese Mittel
verwendet, bleibt ihm überlassen. Es muß lediglich sichergestellt sein, daß der abgeführte Gewinn nicht wieder an die Organgesellschaft zurückgeführt wird. Ansonsten ist der Gewinnabführungsvertrag nicht durchgeführt[168].

Da dem Nießbrauchbelasteten nach hier vertretener Auffassung
die Ausübung des Stimmrechts zusteht, kann zusammenfassend
festgestellt werden, daß prinzipiell eine finanzielle Eingliederung auch dann möglich ist, wenn die von dem Organträger gehaltenen Anteile nießbrauchbelastet sind.

---

167) Felix/Streck § 14, Anm.14; Winter in
 Herrmann/Heuer/Raupach, § 14 KStG, Rz.113; Frotscher/Maas
 § 14, Rz.66; Schmidt/Steppert, S.29 f.
168) Mehr dazu unter B.IV.b)2.aa).

2. Die mittelbare finanzielle Eingliederung

Nach § 14 Nr.1 S.1 KStG ist grundsätzlich eine unmittelbare finanzielle Eingliederung erforderlich.

Gemäß § 14 Nr.1 S.2 KStG ist eine mittelbare finanzielle Eingliederung ausreichend, wenn jede der vermittelnden Beteiligungen die Mehrheit sichert. Das heißt, der Organträger muß an der Gesellschaft, die ihm die Beteiligung mittelt, mehrheitlich beteiligt sein, und diese muß wiederum mehrheitlich am Organträger beteiligt sein. Ein Organschaftsverhältnis zwischen Schwestergesellschaften ist nicht möglich, weil der Organträger selbst eine die finanzielle Eingliederung vermittelnde Beteiligung halten muß. Bei Schwestergesellschaften werden dagegen die Beteiligungen von der Muttergesellschaft gehalten[169].
Die Zusammenrechnung mehrerer mittelbarer Beteiligungen oder einer mittelbaren Beteiligung mit einer unmittelbaren Beteiligung ist nach nahezu einhelliger Meinung nicht zulässig[170]. Anderer Meinung ist lediglich Brezing; er ist der Ansicht, daß solche Zusammenrechnungen anzuerkennen seien[171].

Obgleich es sachgerecht erscheinen mag, solche Zusammenrechnungen vorzunehmen, widerspricht diese dem klaren Wortlaut des § 14 Nr.1 KStG. Der Vorschrift ist zu entnehmen, daß jede einzelne Beteiligungsform die Mehrheit verschaffen muß; bei einer Zusammenrechnung mehrerer Beteiligungsformen, die nicht die Mehrheit verschaffen, ist dies nicht der Fall[172]. Der Gesetzgeber hat sich bewußt aus Praktikabilitätsgründen gegen eine solche Zusammenrechnung entschieden. Daher ist Brezings Auffassung nicht mit dem Wortlaut des Gesetzes vereinbar[173].

---

169) Schmidt/Steppert, S.30.
170) Jurkat, S.178; Schmidt/Steppert, S.31; Danelsing in
    Blümich § 14 KStG. Rz.45; Felix/Streck § 14, Anm.16; Hübl
    in DStZ 1972, S.87; Frotscher/Maas § 14, Rz.76; Winter in
    Herrmann/Heuer/Raupach § 14 KStG, Rz.124;
    Abschn.49 S.5 KStR.
171) Brezing in DStZ 1972, S.103 f, und in ZGR 1/1978,
    S.77 (90).
172) Jurkat, S.179; Schmidt/Steppert, S.31; Danelsing in
    Blümich § 14 KStG, Rz.45 f.; Frotscher/Maas § 14, Rz.76.
173) Schmidt/Seppert S.31 mit weiteren Nachweisen

d) Die Systematik der Eingliederungstatbestände

Die körperschaftsteuerliche Organschaft führt dazu, daß das Einkommen des Organs dem Organträger zugerechnet wird. Das Organ bleibt selbständiges Steuersubjekt[174], der Organkreis bildet jedoch eine Einkommenseinheit[175]. Die drei Eingliederungstatbestände sind die klassischen Voraussetzungen für die körperschaftsteuerliche Organschaft und auch heute noch besonders wichtige Tatbestandsmerkmale. Daher muß insbesondere bei der Systematisierung und den Anforderungen an das Vorliegen der Eingliederungstatbestände der Sinn der körperschaftsteuerlichen Organschaft im Auge behalten werden.

Grundlage, um eine Einkommenszurechnung zu rechtfertigen, ist die wirtschaftliche Eingliederung, weil es sich um den einzigen Eingliederungstatbestand handelt, der an faktisches Verhalten des Organträgers dem Organ gegenüber anknüpft. Der Organträger muß steuernd auf das Organ einwirken, damit der gemeinsame Zweck nach der Vorstellung des Organträgers realisiert wird. Dieses Tatbestandsmerkmal ist deshalb besonders wichtig, weil hier der Organträger auch wirklich Einfluß auf das Jahresergebnis genommen hat. Es ist aber nicht zweckdienlich, wenn der Organträger zu sehr eingeengt wird bei der Frage, wie und in welchem Maße Leitungsmacht durch ihn ausgeübt wird. Es kann durchaus von Vorteil sein, wenn der Organträger nicht all seine rechtlichen Möglichkeiten ausschöpfen muß und nur auf grundlegende Fragen Einfluß nimmt, er das Organ also "an der langen Leine führt". Die Flexibilität des Organträgers wird weiter dadurch erhöht, daß die Grundlage, auf der die ausgeübte Leitungsmacht basiert, unerheblich ist.

Eine Einkommenszurechnung ist jedoch nur dann gerechtfertigt, wenn der Organträger rechtlich in der Lage ist, jederzeit die Leitung des Organs völlig an sich reißen zu können. Es muß die Entscheidung des Organträgers bleiben, ob er das Organ "an der langen Leine führt" oder ob er bei jeder Detailfrage mitwirkt.

---

174) Frotscher/Maas § 14, Rz.2.
175) Winter in Herrmann/Heuer/Raupach § 14 KStG, Rz.1.

Die Funktion der finanziellen Eingliederung besteht nicht lediglich darin sicherzustellen, daß der Organträger aufgrund
seiner Stimmenmehrheit seinen Willen durchsetzen kann, wie
überwiegend angenommen wird[176]. Eine solche Sichtweise trifft
nicht den Kern der Sache. Bereits aufgrund der Rechtsverhältnisse, die für eine organisatorischen Eingliederung erforderlich sind, kann der Organträger seinen Willen bei der Führung
der Geschäfte durchsetzen. Er muß aber zusätzlich in der Lage
sein, sich auch in der Gesellschafterversammlung durchsetzen zu
können. Die weitreichendsten rechtlichen Einflußmöglichkeiten
wären nichts wert, wenn das Organ durch Gesellschafterbeschlüsse die Möglichkeit hätte, diese Einflußmöglichkeiten zu
untergraben oder zu beenden. Die finanzielle Eingliederung soll
in erster Linie eine Veränderungssperre bewirken. Es wird der
Entscheidung des Organträgers anheimgestellt, ob das Organschaftsverhältnis beendet oder verändert wird[177]. Um zu gewährleisten, daß diese Entscheidungsmöglichkeit des Organträgers
besteht, ist die im Gesetz geforderte Beteiligung, die die
Mehrheit der Stimmrechte sichert, nötig. Nicht erforderlich
ist, daß der Organträger die Stimmrechte in einer bestimmten
Form ausübt oder sein Stimmrecht selbst wahrnimmt. Die finanzielle Eingliederung ist, im Gegensatz zu den anderen Eingliederungstatbeständen, ein Merkmal, das an rein rechtliche Verhältnisse anknüpft, denn es genügt, daß der Organträger eine
Mehrheitsbeteiligung mit den entsprechenden Stimmrechten innehat.

Eine derartige Systematisierung der Eingliederungstatbestände
ermöglicht es, jedem Eingliederungstatbestand eine eigenständige Bedeutung beizumessen, ohne daß es zu größeren Überschneidungen kommt. Weiter wird erreicht, daß sich die Eingliederungstatbestände in einer Art und Weise ergänzen, daß eine Zurechnung des Einkommens zum Organträger gerechtfertigt ist[178].
Der Organträger behält dennoch genügend Spielraum und wird in

---

176) Statt vieler Frotscher/Maas § 14, Rz.62.
177) BFH in BStBl.II, 1968, 315 (317); Winter in
     Herrmann/Heuer/Raupach, § 14 KStG, Rz.112 u. 117.
178) Ähnliche Systematisierung bei Dornfeld/Telkamp, StuW 1971,
     S.74.

seinen unternehmerischen Entscheidungen nicht unnötig eingeengt.

e) Das Gesamtbild der Verhältnisse

Nach dem Gesetzeswortlaut von § 14 Nr.2 KStG ist es erforderlich, daß die wirtschaftliche und die organisatorische Eingliederung nach dem Gesamtbild der Verhältnisse vorliegen.
Vor der Regelung der körperschaftsteuerlichen Organschaft durch
den Gesetzgeber hatte die Rechtsprechung festgelegt, daß in bezug auf alle drei Eingliederungsformen auf das Gesamtbild der
tatsächlichen Verhältnisse abzustellen sei. Wenn die Eingliederung auf einem der drei Gebiete nicht vollkommen war, konnte
dies dadurch ausgeglichen werden, daß die Eingliederung auf einem anderen Gebiet um so deutlicher vorlag. Es durfte jedoch
keine der Voraussetzungen völlig fehlen[179]. Bei der Übertragung
der Rechtsprechung in ein gesetzliches Regelwerk, wurde die finanzielle Eingliederung aus der Beurteilung nach dem Gesamtbild
der tatsächlichen Verhältnisse herausgenommen. Seit der gesetzlichen Verankerung ist der BFH noch nicht näher auf die Bedeutung dieses Tatbestandsmerkmals eingegangen.
In der Literatur wird der Gesetzeswortlaut so verstanden, daß
ein Ausgleich dann möglich sein soll, wenn die wirtschaftliche
oder die organisatorische Eingliederung nicht vollkommen vorliegen. Wenn andere Eingliederungstatbestände um so deutlicher
vorhanden sind, soll ein derartiger Mangel unschädlich sein.
Das völlige Fehlen eines der beiden Eingliederungstatbestände
soll auch nach dieser Auffassung nicht überdeckt werden können[180].
Eine fehlende finanzielle Eingliederung kann bereits nach dem
Gesetzeswortlaut nicht ausgeglichen werden. Es ist aber allgemeine Ansicht, daß ein Mangel in bezug auf die wirtschaftliche
oder organisatorische Eingliederung durch das Vorliegen einer

---

179) Vgl. insbesondere RFH in RStBl.1944, 6 (7); zuletzt BFH in
     BStBl.II, 1973, 740 (742); Darstellung bei Sonnenschein,
     S.295 f. und Jurkat S.228 f.
180) Gassner in Lademann § 14 KStG, Rz.51;
     Winter in Herrmann/Heuer/Raupach § 14 KStG, Rz.141;
     Danelsing in Blümich § 14 KStG, Rz.80 f; Jurkat,
     S.228 f.

besonders deutlichen finanziellen Eingliederung amortisiert
werden kann[181].

Felix/Streck sind demgegenüber der Auffassung, daß es sich bei
der Betrachtung nach dem Gesamtbild der Verhältnisse um eine
methodische Selbstverständlichkeit und eine Floskel ohne eigenen Aussagewert handele[182].

Auch Sonnenschein äußert Bedenken dagegen, daß es sich hierbei
um ein zu beachtendes Tatbestandsmerkmal handeln soll[183]. Insbesondere kritisiert er, daß überwiegend die Meinung vertreten
werde, das völlige Fehlen eines Eingliederungstatbestandes
könne nicht im Wege einer Beurteilung nach dem Gesamtbild der
Verhältnisse ausgeglichen werden. Er führt gegen diese Ansicht
zu Recht an, daß es bereits erhebliche Schwierigkeiten bereite
zu bestimmen, ob eine wirtschaftliche bzw. organisatorische
Eingliederung vorliege oder nicht[184].

Der Fall, daß zwar die Voraussetzungen für eine wirtschaftliche
bzw. organisatorische Eingliederung vorliegen, der Intensitäts-
grad aber für eine steuerliche Anerkennung nicht ausreichend
ist, erscheint kaum denkbar. Liegt beispielsweise die Situation
vor, daß nicht in ausreichendem Maße Leitungsmacht ausgeübt
wird, hat dies zur Folge, daß keine wirtschaftliche Eingliederung vorliegt. Das Gegenstück, daß einerseits genügend Leitungsmacht ausgeübt wird, damit vom Vorliegen einer wirtschaftlichen Eingliederung ausgegangen werden kann, andererseits die
ausgeübte Leitungsmacht nicht ausreichend dafür ist, die wirtschaftliche Eingliederung steuerrechtlich anzuerkennen, ist
nicht vorstellbar. Dies gilt umsomehr angesichts der herrschenden Praxis, die bei der Prüfung, ob eine wirtschaftliche Eingliederung vorliegt, keine hohen Anforderungen stellt. So verwundert es nicht, daß es keine neueren Urteile des BFH gibt,
die sich auf den Rechtszustand nach der gesetzlichen Verankerung der körperschaftsteuerlichen Organschaft beziehen und bei
denen eine Beurteilung nach dem Gesamtbild der Verhältnisse von

---

181) Jurkat, S.229; Reuter, S.310; Winter in Herrmann/Heuer/
    Raupach, § 14 KStG, Rz.141; Danelsing in Blümich § 14
    KStG, Rz.82; Gassner in Lademann, § 14 KStG, Rz.51.
182) Felix/Streck § 14, Anm.24; Zweifel an der eigenständigen
    Bedeutung auch bei Frotscher/Maas, § 14 KStG, Rz.113.
183) Sonnenschein, insbesondere S.305.
184) Sonnenschein, S.298.

Bedeutung gewesen wäre. Aber auch in der Literatur werden keine konkreten Beispiele angeführt, wann eine solche Beurteilung den Ausschlag geben könnte.

Eine sinnvolle Funktion kann das Merkmal nur dann haben, wenn auch das völlige Fehlen eines Eingliederungstatbestandes ausgeglichen werden kann. Auch die Entstehungsgeschichte der gesetzlichen Regelung der körperschaftsteuerlichen Organschaft spricht hierfür. Vor der gesetzlichen Verankerung war es nach der Rechtsprechung nicht erforderlich, daß die Eingliederung auf allen drei Gebieten vollkommen ist. Es wurde angenommen, daß, wenn die Eingliederung auf einem Gebiet nicht vollkommen sei, dies dadurch ausgeglichen werden könne, daß die Eingliederung auf einem anderen Gebiet um so deutlicher vorliege. Man verlangte auch damals, daß keine der Voraussetzungen völlig fehlen dürfe[185]. Der Gesetzgeber hat diese Rechtsprechung nur mit Veränderungen ins Gesetz übernommen. So hat er die Betrachtungsweise nach dem Gesamtbild der Verhältnisse auf die wirtschaftliche und die organisatorische Eingliederung beschränkt. Weiter läßt sich dem Gesetz nicht entnehmen, daß ein Ausgleich nach dem Gesamtbild der Verhältnisse nicht auch dann denkbar ist, wenn ein Eingliederungstatbestand völlig fehlt. Die überwiegende Meinung interpretiert die Formulierung des Gesetzgebers dennoch dahingehend, daß die bis dahin geltende Rechtsprechung weitergeführt werden solle und daher das völlige Fehlen eines Eingliederungstatbestandes nicht ausgeglichen werden könne. Gegen eine solche Sichtweise bestehen erhebliche Bedenken. Der Gesetzgeber hat deutlich zum Ausdruck gebracht, daß er eine Veränderung gegenüber der bisherigen Rechtsprechung herbeiführen möchte. Denn bereits vor der gesetzlichen Verankerung hatte bei der Prüfung, ob die Eingliederungstatbestände vorliegen, eine Betrachtung nach den Gesamtbild der tatsächlichen Verhältnisse keine praktische Bedeutung. Der Gesetzgeber wollte diesen Zustand ändern und durch eine weit gefaßte Regelung auch einen umfangreichen Ausgleich zulassen. Eine solche Regelung ist auch im Hinblick darauf sinnvoll, daß nach der hier vertretenen Ansicht das Vorliegen einer wirtschaftlichen

---

185) RFH in RStBl. 1944, 6 (7); BFH in BStBl.II, 1973, 740 (742).

Eingliederung die ständige Ausübung von Leitungsmacht erfordert. Angesichts eines Tatbestandsmerkmals, das ständig faktische Handlungen verlangt, erscheint es sinnvoll, Wege zu eröffnen, die zu einer Unschädlichkeit führen, wenn in einem zeitlich begrenzten Rahmen keine Leitungsmacht ausgeübt wird. Für die Zweckdienlichkeit einer solchen Möglichkeit spricht auch die Tatsache, daß es eines ganz erheblichen Verwaltungsaufwands bedarf, wenn ein Organschaftsverhältnis für ein Jahr ausgesetzt wird und die Gewinne wieder bei dem Organ versteuert werden.

Die Tatsache, daß der Gesetzgeber nicht ausdrücklich ins Gesetz aufgenommen hat, daß ein Ausgleich bei völligem Fehlen einer der beiden Eingliederungstatbestände ausgeschlossen sein soll, ist so zu verstehen, daß eine solche Eingrenzung nicht vorgesehen ist.

Angesichts der Weite der gesetzlichen Regelung stellt sich die Frage, an welche Voraussetzungen das Eingreifen eines solchen Ausgleichs zu knüpfen ist. Es ist der in Rechtsprechung und Lehre überwiegend vertretenen Auffassung zuzustimmen, daß eine Beurteilung nach dem Gesamtbild der Verhältnisse nur über einen längeren Zeitraum erfolgen kann[186]. So kann beispielsweise eine Betrachtung eines Zeitraums von vier Jahren ergeben, daß im ersten halben Jahr der Organträger zwar bereits in einem besonders umfangreichen Maße tatsächliche Leitungsmacht in der Organgesellschaft ausgeübt und über eine deutliche Stimmenmehrheit verfügt hat, aber ein Beherrschungsvertrag noch nicht zustande gekommen war. In einem solchen Fall wird eine Beurteilung der tatsächlichen Verhältnisse ergeben, daß sowohl die wirtschaftliche als auch die organisatorische Eingliederung während der ganzen vier Jahre vorgelegen haben, weil lediglich für einen relativ kurzen Zeitraum keine organisatorische Eingliederung vorhanden war. Dieser Mangel, der in dem ersten Halbjahr bestand, ist wegen der in diesem Zeitraum besonders deutlichen wirtschaftlichen Eingliederung nicht hinderlich.

---

186) BFH in BStBl.II, 1973, 740 (742); Gassner in Lademann, § 14 KStG, Rz.51; Winter in Herrmann/Heuer/Raupach, § 14 KStG, Rz.141.

Übereinstimmend mit der überwiegend vertretenen Auffassung kann auch das Vorliegen einer besonders deutlichen finanziellen Eingliederung ausschlaggebend sein[187].

Zusammenfassend kann festgestellt werden, daß eine Betrachtung nach dem Gesamtbild der Verhältnisse dann zu einem Ausgleich führen kann, wenn die Bewertung über einen längeren Zeitraum hinweg den Schluß zuläßt, daß das Organ während des gesamten Zeitraums in den Organträger eingegliedert war, obwohl für unbedeutende Zeiträume die wirtschaftliche oder die organisatorische Eingliederung nicht vorgelegen haben.

f) Die zeitlichen Anforderungen an die Eingliederung

§ 14 Nr.1 und 2 KStG regeln, daß die drei Eingliederungstatbestände vom Beginn des Wirtschaftsjahres an, für das erstmals eine steuerliche Anerkennung der Organschaft angestrebt wird, ununterbrochen vorliegen müssen. Überwiegend wird hieraus gefolgert, daß für ein Wirtschaftsjahr nur dann eine Organschaft anerkannt werden kann, wenn während des ganzen Wirtschaftsjahres die Eingliederungstatbestände vorliegen[188].

Jurkat ist demgegenüber der Auffassung, das Gesetz sei so zu verstehen, daß die Eingliederung lediglich zum Anfang des Wirtschaftsjahres vorliegen müsse. Das Wort "ununterbrochen" bedeute, daß bis zur Beendigung der Organschaft die Eingliederung vorliegen müsse[189]. Jurkats Sichtweise hat zur Folge, daß für den Fall, daß ein Organschaftsverhältnis mitten im Wirtschaftsjahr endet, für den jeweiligen Teil dieses Wirtschaftsjahres die Organschaft steuerrechtlich anerkannt werden würde. Zur Begründung führt er an, im Gesetz sei kein Hinweis vorhanden, der auf die Notwendigkeit hindeute, daß die Eingliederung auch am Ende des Wirtschaftsjahres vorzuliegen habe. Dem Gesetzeswort-

---

187) Jurkat, S.229; Reuter, S.310; Winter in Herrmann/Heuer/ Raupach, § 14 KStG, Rz.141; Danelsing in Blümich, § 14 KStG, Rz.82; Gassner in Lademann, § 14 KStG, Rz.51.
188) Felix/Streck § 14, Anm.33; Gassner in Lademann, § 14 KStG, Rz.54; Winter in Herrmann/Heuer/Raupach, § 14 KStG, Rz.114; Frotscher/Maas § 14, Rz.93; Schmidt/Steppert, S.43; so auch Abschn.53 Abs.1 S.2 KStR.
189) Jurkat, S.328, wohl gleicher Meinung v. Wallis in AG 1969, S.311; und in StbJb 1970/71, S.142; Die Redaktion (el.) in DB 1969, S.1821 f.; Schmidt in StuW 1969, S.448.

laut sei lediglich zu entnehmen, daß die Eingliederung am Anfang des Wirtschaftsjahres bestehen müsse[190].

Gegen Jurkats Meinung muß eingewendet werden, daß es sich bei
der Körperschaftsteuer um eine Jahressteuer handelt. Bei einem
Organschaftsverhältnis steht die Zurechnung von Einkommen einer
Körperschaft im Mittelpunkt. Für einen Besteuerungszeitraum
kann es jedoch nur ein Einkommen geben und nicht Teileinkommen
für Teilzeiträume[191].
Gegen diese Sichtweise spricht auch, daß der Gesetzgeber es
nicht ausgeschlossen hätte, ein Organschaftsverhältnis mitten
in einem Wirtschaftsjahr beginnen zu lassen, wenn es sein Wille
gewesen wäre, die Möglichkeit zu schaffen, ein Organschaftsverhältnis auch auf einen Teil eines Wirtschaftsjahres zu begren-
zen[192].

In Fällen, in denen ein Organschaftsverhältnis mitten in einem
Wirtschaftsjahr endet, besteht allerdings die Möglichkeit, das
Wirtschaftsjahr zu ändern und ein Rumpfjahr zu bilden[193].

1. Die Umstellung des Wirtschaftsjahres

Wenn ein Organschaftsverhältnis in der Mitte eines Jahres beendet wird, ist es möglich, das Wirtschaftsjahr umzustellen und
ein neues Wirtschaftsjahr zu beginnen. Der Zeitraum vom Anfang
des ursprünglichen bis zum Zeitpunkt des Wechsels auf ein ab-
weichendes Wirtschaftsjahr bildet dann ein Rumpfjahr. Dieses
Rumpfjahr stellt, obwohl es kürzer als zwölf Monate ist, ein
eigenständiges Wirtschaftsjahr dar, für das eine körperschaftsteuerliche Organschaft bestätigt werden kann, so daß auf
diesem Wege die Möglichkeit besteht, auch für Zeiträume von weniger als zwölf Monaten die Anerkennung einer körperschaftsteuerlichen Organschaft zu erreichen[194].

Lediglich Schmidt/Steppert haben Zweifel daran, daß ein Rumpfjahr ein vollwertiges Geschäftsjahr darstellt[195]. Nach ihrer

---

190) Jurkat, S.328.
191) Frotscher/Maas, § 14, Rz.93.
192) Winter in Herrmann/Heuer/Raupach, § 14 KStG, Rz.114.
193) Winter in Herrmann/Heuer/Raupach, § 14 KStG, Rz.114.
194) Frotscher/Maas § 14, Rz.93.
195) Schmidt/Steppert, S.45 f.

Meinung ist dem Wort "ununterbrochen" im Sinne des § 14 Nr.1
und 2 KStG und im Sinne des § 9 a.F. KStG dieselbe Bedeutung
beizumessen, nämlich die, daß eine Zurückrechnung, vom Ende des
Wirtschaftsjahres ausgehend, ergeben müsse, daß die Beteiligung
zwölf Monate vorhanden gewesen sei[196]. Diese Auslegung des § 9
a.F. KStG beruhte auf § 21 a.F. KStDV, der die obige zeitliche
Anforderung beinhaltete. Ohne diese Vorschrift besteht nunmehr
kein Anlaß, das Wort "ununterbrochen" derart zu definieren[197].

Die Umstellung des Wirtschaftsjahres auf einen vom Kalenderjahr
abweichenden Zeitraum bedarf gemäß § 7 Abs.4 S.3 KStG der Zustimmung des Finanzamtes. Diese muß erteilt werden, wenn für
die Änderung ausreichende sachliche Gründe vorliegen[198]. Nach
Ansicht der Finanzverwaltung und der überwiegenden Lehre stellt
die Schaffung oder Beendigung eines Organschaftsverhältnisses
einen sachlichen Grund in diesem Sinne dar[199].
Ein nochmaliges Verändern des Wirtschaftsjahres im Zusammenhang
mit der Begründung oder Beendigung eines Organschaftsverhältnisses wird ebenfalls als ausreichender Grund zur Umstellung
des Wirtschaftsjahres angesehen[200]. Die Rückumwandlung eines
abweichenden Geschäftsjahres auf das Kalenderjahr bedarf nicht
der Zustimmung des Finanzamtes[201].

Unter den Voraussetzungen des § 7 Abs.4 KStG ist es auch möglich, das Wirtschaftsjahr zweimal hintereinander umzustellen,
so daß zwei Rumpfwirtschaftsjahre aufeinander folgen[202]. Unzulässig ist eine solche zweite Änderung nur dann, wenn sie bereits bei der Entscheidung zur ersten Umstellung des Wirtschaftsjahres geplant war. Denn eine Veränderung des Wirt-

---

196) Schmidt/Steppert, S.45 f.
197) Winter in Herrmann/Heuer/Raupach, § 14 KStG, Rz.114.
198) Frotscher/Maas § 14, Rz.95.
199) Abschn.53, Abs.3 KStR; Frotscher/Maas § 14, Rz.95;
     Felix/Streck § 14, Anm.34; Schmidt/Steppert, S.47; Winter
     in Herrmann/Heuer/Raupach, § 14 KStG, Rz.114; Gassner in
     Lademann, § 14 KStG, Rz.56; Danelsing in Blümich, § 14
     KStG, Rz.126.
200) Schmidt/Steppert, S.47; Winter in Herrmann/Heuer/Raupach,
     § 14, Rz.114; Gassner in Lademann, § 14 KStG Rz.56.
201) Winter in Herrmann/Heuer/Raupach, § 14 KStG, Rz.114.
202) Streck/Schwedhelm in BB 1988, S.679; Gassner in Lademann
     § 14 KStG, Rz.56, Winter in Herrmann/Heuer/Raupach, § 14
     Rz.114.

schaftsjahres auf ein Jahr, das vom Kalenderjahr abweicht, ist nur möglich, wenn wieder auf ein zwölfmonatiges Wirtschaftsjahr übergegangen werden soll[203].

Ein Rumpfjahr kann nicht rückwirkend festgelegt werden. Das heißt, daß ein Zeitraum nicht als Rumpfjahr festgelegt werden kann, wenn der Endzeitpunkt, den dieses Rumpfjahr haben soll, bereits verstrichen ist[204].

2. Die rückwirkende Herbeiführung der Eingliederung

Ein weiterer unklarer Punkt in bezug auf die zeitlichen Anforderungen an die Eingliederungstatbestände ist die Frage, ob es möglich ist, Eingliederungstatbestände mit steuerlicher Wirkung rückwirkend zu vereinbaren. Eine solche Rückwirkung ist nur bei Eingliederungstatbestände, die rein rechtlicher Natur sind, in Betracht zu ziehen. Es ergibt sich aus dem Wesen der Sache, daß Eingliederungstatbestände, die an das Vorliegen tatsächlicher Verhältnisse anknüpfen, nicht rückwirkend erfüllt werden können.

Bei der wirtschaftlichen Eingliederung handelt es sich zweifelsfrei um eine Voraussetzung, die an tatsächliche Merkmale anknüpft, da erforderlich ist, daß Leitungsmacht tatsächlich ausgeübt wird.

Die organisatorische Eingliederung scheint, nach der hier vertretenen Auffassung, auf den ersten Blick ein Merkmal zu sein, das an rechtliche Verhältnisse anknüpft, da insbesondere ein rechtliches Instrumentarium nötig ist, mit dem Leitungsmacht ausgeübt werden kann. Für das Vorliegen einer organisatorischen Eingliederung ist jedoch auch erforderlich, daß der Organträger jederzeit die Möglichkeit hat, Leitungsmacht auszuüben. Bei dieser Gelegenheit zur Ausübung von Leitungsmacht handelt es sich um eine Voraussetzung, die an die tatsächlichen Verhältnisse anknüpft. Aufgrund dessen stellt die organisatorische Eingliederung auch eine Verbindung zu tatsächlichen Verhältnissen her.

---

203) Streck/Schwedhelm in BB 1988, S.679.
204) KG in DR 1942, S.735; Winter in Herrmann/Heuer/Raupach, § 14 KStG, Rz.114; Felix/Streck § 14, Anm.33; Baumbach AktG, § 148, Anm.2.

In bezug auf die finanzielle Eingliederung wurde bereits festgestellt, daß es sich um ein Tatbestandsmerkmal handelt, das
sich nur auf rechtliche Verhältnisse bezieht. Nach der hier
vertretenen Auffassung basiert die finanzielle Eingliederung
nur auf dem Vorhandensein einer Anteils- und einer daraus resultierenden Stimmenmehrheit. Es ist nicht erforderlich, daß
das Stimmrecht in einer festgelegten Art und Weise ausgeübt
wird.

Frotscher/Maas sind der Meinung, daß die finanzielle Eingliederung auch die Möglichkeit der tatsächlichen Herrschaft des Organträgers sicherstellen solle, daher sei eine finanzielle Eingliederung rückwirkend nicht herstellbar[205]. Wie bereits ausgeführt, wird eine tatsächliche Herrschaft der Organgesellschaft
bereits durch die organisatorische und die wirtschaftliche Eingliederung erreicht. Die finanzielle Eingliederung hat die
Funktion einer Veränderungssperre. Insbesondere diese Funktion
spricht für die Möglichkeit, die Voraussetzungen für eine finanzielle Eingliederung durch einen rückwirkenden Anteilserwerb
zu schaffen[206]. Haben nämlich von Anbeginn des Wirtschaftsjahres bis zu dem Zeitpunkt des Anteilserwerbs eine wirtschaftliche und eine organisatorische Eingliederung vorgelegen, war der
Zweck der finanziellen Eingliederung erreicht, obgleich sie
selbst noch nicht stattgefunden hatte.

Für die Zulässigkeit einer rückwirkenden Vereinbarung spricht
auch, daß dem Gesetzeswortlaut zufolge ein Mangel in bezug auf
die finanzielle Eingliederung nicht durch eine Betrachtung nach
dem Gesamtbild der Verhältnisse zu beheben ist. Es bestünde
dann für alle drei Eingliederungstatbestände die Möglichkeit,
eine etwaige Unzulänglichkeit auszugleichen.

Winter ist der Auffassung, die zeitliche Anforderung des § 14
Nr.1 KStG sei eng auszulegen[207]. Da es nach dieser Vorschrift
erforderlich sei, daß die finanzielle Eingliederung in dem

---

205) Frotscher/Maas § 14, Rz.96; Winter in
    Herrmann/Heuer/Raupach, § 14 KStG, Rz.114.
206) So auch Schmidt/Steppert, S.45.
207) Winter in Herrmann/Heuer/Raupach, § 14 KStG, Rz.114
    am Ende.

fraglichen Jahr ununterbrochen vorliege, könne eine Rückdatierung steuerlich nicht anerkannt werden.

Bei der finanziellen Eingliederung handelt es sich um ein rein rechtliches Tatbestandsmerkmal, deshalb überzeugt diese Argumentation nicht. Beim Vorliegen eines rückdatierten Anteilerwerbs ist der Organträger rechtlich so zu behandeln, als ob er seit dem vereinbarten Zeitpunkt Inhaber der Gesellschaftsanteile gewesen sei. Faktisch kann der Organträger von seinen Rechten aus dem Anteilserwerb erst dann Gebrauch machen, wenn sie ihm zuerkannt worden sind. Für die Frage, ab welchem Moment die finanzielle Eingliederung vorliegt, ist die rechtliche Situation entscheidend, die faktische ist in diesem Zusammenhang unbedeutend. Auch bei der Auslegung der zeitlichen Anforderung des § 14 Nr.1 KStG ist deshalb nur diese Lage zu berücksichtigen. Soweit die Anteile dem Organträger für den kompletten Veranschlagungszeitraum rechtlich anzuerkennen sind, steht § 14 Nr.1 KStG einer Rückdatierung nicht entgegen.

Der BFH ist der Auffassung, daß eine derartige Rückwirkung steuerrechtlich nicht möglich sei und bezieht sich dabei auf das allgemeine Rückwirkungsverbot im Steuerrecht[208]. Es erscheint zweifelhaft, ob das in § 38 AO festgelegte Rückwirkungsverbot gegen die Anerkennung eines rückdatierten Anteilserwerbs spricht.

aa) Die Vergleichbarkeit mit der rückwirkenden
        Veränderung des Gewinnverteilungsschlüssels
Die Problematik, die sich in bezug auf § 38 AO stellt, ist vergleichbar mit einer im Einkommensteuerrecht strittigen Frage. Es handelt sich dabei um die rückwirkende Veränderung des Gewinnverteilungsschlüssels bei Personengesellschaften. Strittig sind in diesem Zusammenhang besonders die Fälle, in denen bei einer Personengesellschaft der Gewinnverteilungsschlüssel, nach dem die Gewinne an die Gesellschafter ausgeschüttet werden sollen, im laufenden Wirtschaftsjahr mit Wirkung für das gesamte oder gar rückwirkend für ein abgelaufenes Jahr verändert werden soll.

---

208) BFH in BStBl.II,1969, 570.

Die Schwierigkeit besteht darin, daß in bezug auf eine Jahressteuer[209], die zum Ende jeden Jahres entsteht, die Zurechnung
der Gewinne im Veranlagungszeitraum vor der Entstehung der
Steuer für das ganze Wirtschaftsjahr verändert werden soll. In
dem einen Fall soll der Gewinn dem Organträger statt dem Organ
zugerechnet werden, in dem anderen soll das Verhältnis der Gewinnverteilung unter den Gesellschaftern verändert werden. Noch
deutlicher werden die Parallelen dieser Gruppen, wenn nicht der
Gewinnverteilungsschlüssel in beschriebener Form rückwirkend
verändert wird, sondern ein neuer Gesellschafter mitten im
Wirtschaftsjahr in eine Personengesellschaft eintritt. Auch in
diesem Zusammenhang stellt sich die Frage, ob ein derartiger
rückdatierter Gesellschaftseintritt und die damit zwangsläufig
verbundene Veränderung der Verteilung der Gewinne steuerlich
relevant ist[210]. Die Diskussion über diese Probleme wird zumeist am Beispiel der Veränderung des Gewinnverteilungsschlüssels geführt, da dies in der Praxis die häufigste Fallgruppe
ist.

bb) Die Rechtsprechung zur Rückwirkung

Nach Auffassung des BFH entfaltet die Veränderung des Gewinnverteilungsschlüssels nur Wirkung für die Zukunft. Eine Rückdatierung auf den Beginn des Wirtschaftsjahres sei steuerlich unerheblich. Zur Begründung führt der BFH an, daß es einzelne Geschäftsvorfälle seien, die die Höhe des Jahresergebnisses bestimmten. Derartige Tatbestände der Einkommenserzielung könnten
nicht rückwirkend herbeigeführt oder geändert werden. Die Aufstellung der Bilanz betreffe nur die Ermittlung der Höhe der
schon verteilten Gewinne[211].

In anderem Zusammenhang, wenn es darum geht, ob die während eines laufenden Jahres verabschiedeten Steuergesetze Wirkung für
das gesamte Jahr entfalten, argumentiert der BFH gegenläufig.

---

209) Auch bei der Körperschaftssteuer handelt es sich in der
     Regel um eine Jahressteuer, so BVerfGE 13, 261 (270);
     Hübschmann/Hepp/Spitaler § 38 AO, Rz.50; vgl. auch § 48
     KStG zur Fälligkeit der Körperschaftssteuer.
210) Hübschmann/Hepp/Spitaler § 38 AO, Rz.58.
211) BFH in BStBl.II, 1980, 723 (725); 1984, 53 (55); ebenso
     Hübschmann/Hepp/Spitaler § 38 AO, Rz.57; Biergans in FR
     1982, S.525 (531).

So steht er, im Zusammenhang mit der Einkommensbesteuerung, auf dem Standpunkt, daß der Bürger nicht darauf vertrauen könne, daß der Steuersatz bis zum Ende des Wirtschaftsjahres unverändert bleibe und unterwirft auch Geschäftsvorfälle, die vor der Verabschiedung des Gesetzes lagen, dem veränderten Steuersatz[212].

Es existieren zudem Entscheidungen des BFH, in denen er eine Veränderung des Gewinnverteilungsschlüssels sogar nach Ablauf des Geschäftsjahres zuläßt, weil wirtschaftlich einleuchtende bzw. außerbetriebliche Gründe dies rechtfertigen würden[213].

Von einigen Finanzgerichten wird demgegenüber die Meinung vertreten, daß prinzipiell bis zur Einreichung der Bilanz beim Finanzamt der Gewinnverteilungsschlüssel mit steuerlicher Wirkung für das abgelaufene Wirtschaftsjahr verändert werden könne[214]. Diese Gerichte stehen auf dem Standpunkt, daß erst mit Aufstellung der Bilanz eine Bezifferung des Jahresergebnisses möglich sei und festgestellt werden könne, ob Gewinne erwirtschaftet worden seien. Erst dann sei ersichtlich, wie sich die einzelnen Wirtschaftsvorfälle des vergangenen Wirtschaftsjahres ausgewirkt hätten. Erst mit Aufstellung der Bilanz endeten die Möglichkeiten der Gesellschafter, Einfluß darauf zu nehmen, wie sich die einzelnen Geschäftsvorfälle auswirken. Es könne daher bis zu diesem Zeitpunkt der Gewinnverteilungsschlüssel mit Wirkung für den Veranschlagungszeitraum geändert werden[215].

Insgesamt äußern die Finanzgerichte die besseren Argumente. Gegen die Auffassung des BFH spricht zunächst deren Praxisfremdheit, die insbesondere in der Annahme zum Ausdruck kommt, daß jedes Ergebnis eines Geschäftsvorfalls bereits fiktiv nach dem Gewinnverteilungsschlüssel aufgeteilt werde. Zum Zeitpunkt des einzelnen Geschäftsvorfalls ist ungewiß, wie sich dieser auswirken wird. Auch die Uneinheitlichkeit der Rechtsprechung

---

212) BFH in BStBl.II, 1983, 577 (579); Kritik an der Entscheidung bei Barandt in DB 1984, S.1702.
213) BFHE 108, 299 ff.; BFH in StRK Band 23 EStG bis 1974 Nr.255 zu § 15 EStG.
214) Finanzgericht Karlsruhe in EFG 1955, S.34; Finanzgericht Bremen in EFG 1972, S.182; Finanzgericht Berlin in EFG 1979, S.604.
215) Finanzgericht Karlsruhe in EFG 1955, S.34.

des BFH ist ein Indiz dafür, daß dessen Argumente nicht stichhaltig sind[216]. Es ist nicht ersichtlich, warum der Steuer-
pflichtige nicht in bezug auf eine Steuer, die erst zum Jahresende anfällt, bis zu diesem Zeitpunkt gestalterisch tätig werden kann[217].

Als Zwischenergebnis ist deshalb den Finanzgerichten beizupflichten, daß erst am Jahresende mit Aufstellung der Bilanz
das Rückwirkungsverbot einer Änderung des Gewinnverteilungsschlüssels entgegensteht.

Übertragen auf die Ausgangsfrage bedeutet dies: Bis zur Aufstellung der Bilanz steht § 38 AO einer Rückdatierung des Anteilserwerbs nicht entgegen. Sofern während des gesamten Wirtschaftsjahres eine organisatorische und eine wirtschaftliche
Eingliederung vorlagen, muß auch in dieser Situation den Kör-
perschaftsteuerpflichtigen die Gelegenheit gegeben werden, bis
zur Fälligkeit der Steuer gestalterisch tätig zu werden.

Zusammenfassend kann festgestellt werden, daß weder die Anforderungen des § 14 Nr.1 KStG noch die Vorschrift des § 38 AO, im
aufgezeigten Rahmen, gegen die Möglichkeit eines steuerrechtlich anzuerkennenden, rückdatierten Anteilserwerbs sprechen.
Eine solche Rückdatierung ist daher im aufgezeigten Rahmen
nicht zu beanstanden.

---

216) Kottke in DStR 1982, S.545 (548).
217) Barandt, der zunächst diese Meinung in BB 1983, S.1294
     ausdrücklich ablehnt, schließt sich ihr in DB 1984, S.1702
     (1704) an; Kottke in DStR 1982, S.545 (547 f.).

IV. Der Gewinnabführungsvertrag

Neben den Eingliederungstatbeständen ist eine der zentralen
Voraussetzungen für die Anerkennung einer körperschaftsteuerlichen Organschaft das Vorliegen eines Gewinnabführungsvertrages
zwischen Organ und Organträger. Die Notwendigkeit eines solchen
Vertrages bei einem Organschaftsverhältnis im Rahmen des § 17
KStG ergibt sich zum einen aus dieser Vorschrift direkt sowie
aus dem ebenfalls anwendbaren § 14 S.1 KStG[218]. § 14 S.1 KStG
bezieht sich bezüglich der Anforderungen an einen aktienrechtlichen Gewinnabführungsvertrag auf § 291 AktG. Für den Fall,
daß sich eine andere Kapitalgesellschaft, wie z.B. eine GmbH,
zur Gewinnabführung verpflichtet, enthält § 17 Nr.1 und 2 KStG
zusätzliche Voraussetzungen, deren ein solcher Gewinnabführungsvertrag zur steuerlichen Anerkennung bedarf. Zudem muß der
Vertrag den Anforderungen des § 14 Nr.4 und 5 KStG entsprechen[219].

a) Die Wechselwirkungen zwischen Zivil- und Steuerrecht

Obgleich es unstreitig ist, daß sich auch eine GmbH einem solchen Gewinnabführungsvertrag unterwerfen kann, existieren keine
gesellschaftsrechtlichen Vorschriften, die zu beachtende Anforderungen regeln würden. Die damit verbundene Ungewißheit hat
den Steuergesetzgeber dazu veranlaßt, die steuerliche Anerkennung eines solchen Vertrages an besondere Voraussetzungen zu
knüpfen. Somit ist eine steuerliche Regelung die einzige Vorschrift, die Anforderungen an einen GmbH-Gewinnabführungsvertrag aufstellt, jedoch nicht dazu führt, daß die Diskussion
über die zivilrechtlichen Anforderungen an solche Verträge für
das Steuerrecht ohne Bedeutung wäre. Zwar ist gemäß § 41 AO die
zivilrechtliche Wirksamkeit von Rechtsgeschäften für die Besteuerung nicht maßgebend, jedoch steht dieser Grundsatz unter
der Einschränkung einer abweichenden Regelung in den speziellen
Steuergesetzen (§ 41 Abs.1 S.2 AO)[220]. Da in den §§ 17 S.1, 14
Nr.4 KStG ausdrücklich festgelegt ist, daß der Gewinnabführungsvertrag wirksam werden muß, ist seine zivilrechtliche
Wirksamkeit ein notwendiges Tatbestandsmerkmal zur Anerkennung

---

218) Winter in Herrmann/Heuer/Raupach, § 17 KStG, Rz.22.
219) Winter in Herrmann/Heuer/Raupach, § 17 KStG, Rz.23.
220) Vgl. dazu auch unter 3.Teil, E.

einer körperschaftsteuerlichen Organschaft. Die vielfältigen
formalen Anforderungen, die bei der im Gesellschaftsrecht ge-
führten Diskussion in Erwägung gezogen werden[221], haben auch in
steuerrechtlicher Hinsicht unmittelbare Auswirkungen. Die Folgen des in diesem Bereich insbesondere vom BGH geformten Richterrechts schlagen sich deshalb auch im Steuerrecht nieder.
Wenn der BGH beispielsweise Gewinnabführungsverträge ohne deren
Handelsregistereintragung für nichtig ansieht, bedeutet dies
zunächst vordergründig, daß alle Verträge, die vor diesem Rich-
terspruch geschlossen wurden nichtig sind, obgleich eine solche
Eintragung zu dieser Zeit überhaupt nicht möglich gewesen war.
Diese Ansicht führt aber auch dazu, daß alle vor der Entscheidung des BGH begründeten Organschaftsverhältnisse mit einer beherrschten GmbH fehlerhaft sind, da die zur Anerkennung des
Organschaftsverhältnisses notwendigen steuerlichen Voraussetzungen nicht vorliegen. Diese Problematik, die sich auch in bezug auf den Beherrschungsvertrag stellt, da auch dieser zivilrechtlich wirksam werden muß, um eine organisatorische Eingliederung begründen zu können[222], ergibt sich beim Gewinnabführungsvertrag zwangsläufig verschärft. Während eine organisatorische Eingliederung nicht zwingend eines Beherrschungsvertrages bedarf, ist ein wirksamer Gewinnabführungsvertrag unabding-
bares Tatbestandsmerkmal für ein Organschaftsverhältnis.

Obgleich die besonderen Voraussetzungen die bei einem Gewinnabführungsvertrag mit einer beherrschten GmbH gemäß § 17 Nr.1-4
KStG a.F. zu beachten waren, den Eindruck vermittelt haben, man
wolle sich von den Unsicherheiten befreien, die aus der im Fluß
befindlichen zivilrechtlichen Diskussion resultieren, so hat
sich gezeigt, daß dies im Steuerrecht nicht möglich ist. Demzufolge ist auch die Finanzverwaltung mit den sich in zivilrechtlich stellenden Problemen befaßt. Neben der Frage nach den
Bedingungen, die der Gewinnabführungsvertrag zu erfüllen habe,
stellt sich insbesondere die Frage nach der Behandlung fehlerhafter Altverträge [223]. Ihren Ausdruck findet diese Situation
in den Steuerrichtlinien zu § 17 KStG, in denen die vom BGH er-

---

221) Vgl. dazu im einzelnen den 2.Teil.
222) Vgl. hierzu unter B.III.b)3.
223) Zur Behandlung von fehlerhaften Altverträgen vgl. den
     3.Teil.

mittelten zivilrechtlichen Anforderungen an GmbH-Unternehmensverträge breiten Raum einnehmen[224]. Auch der Gesetzgeber hat
als Grund für die Veränderung des § 17 KStG im Zuge des Steu-
eränderungsgesetzes 1992 die durch den "Supermarkt"-Beschluß
des BGH veränderte zivilrechtliche Situation angeführt[225]. Die
umfangreichen zivilrechtlichen Schwierigkeiten, die sich aus
der Behandlung von GmbH-Unternehmensverträgen ergeben, sind
deshalb nicht zuletzt auch steuerrechtliche Probleme, so daß
eine Unterteilung in spezifisch steuerrechtliche und zivilrechtliche Problemfelder sachlich nicht richtig ist[226].

b) Die Voraussetzungen gemäß § 17 Nr.1 und 2 KStG
Der Gewinnabführungsvertrag muß zunächst den in § 291 Abs.1
AktG aufgestellten Regelungsgehalt aufweisen. Es muß sich also
um einen Vertrag handeln, der das Organ verpflichtet, seinen
gesamten Gewinn an den Organträger abzuführen[227].

1. Die ursprünglichen Voraussetzungen des § 17 KStG
Bis zur Änderung des § 17 KStG durch das Steueränderungsgesetz
vom 25.02.92[228] waren in § 17 Nr.1-4 a.F. KStG die Anforderungen an einen Gewinnabführungsvertrag geregelt. Als Reaktion auf
den "Supermarkt"-Beschluß sind nun die Regelungen des § 17 Nr.1
und 2 a.F. KStG vom Gesetzgeber aufgehoben worden[229]. Trotz
dieser von dem Gesetzgeber vorgenommenen Änderung wird § 17
a.F. KStG weiter eine praxisrelevante Bedeutung haben. Die alte
Vorschrift wird für die Beurteilung, ob ein Organschaftsverhältnis in den Zeiträumen vor Inkrafttreten der neuen Vorschrift vorlag, weiter maßgeblich sein. Da gemäß § 14 Nr.4 KStG
ein Organschaftsverhältnis nur anerkannt werden kann, wenn der
Gewinnabführungsvertrag fünf Jahre vorlag und durchgeführt
wurde[230], können auch diese zurückliegenden Zeiträume eine entscheidende Rolle spielen.

---

224) Vgl. Abschn 64 KStR
225) Bt-Drs.12/1108 vom 3.9.91, S.67.
226) Dennoch wird aus Gründen der Übersicht auch in dieser
     Arbeit diese Unterscheidung vorgenommen.
227) Danelsing in Blümich, § 17 KStG, Rz.2.
228) BGBl.I 92, S.297= BStBl.I 92, S.146, die neue Vorschrift
     ist bereits für den VZ 1991 anwendbar.
229) Vgl. BT-Drs. 12/1108 vom 3.991, S.67.
230) Zu § 14 Nr.4 unter B.IV.b)2.

aa) Das Schriftformerfordernis des § 17 Nr.1 a.F. KStG

Gemäß § 17 Nr.1 a.f. KStG war erforderlich, daß der Gewinnabführungsvertrag schriftlich geschlossen wurde und die Grundsätze des § 126 BGB beachtet wurden[231]. Danach mußte der Vertrag neben der schriftlichen Form von beiden Vertragsparteien unterzeichnet werden. Eine notarielle Beurkundung konnte die Schriftform ersetzen.

Es wurde angenommen, daß der Gewinnabführungsvertrag mit allen Nebenabreden der Schriftform bedürfe.

Lediglich Brezing ging davon aus, daß das Schriftformerfordernis sich nur auf den Vertragskern beziehe, also auf die Vereinbarung der Gewinnabführung als solcher[232]. Demnach hätten Vereinbarungen, die erforderlich waren, um den § 17 Nr.3 und 4 a.F KStG Genüge zu tun, auch mündlich erfolgen können. Brezing begründete dies mit dem Wortlaut des § 17 a.F. KStG, dem nicht zu entnehmen sei, daß das Schriftformerfordernis auch die Nummern 3 und 4 betreffe.

Der Ansicht Brezings ist der Wortlaut des § 17 a.F. KStG entgegenzuhalten. § 17 S.1 a.f. KStG beschreibt zunächst den Charakter des Gewinnabführungsvertrages; diese Beschreibung steht am Anfang der Regelung, um den Verweis auf § 14 KStG sprachlich einzuflechten. Die Aufzählung des § 17 Nr.1-4 a.F. KStG enthält zusätzliche Anforderungen zu denen, die sich aus dem Verweis bereits ergeben. Die Reihenfolge der Aufzählung in den Nr.1-4 ist dabei beliebig.

Die Auffassung Brezings hätte eine untragbare Rechtsunsicherheit zur Folge. Durch die Nichtbeachtung der Vorschriften der Nummern 3 und 4 könnte nie ein steuerrechtlich relevantes Organschaftsverhältnis begründet werden. Bei Unstimmigkeiten zwischen den Beteiligten würde das Organschaftsverhältnis rückwirkend entfallen, wenn nicht bewiesen werden könnte, daß Vereinbarungen vorliegen, die den Anforderungen der Nummern 3 und 4 entsprechen.

---

231) Felix/Streck § 17, Anm.9.
232) Brezing in GmbHR 1971, S.60.

bb) Der Zustimmungsbeschluß gemäß § 17 Nr.2 a.F. KStG

§ 17 Nr.2 a.F. KStG erforderte, daß die Gesellschafterversammlung der Organgesellschaft dem Gewinnabführungsvertrag mit einer Mehrheit von drei Vierteln der abgegebenen Stimmen zustimmte[233]. Die Zustimmung mußte zivilrechtlich wirksam erfolgen; dafür bedurfte es einer ausdrücklichen Willenserklärung der Gesellschafter mit dem Inhalt, daß sie dem Abschluß des Vertrages zustimmen[234]. Die Form des Zustimmungsbeschlusses richtete sich nach § 48 GmbHG[235].

2. Das Verbot der Abführung von freien Rücklagen gemäß § 17 Nr.1 KStG

Nunmehr ist in § 17 Nr.1 KStG geregelt, daß die Gewinnabführung den in § 301 AktG festgelegten Betrag nicht überschreiten darf. Es soll mit dieser Vorschrift die Abführung von vorvertraglichen Rücklagen ausgeschlossen werden. Ein solches Abführungsverbot war ursprünglich in § 17 Nr.4 a.F. KStG geregelt. Da die Formulierung der alten Fassung des Gesetzes nicht mehr der aktuellen Gesetzessituation entsprach[236], wurde die Vorschrift im Zuge der Änderung des § 17 KStG mit überarbeitet. Die vom Gesetzgeber vorgenommene Umformulierung führt im Vergleich zu der alten Regelung zu keiner praktischen Änderung[237]. Die bereits während der Gültigkeit der alten gesetzlichen Regelung in der Praxis bestehende Gleichstellung mit der Rechtssituation im Aktiengesetz[238] hat nunmehr der Gesetzgeber durch eine Verweisung auf § 301 AktG in Gesetzesform umgesetzt. Bedeutung hat die Vorschrift insbesondere für die Gewinnrücklage nach § 272 Abs.3 HGB sowie die Kapitalrücklage nach § 272 Abs.2 Nr.4 HGB. Eine Abführung der Kapitalrücklagen nach § 272 Abs.2 Nr.1-3 HGB verbietet sich schon nach Handelsrecht[239].

---

233) Danelsing in Blümich, 13.Aufl.(Stand 09/88), § 17, Rz.13; Frotscher/Maas § 17, Rz.11.
234) Frotscher/Maas § 17, Rz.11; Winter in Herrmann/Heuer/Raupach, § 17 KStG, Rz.49.
235) Danelsing in Blümich, 13.Aufl.(Stand 09/88), § 17 KStG, Rz.13.
236) § 17 Nr.4 a.F. KStG verwendete den mit dem Bilanzrichtliniengesetz weggefallenen Begriff der freien Rücklagen.
237) Dötsch in DB 1992, S.650 (651).
238) Vgl. zur Regelung a.F. Frotscher/Maas § 17, Rz.13; Herrmann/Winter in FR 1982, S.265.
239) Frotscher/Maas § 17, Rz.13.

Die Abführung vorvertraglicher stiller Reserve ist dagegen möglich[240].

Die Vorschrift ist gegenstandslos, wenn bei Abschluß des Gewinnabführungsvertrages keine Rücklagen vorhanden waren.

3. Die Verlustübernahme gemäß § 17 Nr.2 KStG

In § 17 Nr.2 KStG[241] ist nach neuem Gesetzeswortlaut festgeschrieben, daß der Gewinnabführungsvertrag eine dem § 302 AktG entsprechende Regelung enthalten muß, die eine Verlustübernahmepflicht des Organträgers begründet. Diese Regelung muß direkt im Gewinnabführungsvertrag enthalten sein. Eine Verlustübernahme durch einen separaten Beschluß oder durch eine vertragliche Regelung außerhalb des Gewinnabführungsvertrages ist nicht ausreichend[242]. Die einfachste und meistpraktizierte Lösung besteht darin, in den Gewinnabführungsvertrag eine Klausel aufzunehmen, die besagt, daß eine Verlustübernahme entsprechend der Vorschrift des § 302 AktG vereinbart wird[243].

Strittig ist in diesem Zusammenhang, ob der Gewinnabführungsvertrag eine Regelung enthalten muß, die allen drei Absätzen des § 302 AktG entspricht, oder ob es genügt, wenn lediglich eine Verlustübernahmeverpflichtung gemäß § 302 Abs.1 AktG in den Vertrag aufgenommen wird. Die pauschale Verweisung des § 17 Nr.2 KStG deutet darauf hin, daß alle Absätze der Vorschrift Anwendung finden sollen.

Diese Argumentation macht sich der BFH zu eigen und vertritt den Standpunkt, daß alle Absätze des § 302 AktG vereinbart sein müßten[244]. Eine derartige Auslegung des Wortlauts erscheint jedoch nicht zwingend.

Der Verweis des § 17 Nr.2 KStG könnte auch in der Weise verstanden werden, daß lediglich auf die Verlustübernahme als solche, wie sie in § 302 Abs.1 AktG verankert ist, Bezug genommen werden soll. Denn es wird nicht pauschal auf § 302 AktG verwie-

---

240) Vgl. insgesamt zur aktuellen Gesetzessituation Danelsing in Blümich § 17, Rz.14-17.
241) entspricht wörtlich dem § 17 Nr.3 a.F.KStG.
242) Frotscher/Maas § 17, Rz.12.
243) Jurkat, S.296.
244) BFH in BStBl.II, 1981, 383 (384); ebenso FG Baden-Württemberg in EFG 1986, S.88 f.

sen, sondern auf die Verlusttragungspflicht, wie sie in § 302 AktG geregelt ist.

Außerdem könnte das Wort "entsprechend" der Regelung des § 302 AktG bedeuten, daß nur die Teile der Regelung übernommen werden müssen, deren Übertragung auf die Situation eines GmbH-Organschaftverhältnisses sinnvoll erscheint.

Besonders augenfällig ist die Sinnlosigkeit, eine Vereinbarung mit dem Regelungsgehalt des § 302 Abs.2 AktG aufzunehmen. Diese Vorschrift betrifft eine gänzlich andere Situation. Sie ordnet eine Verlustübernahmepflicht für den Fall an, daß eine abhängige Gesellschaft den Betrieb ihres Unternehmens dem herrschenden Unternehmen verpachtet oder in sonstiger Weise überlassen hat. Eine solche Regelung ist im Bereich des § 17 KStG gegenstandslos. Es besteht ohnehin eine Verlustübernahmeverpflichtung der Organträgergesellschaft, die unabhängig von der Quelle existiert, aus der die Verluste resultieren[245]. Da es nicht angebracht scheint, sinnlose Klauseln in den Gewinnabführungsvertrag aufzunehmen, ist eine Vereinbarung mit dem Inhalt des § 302 Abs.2 AktG entbehrlich[246].

Heftig umstritten ist insbesondere die Frage, ob der Gewinnabführungsvertrag eine § 302 Abs.3 AktG entsprechende Regelung enthalten müsse. Die Vorschrift hat die Funktion, die untergeordnete Gesellschaft und ihre Aktionäre zu schützen[247]. Es sind in ihr die Voraussetzungen normiert, die für den Fall zu beachten sind, daß die beherrschte Gesellschaft auf die Ausgleichspflicht der herrschenden Gesellschaft gemäß § 302 Abs.1 AktG verzichtet. Ein solcher Verzicht ist nach dieser Vorschrift erst drei Jahre nach Eintragung der Beendigung des Gewinnabführungsvertrages ins Handelsregister möglich.

Unabhängig von der Frage, ob es bei einer GmbH nötig sei, die Beendigung eines Gewinnabführungsvertrages ins Handelsregister

---

245) Winter in Herrmann/Heuer/Raupach, § 17 KStG, Rz.50.
246) Jurkat, S.296; Laube in BB 1969, S.1532 (1533 f.).
247) Kölner Kommentar § 302 AktG, Rz.16; Frotscher/Maas § 14, Rz.153; Geßler/Hefermehl § 302 AKtG, Rz.51; Klempt in DStZ 1981, S.327.

einzutragen, ist zweifelhaft, ob sich die Übernahme einer solchen Regelung in einen Gewinnabführungsvertrag im Rahmen des § 17 KStG als sinnvoll erweist.

Ein Verzicht auf Verlustausgleich führt grundsätzlich dazu, daß der Gewinnabführungsvertrag als nicht durchgeführt anzusehen ist[248]. Gemäß § 17 Nr.2 KStG muß der Gewinnabführungsvertrag eine Pflicht zur Verlustübernahme enthalten, die ebenso wie der ganze Gewinnabführungsvertrag gemäß § 14 Nr.4 KStG durchgeführt werden muß[249]. Durch den Verzicht wären die Voraussetzungen für die Anerkennung einer körperschaftsteuerlichen Organschaft nicht mehr vorhanden.

Ungewiß ist, ob dies auch für den Fall gilt, daß die Organgesellschaft unter Beachtung des § 302 Abs.3 AktG auf den Verlustausgleich verzichtet. Die herrschende Meinung geht richtigerweise davon aus, daß auch bei einer solchen Sachlage rückwirkend die Voraussetzungen der Organschaft entfallen[250]. Denn eine Durchführung des Gewinnabführungsvertrages gemäß § 14 Nr.4 KStG liegt nicht vor[251]. Die Beachtung der Voraussetzungen des § 302 Abs.3 AktG vermag nichts daran zu ändern, daß ein steuerrechtliches Tatbestandsmerkmal fehlt. Dies wird auch dadurch bestätigt, daß § 302 Abs.3 AktG eine Vorschrift zum Schutz der abhängigen Gesellschaft darstellt und daher keine steuerlichen Auswirkungen haben kann[252].
Auch wenn das Organschaftsverhältnis bereits mehr als fünf Jahre[253] bestanden hat, ist der Gewinnabführungsvertrag während der gesamten Laufzeit nicht durchgeführt worden. Ein Verzicht auf Verlustausgleich ist pauschal und erfolgt unabhängig davon, wann das Ergebnis erwirtschaftet wurde, es sind somit auch die ersten Jahre umfast[254]. Etwas anderes kann lediglich dann gel-

---

248) Frotscher/Maas § 14, Rz.153.
249) Zur Durchführung des Gewinnabführungsvertrages unter B.IV.b)2.aa).
250) Jurkat, S.319 f.; Schmidt/Steppert, S.60; Frotscher/Maas § 14 KStG, Rz.153; bewußt offenlassend BFH in BStBl.II, 1981, 383 (384).
251) Jurkat, S.319 f.
252) Jurkat, S.319; Frotscher/Maas § 14, Rz.153.
253) Vgl. dazu die Fünfjahresfrist des § 14 Nr.4 KStG.
254) Schmidt/Steppert, S 60; Frotscher/Maas § 14, Rz.153 und Jurkat, S.320, meinen, entscheidend sei, aus welchem Jahr das Ergebnis nicht abgeführt wurde.

ten, wenn ausdrücklich festgelegt wird, auf welchen Zeitraum
sich der Verzicht bezieht.

Trotz dieser Sachlage verlangt die herrschende Meinung, daß
eine Vereinbarung mit dem Inhalt des § 302 Abs.3 AktG in den
Gewinnabführungsvertrag aufgenommen wird[255]. Der BFH und die
Vertreter dieser Meinung begründen ihre Ansicht mit dem Wortlaut des § 17 Nr.2 KStG und dem Bedürfnis nach Minderheitenschutz in der Organgesellschaft. Darüber hinaus wird auf
Aspekte des Gläubigerschutzes abgestellt[256]. Es erscheint
zunächst widersinnig, daß eine steuerrechtliche Vorschrift eine
Vereinbarung verlangen soll, deren Beachtung steuerrechtlich
ohne Bedeutung ist. Noch dazu kann die Aufnahme einer solchen
Vereinbarung in den Gewinnabführungsvertrag irreführende Wirkung haben, da der Eindruck erweckt wird, daß bei einem Verzicht unter Beachtung der Vereinbarung die Voraussetzungen für
die Organschaft nicht entfallen[257]. Die Argumente der Befürworter vermögen eine andere Sichtweise nicht zu rechtfertigen. Das
Problem des Minderheitenschutzes stellt sich nicht. Im Gegensatz zum Aktienrecht bedarf im GmbH-Recht, wie noch ausführlich
zu erörtern sein wird, der Abschluß eines Gewinnabführungsvertrages der Zustimmung aller Gesellschafter der Organgesellschaft[258]. Das Argument des Gläubigerschutzes geht fehl, da
dies nicht dem Schutzzweck des § 302 Abs.3 AktG entspricht.

Zusammenfassend ist festzustellen, daß, entgegen der Ansicht
des BFH, § 17 Nr.2 KStG nur erfordert, daß eine § 302 Abs.1
AktG entsprechende Verlusttragungspflicht im Gewinnabführungsvertrag festgeschrieben wird. Vereinbarungen mit dem Inhalt der
§§ 302 Abs.2 und 3 AktG müssen nicht in den Vertrag aufgenommen

---

255) BFH in BStBl.II, 1981, 383 (384 f.); Winter in
     Herrmann/Heuer/Raupach, § 17 KStG, Rz. 50; Gassner in
     Lademann, § 17 KStG, Anm.17e; Felix/Streck § 17, Anm.10;
     Schmidt/Steppert, S.60; Jurkat, S.320; Schmidt in GmbHR
     1971, S.9 (15); Laube in BB 1969, S.1532 (1534); Hübl in
     DStZ 1972, S.146 f.; Herrmann/Winter in FR 1972, S.265;
     Danelsing in Blümich, § 17 KStG, Rz.18;
     vgl.weiter Abschn. 64 Abs.3 KStR.
256) Vgl. insbesondere BFH in BStBl.II, 1981, 383 (384).
257) Frotscher/Maas § 17, Rz.12.
258) Dazu unter 2.Teil,F.IV.d) u. e).

werden, da diese Vorschriften spezifisch aktienrechtliche Probleme betreffen[259].

c) Weitere steuerrechtliche Anforderungen an den Gewinnabführungsvertrag gemäß § 14 KStG

Mit dem Verweis in § 17 S.1 KStG sind auch bei Organschaftsverhältnissen mit einer beherrschten Gesellschaft mbH die Vorausetzungen des § 14 Nr.4 und 5 KStG zu beachten. Es handelt sich dabei um Anforderungen, die sich auf den Gewinnabführungsvertrag beziehen. Insbesondere die Fünfjahresfrist des § 14 Nr.4 S.1 KStG ist in der Praxis von großer Bedeutung.

1. Der Abschluß und die Wirksamkeit des Vertrages

Seit dem Steueränderungsgesetz vom 25.02.92 wird beim auch bei dem Gewinnaführungsvertrag zwischen dem Abschluß und der Wirksamkeit des Vertrages unterschieden. Gemäß §§ 17, 14 Nr.4 S.1 KStG ist erforderlich, daß der Gewinnabführungsvertrag bis zum Ende des Jahres, für das die Organschaft erstmals steuerlich anerkannt werden soll, abgeschlossen wird und bis zum Ende des folgenden Jahres wirksam wird. Vor dem Steueränderungsgesetz war notwendig, daß die Wirksamkeit bis zum Endes des Jahres für das ein Organschaftsverhältnis erstmals anerkannt werden sollte, vorliegt. Die Neufassung des Gesetzes soll der Tatsache gerecht werden, daß insbesondere in den neuen Bundesländern die Anträge auf Handelsregistereintragung nur schleppend abgewickelt werden[260].

Wie auch bei dem Beherrschungsvertrag gilt der Gewinnabführungsvertrag dann als abgeschlossen, wenn eine vertragliche Einigung vorliegt, selbst wenn diese noch nicht alle zivilrechtlichen Formalien erfüllt. Das Jahr, in dem der Vertrag abgeschlossen wird, ist das erste, in dem eine Organschaft anerkannt werden kann.
Der Vertrag ist wirksam wenn er in zivilrechtlicher Hinsicht rechtsgültig zustande gekommen ist[261].

---

259) Gleicher Meinung Frotscher/Maas § 17, Rz.12; Klempt in DStZ 1981, S.327 f.
260) BT-Drs.12/1108 vom 3.9.91, S.67, Dötsch in DB 1992, S.651.
261) Frotscher/Maas § 14, Rz.117, zu den erforderlichen formalen Anforderungen vgl. den 2.Teil.

2. Die Fünfjahresfrist des § 14 Nr.4 KStG

§§ 17, 14 Nr.4 S.1 und 2 KStG fordern, daß der Gewinnabführungsvertrag für eine Zeit von mindestens fünf aufeinanderfolgenden Jahren abgeschlossen und durchgeführt wird. Das Jahr, in dem der Gewinnabführungsvertrag abgeschlossen wird, gilt als volles Jahr, unabhängig davon, wann in diesem Jahr der Abschluß erfolgt[262].

Demgegenüber gilt für die der Aufhebung des Vertrages, daß das letzte Jahr nur dann anerkannt wird, wenn der Gewinnabführungsvertrag bis zum Ende des Jahres wirksam war[263]. Die Beendigung tritt mit der Wirksamkeit der Kündigung oder Aufhebung steuer- und zivilrechtlich ein; wann eine diesbezügliche Handelsregistereintragung erfolgt, ist in diesem Zusammenhang unerheblich[264]. Wird der Gewinnabführungsvertrag nicht nach den oben beschriebenen Grundsätzen auf mindestens fünf Jahre abgeschlossen und durchgeführt, so ist das Organschaftsverhältnis für die gesamte Zeit, also auch rückwirkend, steuerrechtlich nicht anzuerkennen[265].

aa) Die tatsächliche Durchführung

Das Organschaftsverhältnis wird nur dann steuerrechtlich anerkannt, wenn der Gewinnabführungsvertrag in dem oben erläuterten Zeitraum von fünf Jahren tatsächlich durchgeführt wurde. Das bedeutet, daß die Organgesellschaft auch tatsächlich ihre gesamten Gewinne an die Organträgergesellschaft abführt und die Organträgergesellschaft eventuell entstandene Verluste ausgeglichen hat. Der Gewinnabführungsvertrag ist auch dann nicht durchgeführt, wenn aufgrund besonderer Vereinbarungen Teile der Gewinne oder Verluste an die Organgesellschaft oder deren Gesellschafter zurückfließen. Davon ausgenommen sind lediglich Ausgleichszahlungen an außenstehende Gesellschafter der Organgesellschaft[266]. Regelungen, die in dem Gewinnabführungsvertrag enthalten sind, aber nicht zum unbedingt notwendigen Inhalt ei-

---

262) Nach alter Gesetzeslage galt dies für die Wirksamkeit des Vertrages, zur alten Regelung Frotscher/Maas § 14, Rz.123.
263) Frotscher/Maas § 14, Rz.123.
264) Frotscher/Maas § 14, Rz.122; zur Beendigung von Organschaftsverhälnissen vgl. unter 3.Teil G.IV.a) u. b).
265) Frotscher/Maas § 14, Rz.123.
266) Frotscher/Maas § 14, Rz.124.

nes Gewinnabführungsvertrages gehören, müssen ebenfalls durchgeführt werden, da ansonsten der Gewinnabführungsvertrag von den Vertragsparteien nicht als gültig und bindend behandelt wird[267].

bb) Die Regelung des § 14 Nr.5 KStG

Gemäß § 14 Nr.5 KStG darf die Organgesellschaft Gewinne nur dann in Gewinnrücklagen einstellen, wenn dies bei vernünftiger kaufmännischer Beurteilung wirtschaftlich begründet ist. Genauso wie § 17 Nr.1 KStG wurde die Vorschrift nunmehr der nach dem Bilanzrichtliniengesetz veränderten Gesetzesterminologie angepaßt[268]. Eine Nichtbeachtung dieser Vorschrift führt dazu, daß der Gewinnabführungsvertrag als nicht tatsächlich durchgeführt anzusehen ist[269]. § 14 Nr.5 KStG betrifft nur die Handhabung von während der Laufzeit des Gewinnabführungsvertrages gebildeten Rücklagen[270]; vorvertragliche Rücklagen sind, wie erörtert, gemäß § 17 Nr.1 KStG zu behandeln[271].
Im Gegensatz zur Aktiengesellschaft ist die GmbH vom Gesetz her nicht dazu verpflichtet, Rücklagen zu bilden[272]. Es geht also in bezug auf die GmbH einzig um die Bildung von Gewinnrücklagen gemäß § 272 Abs.3 HGB. Zweck der Vorschrift des § 14 Nr.5 KStG ist es sicherzustellen, daß der Gewinnabführungsvertrag tatsächlich durchgeführt wird[273]. In diesem Sinne ist der in der Vorschrift enthaltene unbestimmte Rechtsbegriff auszulegen. Für die Bildung der Rücklagen muß grundsätzlich ein konkreter Anlaß vorhanden sein, der aus objektiver unternehmerischer Sicht dies rechtfertigt. Solche Anlässe können z.B. eine Werkserneuerung, Betriebsverlegung oder konkrete Investitionsplanungen sein[274]. Ein allgemeiner Finanzbedarf in der Zukunft reicht jedoch nicht aus.

---

267) FG Hamburg Urteil v.12.03.84 in EFG 1984, S.569.
268) Die alte Fassung regelte ebenso wie § 17 Nr.4 a.F. KStG die Einstellung in die "freie Rücklage", zur neuen Fassung: BT-Drs.12/1108 vom 3.9.91, S.67, Dötsch in DB 1992, S.651.
269) Frotscher/Maas § 14, Rz.140.
270) Danelsing in Blümich, § 14 KStG, Rz.112 f.
271) Dazu unter B.IV.a)2.
272) Winter in Herrmann/Heuer/Raupach, § 17 KStG, Rz.38.
273) Schmidt in StuW 1969, S.442 (452).
274) BFH Urteil v. 29.10.80 in BStBl.II, 1981, 336.

Uneinigkeit herrscht in bezug auf die Behandlung von stillen Reserven. Einvernehmlich wird zunächst davon ausgegangen, daß handels- oder steuerrechtlich unzulässig gebildete stille Reserven (Willkürreserven) dazu führten, daß der Gewinnabführungsvertrag als nicht durchgeführt anzusehen sei[275]. Strittig ist, ob zulässige stille Reserven der Vorschrift des § 14 Nr.5 KStG zu unterstellen seien. Die Finanzverwaltung vertritt die Auffassung, daß stille Reserven freie Rücklagen im Sinne des § 14 Nr.5 KStG darstellten[276]. Auch Schmidt ist der Meinung, daß stille Reserven gemäß dieser Vorschrift zu behandeln seien. Obgleich auch er Zweifel daran äußert, daß ihr Wortlaut stille Reserven umfasse, folgert er dies aus dem Sinn und Zweck der Regelung[277]. In der Literatur wird dagegen überwiegend die Auffassung vertreten, daß stille Reserven nicht unter die Regelung des § 14 Nr.5 KStG fallen, sondern von der Organgesellschaft gebildet werden dürften, soweit dies steuerrechtlich und handelsrechtlich zulässig sei[278]. Dafür spricht zunächst der Wortlaut der Vorschrift, der sich auf freie Rücklagen bezieht und nicht auf stille Reserven[279]. Weiter spricht hierfür auch der Zweck der Vorschrift des § 14 Nr.5 KStG, denn stille Reserven mindern den Jahresüberschuß. Gewinn ist also der um die Bildung der stillen Reserven geminderte Jahresüberschuß. Der Gewinnabführungsvertrag verpflichtet die Organgesellschaft lediglich zur Abführung des Gewinns; daher ist der Gewinnabführungsvertrag auch dann durchgeführt, wenn die stillen Reserven in der Organgesellschaft verbleiben[280].

---

275) Frotscher/Maas § 14, Rz.144; Danelsing in Blümich, § 14 KStG, Rz.114; Jurkat, S.311, Rz.527.
276) Vgl. Abschn.55 Abs.5c KStR.
277) Schmidt in StuW 1969, S.442 (454), damals noch bezogen auf die gleichlautende Vorschrift des § 7a Abs.1 Ziff.5.
278) Frotscher/Maas § 14, Rz.143; Gassner in Lademann § 14, Rz.86; Felix/Streck § 14, Anm.78; Winter in Herrmann/Heuer/Raupach § 14, Rz.233; Jurkat, S.309, Rz.524 ff.
279) Jurkat, S.309, Rz.525.
280) Frotscher/Maas § 14, Rz.143.

cc) Die vorzeitige Beendigung des Gewinnabführungs-
     vertrages

Wie beschrieben, entfallen auch rückwirkend die Folgen der
Organschaft, wenn der Gewinnabführungsvertrag nicht für fünf
Jahre abgeschlossen und durchgeführt wird. Das Gesetz sieht nur
dann eine Ausnahme vor, wenn der Vertrag aus wichtigem Grund
gekündigt wird. Liegt ein solcher wichtiger Grund, der eine
Kündigung rechtfertigt, vor, so wird das Organschaftsverhältnis
auch dann für die Vergangenheit anerkannt, wenn der Gewinnabführungsvertrag noch keine fünf Jahre bestanden hat. Auch bei
einer solchen außerordentlichen Kündigung ist zu beachten, daß
das Organschaftsverhältnis nur für die Jahre anerkannt werden
kann, in denen das Organschaftsverhältnis bis zum Ende des Jahres bestanden hat[281].

Der Begriff des "wichtigen Grundes" entspricht in diesem Zusammenhang nicht dem Begriff des wichtigen Grundes, wie er im Zivilrecht verstanden wird. Ob ein wichtiger Grund vorliegt, ist
aus steuerlichökonomischer Sicht zu bestimmen. Es ist in diesem
Zusammenhang durchaus denkbar, daß ein Sachverhalt steuerrechtlich einen wichtigen Grund darstellt, andererseits der Anlaß nicht ausreicht, um zivilrechtlich eine außerordentliche
Kündigung zu rechtfertigen. Umgekehrt stellen beispielsweise
verhaltensbedingte Umstände in der Regel keinen wichtigen Grund
im Sinne des § 14 Nr.4 S.3 KStG dar, ermöglichen jedoch zumeist
zivilrechtlich eine außerordentliche Kündigung.

§ 14 Nr.4 S.3 KStG bezieht sich auf wirtschaftlich bzw. steuerlich besonders einschneidende Veränderungen. Die Vertragsparteien sollen die Möglichkeit haben, das Vertragsverhältnis zu
beenden, wenn dies bei vernünftiger kaufmännischer Überlegung
als sachgerecht erscheint[282]. Zu solchen Veränderungen gehören
die Veräußerung des Gesellschaftsanteils an der Organgesellschaft durch den Organträger, weiterhin die Umwandlung, Verschmelzung oder Liquidation einer der beiden Vertragsparteien[283]. Daß eine derartige Sichtweise bei der Bestimmung, ob
ein wichtiger Grund vorliegt, angemessen ist, ergibt sich aus

---

281) Felix/Streck § 14, Anm.71.
282) Frotscher/Maas § 14, Rz.215.
283) Vgl Abschn.55, Abs.6 KStR.

dem Zweck der Fünfjahresfrist. Die Funktion der Fünfjahresfrist besteht darin, zu gewährleisten, daß die Vertragsparteien das Vertragsverhältnis nicht willkürlich oder auch nur für einzelne Jahre kündigen, um eine belastende Wirkung durch die Einkommenszurechnung in den Jahren zu vermeiden. Jurkat ist abweichend der Meinung, daß ein Sachverhalt, der zivilrechtlich einen wichtigen Grund darstelle, steuerrechtlich in jedem Fall auch einen solchen darstellen müsse[284]. Diese Meinung hat sicherlich in der Praxis den Vorteil, daß eine Kündigung vereinfacht wird. Jurkats Meinung wird jedoch nicht der Tatsache gerecht, daß ein unterschiedlicher Schutzzweck hinter der Kündigungsmöglichkeit des § 14 Nr.4 S.3 KStG und der zivilrechtlichen Kündigung aus wichtigem Grund steht.

Zivilrechtlich ist, wie bei jedem Dauerschuldverhältnis, eine außerordentliche Kündigung jederzeit möglich. Dabei sind die im Zivilrecht üblichen Maßstäbe an das Vorliegen eines wichtigen Grundes anzulegen.

Es ist daher durchaus denkbar, daß ein Anlaß vorliegt, der nur die Möglichkeit einer steuerrechtlich erheblichen Kündigung einräumt. In einer solchen Situation ist zur zivilrechtlichen Auflösung des Vertrages zusätzlich ein Auflösungsvertrag erforderlich[285]. Problematisch ist der Fall, daß der Gewinnabführungsvertrag in zivilrechtlicher Hinsicht außerordentlich gekündigt wird, aber kein wichtiger Grund im Sinne des § 14 Nr.4 S.3 KStG vorliegt. Bei einer solchen Sachlage entfallen rückwirkend die Voraussetzungen für die körperschaftsteuerliche Anerkennung einer Organschaft.

Der Gesetzgeber hat nunmehr[286] im Gesetz festgeschrieben, daß eine während eines Wirschaftsjahres ausgesprochene Kündigung oder Aufhebung des Gewinnabführungsvertrages auf den Beginn des Wirtschaftsjahres zurückwirkt. Diese Regelung des neugeschaffenen § 14 Nr.4 S.4 KStG entspricht der auch schon zuvor bestandenen Praxis und soll der Rechtssicherheit auf steuerrechtli-

---

284) Jurkat, S.277 f., Rz.468.
285) Felix/Streck § 14, Rz.65.
286) Mit Steueränderungsgesetz vom 25.02.92.

chem Gebiet dienen[287]. Die Regelung kann dadurch umgangen werden, daß die Organträgergesellschaft ihr Wirtschaftsjahr um-
stellt und mit dem Zeitpunkt der Beendigung des Gewinnabführungsvertrages ein neues Wirtschaftsjahr beginnen läßt[288].

---

287) Danelsing in Blümich § 14 KStG, Rz.119a; Dötsch in DB
     1992, S.651.
288) Danelsing in Blümich § 14 KStG, Rz.119a, mehr zur
     Umstellung des Wirtschaftsjahres unter B.III.f)1.

2. Teil

Die zivilrechtlichen Anforderungen an GmbH-
Gewinnabführungsverträge

A. Die zivilrechtliche Wirksamkeit als Tatbestandsmerkmal des § 17 KStG

Nahezu unstreitig ist heute, daß die steuerrechtliche Anerkennung eines körperschaftsteuerlichen Organschaftsverhältnisses erfordert, daß ein zivilrechtlich wirksam zustande gekommener Gewinnabführungsvertrag vorliegt[289]. Dies ergibt sich zunächst aus dem Wortlaut des § 14 Nr.4 KStG. Dieser Vorschrift ist ausdrücklich zu entnehmen, daß der Gewinnabführungsvertrag wirksam werden muß. Der Gesetzgeber hat dies in jüngster Zeit nochmals dadurch bekräftigt, daß nun auch in § 17 S.1 KStG postuliert ist, daß sich das Organ "wirksam" zur Gewinnabführung verpflichten muß[290].

B. Die Art der abgeschlossenen Verträge

In der Praxis wird häufig, wenn ein Organschaftsverhältnis angestrebt wird ein sogenannter Organschaftsvertrag abgeschlossen[291]. Dies ist ein Vertrag, der aus einem Beherrschungsvertrag und einem Gewinnabführungsvertrag, der die inhaltlichen Anforderungen des § 17 KStG beachtet, zusammengesetzt ist.

Von ihrer Charakteristik her sind Gewinnabführungsvertrag und Beherrschungsvertrag identisch. Beide Vertragstypen greifen, unabhängig davon, ob einzeln oder zusammen als Organschaftsvertrag abgeschlossen, nachhaltig in die rechtliche Situation, insbesondere der Organ- bzw. Untergesellschaft, ein. Sie unterliegen deshalb denselben Formvorschriften[292]; aus diesem Grunde sollen die zivilrechtlichen Anforderungen an beide Verträge gemeinsam untersucht werden. Die Voraussetzungen, die ein Organschaftsvertrag zu erfüllen hat, sind daher auch für den Fall zu beachten, daß ein Gewinnabführungsvertrag oder ein Beherrschungsvertrag isoliert abgeschlossen werden.

---

289) Vgl. statt Vieler Winter in Herrmann/Heuer/Raupach, § 17 KStG, Rz.23; Jurkat, S.300, trennt dagegen zwischen steuerrechtlichen und zivilrechtlichen Anforderungen.
290) In § 17 Nr.1 a.F KStG hieß es "der Vertrag ..", woraus im Ergebnis selbiges geschlossen wurde.
291) So auch die Sachlage im "Supermarkt"-Beschluß.
292) Ebenso Schneider in Beherrschungs- und Gewinnabführungsverträge in der Praxis der GmbH, S.7 (22).

C. Die Entwicklung der Diskussion

Bis etwa 1980 bestand weitgehendst Einigkeit über die zivilrechtlichen Anforderungen an GmbH-Organschaftsverträge. Man
ging davon aus, daß die in § 17 a.f. KStG aufgestellten Voraussetzungen ausreichend seien, um einen Gewinnabführungsvertrag
auch zivilrechtlich wirksam zu begründen[293]. Die formalen Anforderungen, die ein GmbH-Beherrschungsvertrag zu erfüllen hat
wurden in der steuerrechtlichen Literatur kaum diskutiert, da
ein solcher Vertrag nicht unbedingt für die Anerkennung einer
körperschaftsteuerlichen Organschaft erforderlich ist. Wegen
der ähnlichen Auswirkungen von GmbH-Gewinnabführungs- und Beherrschungsverträgen machte die konzernrechtliche Literatur die
Wirksamkeit beider Vertragstypen von den gleichen Voraussetzungen abhängig[294].

Eine umfassende Analogie zu den Vorschriften des aktienrechtlichen Vertragskonzernrechtes der §§ 291 ff. AktG wurde damals
wie heute zwar diskutiert, aber nahezu einhellig abgelehnt.
Diese Ablehnung beruht auf den Unterschieden zwischen den beiden Gesellschaftsformen. Die Regeln der kapitalistisch aufgebauten Aktiengesellschaft gelten als ungeeignet, um auf die zumeist personalistisch aufgebauten GmbHs übertragen zu werden[295].

Erste Diskussionen über weiterreichende Anforderungen an die
zivilrechtliche Wirksamkeit von GmbH-Unternehmensverträgen betrafen insbesondere die Frage, ob in Analogie zu § 53 Abs.3
GmbHG der Abschluß eines Unternehmensvertrages eines Zustimmungsbeschlusses bedürfe, dem alle Gesellschafter der Untergesellschaft zustimmen[296]. Noch weitergehende Anforderungen wie

---

293) Barz in Hachenburg, 7.Aufl., § 13 Anh.II, Rz.32; mit
    weiteren Nachweisen Schmidt/Steppert, S.56 f.
294) Barz in Hachenburg, 7.Aufl., § 13 Anh.II, Rz.31.
295) Emmerich in die AG 1982, S.253 (254); neuere ausführliche
    Erörterung Gäbelein in GmbHR 1987, S.221 (222); Martens
    S.161 f.; Verhoeven Rz.234.
296) So Skibbe in GmbHR 1968, S.245 (246); Hönle in DB 1979,
    S.488 f; Jurkat, S.298 ff.; Gutbrod in BB 1980, S.290;
    Martens, S.165 f.; Emmerich in der GmbH-Konzern, S.19 ff.;
    Emmerich in AG 1975, S.289 f.; Müller in GmbHR 1973, S.97
    (99); Schmidt in GmbHR 1979, S.121 (124).

notarielle Beurkundung oder Handelsregister-Eintragung wurden
nur vereinzelt in Betracht gezogen[297].
Eine Auseinandersetzung mit den Anforderungen in der Organträgergesellschaft fand indessen so gut wie überhaupt nicht
statt[298].

D. Die Entwicklung in der Rechtsprechung

Die Diskussion kam erst nach 1980 in stärkerem Maße in Bewegung. Von diesem Zeitpunkt an beantragten beherrschte GmbHs
vermehrt die Eintragung eines Organschaftsvertrages ins Handelsregister. Eine solche Eintragung wurde in der Regel von dem
zuständigen Amtsgericht verweigert, wogegen die Unternehmen
Rechtsmittel geltend machten. Die Uneinigkeit unterer Gerichte
bei Fällen dieser Art führte schließlich dazu, eine solche Angelegenheit dem BGH zur Entscheidung vorzulegen; hieraus resultiert der "Supermarkt"-Beschluß.

Das OLG Düsseldorf hat zunächst in einem vieldiskutierten Urteil vom 20.3.1980 entschieden, daß ein GmbH-Organschaftsvertrag zu seiner Wirksamkeit nicht der Eintragung ins Handelsregister der Organgesellschaft bedürfe[299], hat aber die Frage, ob
ein Organschaftsvertrag als Satzungsänderung zu behandeln sei,
offengelassen. Das Gericht hat unter Berufung auf § 37 Abs.2
GmbHG die Meinung vertreten, ein Verstoß gegen die Formvor-
schrift der Satzungsänderung habe lediglich innergesellschaftliche Wirkung. Die Vertretungsmacht des Geschäftsführers Dritten gegenüber sei nicht beschränkbar, so daß der Vertrag auf
jeden Fall im Außenverhältnis wirksam sei. Weiter hat das OLG
ausgeführt, Formgebote wie eine notarielle Beurkundungspflicht
oder eine Handelsregistereintragung bedürften im Interesse der
Rechtssicherheit einer ausdrücklichen gesetzlichen Regelung.

---

297) Sehr früh schon von Skibbe in GmbHR 1968, S.245 (246);
     Hönle in DB 1979, S.485 (488); Verhoeven Rz.236.
298) Vgl. Aufsätze, die keine Diskussion über eventuelle
     Anfoderungen in der Organträgergesellschaft enthalten:
     Skibbe in GmbHR 1968, S.245 ff.; Hönle in DB 1979, S.488
     ff.; Emmerich in AG 1975, S.253 ff. u.285 ff.; Gutbrod in
     BB 1980, S.288 ff.
299) OLG Düsseldorf, Urteil v. 20.03.1980, in NJW 1982, S.284.

Derartige Formgebote könnten daher nicht durch Richterrecht begründet werden. Nach Ansicht des OLG Düsseldorf läßt sich zudem § 17 a.F. KStG entnehmen, daß keine weiteren als die dort aufgeführten Formgebote zu beachten seien.

Das LG Hamburg hat im Gegensatz dazu mit Beschluß vom 25.04.1984 die Eintragungspflicht eines GmbH-Organschaftsvertrages angenommen. Das tragende Argument, auf das diese Entscheidung gestützt wurde, ist ein nach Meinung des Gerichts vorhandenes schutzwürdiges Interesse der Öffentlichkeit[300]. Der Fall betraf ein Organschaftsverhältnis, bei dem eine Einmann-GmbH die Organgesellschaft bilden sollte. Nach Auffassung des LG sei in einem solchen Fall kein Zustimmungsbeschluß der Organgesellschaft nötig.

Das FG Rheinland-Pfalz hat sich mit Urteil vom 28.10.85 ausdrücklich gegen die Entscheidung des OLG Düsseldorf gestellt und dabei die Auffassung vertreten, daß sich aus § 17 a.F. KStG keinerlei Anhaltspunkte für die zivilrechtlichen Anforderungen an GmbH-Unternehmensverträge herleiten ließen[301].

Das Fehlen höchstrichterlicher Rechtsprechung hat zu weiteren Unsicherheiten der Gerichte hinsichtlich der formalen Anforderungen an Unternehmensverträge geführt. So hat das LG Bochum mit Teilurteil vom 01.07.86 dazu tendiert, keine weiteren formalen Anforderungen an Unternehmensverträge zu stellen. Angesichts der Tatsache, daß weder eine gesetzliche Regel vorhanden sei, noch eine Entscheidung des BGH zur Frage der formalen Anforderungen vorliege, stelle es einen Verstoß gegen Treu und Glauben dar, wenn derartige formale Anforderungen an einen GmbH-Organschaftsvertrag gestellt würden[302].

---

300) LG Hamburg, Beschluß v. 25.04.84, in WM 1984, S.1399 = BB 1984, S.873.
301) FG Rheinland-Pfalz, Urteil v. 28.10.1985, in GmbHR 1986, S.335.
302) LG Bochum, Urteil v. 1.7.86, in BB 1987, S.355 f. = GmbHR 1987, S.24.

Das OLG Düsseldorf hat schließlich seine Auffassung mit Beschluß vom 03.07.1987 bekräftigt[303]. Dieser Ansicht hat sich
das OLG Celle angeschlossen[304].

Demgegenüber hat das OLG Hamburg mit Urteil vom 24.07.1987 entschieden, daß in bezug auf die Organgesellschaft die Vorschriften über die Satzungsänderung der §§ 53 Abs.2 und 54 GmbHG anzuwenden seien. Deshalb sei ein Organschaftsvertrag nur dann
zivilrechtlich wirksam, wenn der mit Dreiviertelmehrheit ge-
troffene Zustimmungsbeschluß notariell beurkundet und der Bestand des Organschaftsvertrages ins Handelsregister eingetragen
werde[305].

Der BGH hat, ohne näher auf die zivilrechtlichen Voraussetzungen von Organschaftsverträgen einzugehen, im Anschluß daran mit
Urteil vom 14.12.1987 entschieden, daß Beherrschungs- bzw. Gewinnabführungsverträge keine gewöhnlichen schuldrechtlichen
Verträge seien, sondern gesellschaftsrechtliche Organisationsverträge darstellten, die satzungsgleich den rechtlichen Status
der beherrschten Gesellschaft veränderten[306].

Das BayObLG hat daraufhin mit Beschluß vom 16.06.88 entgegen
der Rechtsprechung des OLG Düsseldorf eine Eintragungspflicht
von Organschaftsverträgen als Wirksamkeitsvoraussetzung angenommen[307] und dabei auf den vom BGH herausgearbeiteten satzungsändernden Charakter von Beherrschungs- bzw. Gewinnabführungsverträgen abgestellt. Nach dem BayObLG ist der Abschluß
eines Organschaftsvertrages nicht von der Vertretungsmacht des
Geschäftsführers gedeckt. Weil in Mitgliedschaftsrechte der Gesellschafter, insbesondere in deren Gewinnbezugsrecht, eingegriffen werde, sei ein Zustimmungsbeschluß zum Abschluß des
Vertrages in Analogie zu § 53 Abs.3 GmbH nötig[308].

---

303) OLG Düsseldorf, Beschluß v. 03.07.1987, in GmbHR 1988,
     S.105 f.
304) OLG Celle, Beschluß v. 19.10.1987, in GmbHR 1988, S.107.
305) OLG Hamburg, Urteil v. 24.07.1987, in NJW-RR 1988, S.46
     (47).
306) BGH, Urteil .v. 14.12.1987, in GmbHR 1988,
     S.174 ff. (175).
307) BayObLG, Beschluß v. 16.06.1988, in WM 1988, S.1229 ff.
308) BayObLG in WM 1988, S.1232 Sp.2

Was eine Analogie zu § 53 Abs.3 GmbHG in bezug auf das erforderliche Quorum für den Zustimmungsbeschluß bedeutet, wurde
nicht näher erläutert, da es sich im entschiedenen Fall um eine
Einmanngesellschaft gehandelt hat und daher die Mehrheitsanforderungen an den Zustimmungsbeschluß unerheblich waren. Die Tatsache, daß § 53 Abs.3 GmbHG analog herangezogen wird, bedeutet
jedoch, daß ein Zustimmungsbeschluß erforderlich ist, der mit
mindestens Dreiviertelmehrheit gefaßt werden muß und dem alle
übrigen Gesellschafter zustimmen müssen.
Das Gericht hat weiter entschieden, daß der Zustimmungsbeschluß
in Analogie zu § 53 Abs.2 GmbHG der notariellen Beurkundung bedürfe und daß der Stimmrechtsausschluß gemäß § 47 Abs.4 GmbHG
jedenfalls dann, wenn es sich um eine Einmanngesellschaft handele, nicht zur Anwendung gelange. Ob das Stimmrechtsverbot
grundsätzlich auf den Zustimmungsbeschluß zum Abschluß eines
Organschaftsvertrages keine Anwendung findet, hat das Gericht
offengelassen und zudem, in analoger Anwendung des § 54 GmbHG,
eine Eintragungpflicht ins Handelsregister der Organgesellschaft angenommen[309]. Bezüglich des Inhalts der Anmeldeerklä-
rung und der beizufügenden Anlagen hat das BayObLG § 294 Abs.1
AktG analog herangezogen[310]. Weiterhin hat das Gericht die Auffassung vertreten, daß in der herrschenden Gesellschaft kein
Zustimmungsbeschluß als Wirksamkeitsvoraussetzung des Unternehmensvertrages nötig sei, da einem solchen Beschluß keine Außenwirkung beigemessen werden könne[311]. Da das BayObLG von der
Rechtsprechung des OLG Düsseldorf abgewichen ist, hat es die
Angelegenheit dem BGH zur Entscheidung vorgelegt.

Der BGH ist mit seiner Entscheidung, dem sogenannten
"Supermarkt"-Beschluß[312], in vielen Bereichen dem BayObLG ge-
folgt. Er hat nochmals die satzungsgleiche Wirkung von GmbH-
Organschaftsverträgen betont und sich der Meinung angeschlos-
sen, daß die Vorschriften über die Satzungsänderung analog an-
zuwenden seien. Es sei deshalb ein Zustimmungsbeschluß in der
Organgesellschaft nötig. Dieser Beschluß müsse zumindest in
Analogie zu § 53 Abs.2 GmbHG mit drei Vierteln der abgegebenen

---

309) BayObLG in WM 1988, S.1231 f.
310) BayObLG in WM 1988, S.1232.
311) BayObLG in WM 1988, S.1232 Sp.1.
312) BGH, Beschluß v. 24.10.1988, BGHZ 105, 328.

Stimmen gefaßt werden. Die Frage, ob eine Analogie zu § 53
Abs.3 GmbHG die Zustimmung aller Gesellschafter gebiete, hat
der BGH offengelassen; er hat auch keine Antwort darauf gegeben, ob das Stimmrechtsverbot des § 47 Abs.4 GmbHG auf den Zustimmungsbeschluß prinzipiell keine Anwendung finde oder ob
dies nur in Fällen von Einmanngesellschaften gelten solle. Der
BGH hat schließlich ausgeführt, daß der Zustimmungsbeschluß in
der Organgesellschaft notariell zu beurkunden und daß eine Eintragung ins Handelsregister der Organgesellschaft vorzunehmen
sei[313]. Im Gegensatz zum BayObLG ist der BGH jedoch der Meinung, daß auch in der Organträgergesellschaft in Analogie zu
§ 293 Abs.2 AktG ein Zustimmungsbeschluß als Wirksamkeitserfor-
dernis notwendig sei[314].

Die Anforderungen des BGH an einen GmbH-Organschaftsvertrag
lassen sich im wesentlichen wie folgt zusammenfassen:

- Es ist ein Zustimmungsbeschluß in der Organgesellschaft
  erforderlich.
- Der Zustimmungsbeschluß in der Organgesellschaft bedarf der
  notariellen Beurkundung.
- Ins Handelsregister der Organgesellschaft sind der
  Zustimmungsbeschluß und der Unternehmensvertrag einzutragen.
- Es ist ein mit einer Dreiviertelmehrheit gefaßter
  Zustimmungsbeschluß in der Organträgergesellschaft
  erforderlich.

Mit Beschluß vom 04.09.1991 hat das OLG Düsseldorf seine Auffassung bestätigt und sich ausdrücklich gegen die Ansicht des
BGH gestellt[315].
Bei dem von dem OLG zu entscheidenden Fall handelte es sich um
eine GmbH, deren einziger Gesellschafter eine Aktiengesellschaft war. Zwischen der GmbH und der Aktiengesellschaft bestand ein Gewinnabführungsvertrag, der ins Handelsregister eingetragen werden sollte.
Es hält seine Meinung auch nach dem "Supermarkt"-Beschluß auf-
recht, nach der Unternehmensverträge mit einer GmbH nicht wie

---

313) BGH in WM 1988, S.1821 f.
314) BGH in WM 1988, S.1822 f.
315) OLG Düsseldorf in DB 1991, S.2381 f.

eine Satzungsänderung zu behandeln seinen. Wenn das herrschende Unternehmen Alleingesellschafter der GmbH sei, habe ein Unternehmensvertrag lediglich steuerrechtliche Bedeutung und im übrigen keine praktischen Auswirkungen. Der Abschluß eines solchen Vertrages sei von der Vertretungsmacht des Geschäftsführers umfaßt und weitere Formalien, wie notarielle Beurkundung oder Handelsregistereintragung seien nicht erforderlich. Außerdem sei das Bestehen eines GmbH-Unternehmensvertrages keine eintragungsfähige Tatsache und daher dürfe eine Eintragung ins Handelsregister nicht vorgenommen werden. Das OLG hat sich schließlich gegen eine Analogie zu § 293 Abs.2 AktG gewendet, da es dies für unvereinbar mit dem Schutzzweck der Norm ansieht und hat die Angelegenheit dem BGH vorgelegt.

Der BGH hat daraufhin mit Beschluß vom 30.01.92[316] seine Rechtsprechung bekräftigt und ist der Ansicht des OLG Düsseldorf entgegengetreten. Er hat dabei zum Ausdruck gebracht, daß die Grundsätze des "Supermarkt"-Beschlusses auch für den Fall, daß die herrschende Gesellschaft eine Aktiengesellschaft sei, Anwendung fänden.

Der BGH hatte bereits in anderem Zusammenhang mit Urteil vom 11.11.1991[317] die analoge Anwendung der §§ 53, 54 GmbHG in bezug auf die beherrschte Gesellschaft bestätigt.

---

316) Der sogenannte "Siemens"-Beschluß, in NJW 1992, S.1452 ff. = DB 1992, S.828 ff. = GmbHR 1992, S.253 ff.
317) Das sogenannte "Stromlieferungs"-Urteil, BGHZ 116,37 = NJW 1992, S.505 ff. = DB 1991, S.29 ff. = GmbHR 1992, S.34 ff. = WM 1991, S.2137 ff. = AG 1992, S.83 ff.; vgl. zum "Siemens"-Beschluß und zum "Stromlieferungs"-Urteil Timm in GmbHR 1992, S.213 ff. und Boujong in GmbHR 1992, S.207 (211).

E. Die einzelnen von der Organgesellschaft zu erfüllenden Anforderungen

I. Zur Bedeutung des § 17 KStG

a) Die Entwicklung der Diskussion

Die noch heute bestehende Situation, daß § 17 KStG die einzige gesetzliche Regelung ist, die konkrete Anforderungen an einen GmbH-Gewinnabführungsvertrag stellt, hat, bezogen auf die Regelung des § 17 a.F. KStG, zu vielerlei Diskussionen über den Einfluß der Vorschrift auf die zivilrechtlichen Anforderungen an Organschaftsverträge geführt.

Obwohl es sich um eine steuerrechtliche Vorschrift handelt, wurde zum Teil in Rechtsprechung und Schrifttum, wegen des auf eine zivilrechtliche Bedeutung hindeutenden Aufbaus, davon ausgegangen, daß GmbH-Gewinnabführungsverträge, die den Anforderungen des § 17 a.F. KStG entsprechen, auch zivilrechtlich wirksam seien[318]. Als weiteres Indiz für den Willen des Gesetzgebers, keine über § 17 Nr.1-4 a.F. KStG hinausgehenden Anforderungen aufzustellen, wurde herangezogen, daß ein Gesetzesentwurf für ein neues GmbHG (der sogenannte Regierungsentwurf zum GmbHG 1971), der auch ein GmbH-Konzernrecht enthielt, gescheitert war. Der Entwurf, dessen Regelungen denen des aktienrechtlichen Konzernrechts in großen Teilen ähnelten, sah vor, daß der Abschluß von Gewinnabführungs- und Beherrschungsverträgen eines Zustimmungsbeschlusses mit einer Dreiviertelmehrheit und einer Handelsregistereintragung bedarf[319]. Aus dem Scheitern dieses Gesetzesentwurfs wurde gefolgert, daß sich der Gesetzgeber dagegen entschieden habe, weitere Voraussetzungen als die in § 17 a.F. KStG normierten an GmbH-Unternehmensverträge zu knüpfen[320]. Einige Autoren argumentieren weiter, daß § 17 a.F. KStG überflüssig sei, wenn sich aus allgemeinen Erwägungen weitere Formgebote ergeben würden[321].

---

318) Esch in BB 1986, S.274; tendenziell auch Kort in AG 1988, S.371; OLG Düsseldorf in NJW 1982, S.284 f., sowie in GmbHR 1988, S.105 f.; OLG Celle in GmbHR 1988, S.107; LG Bochum, Urteil .v. 01.07.1986, in BB 1987, S.355 f.
319) BT-Drucks.7/253, S.63 ff. u. 211 ff.
320) OLG Düsseldorf in GmbHR 1988, S.195; OLG Celle in GmbHR 1988, S.107; Esch in BB 1986, S.274; Flume in DB 1989 S.666.
321) So Esch in BB 1986, S.274.

Kort vertritt hingegen die Auffassung, daß aufgrund der Einheit der Rechtsordnung die steuerrechtliche Vorschrift des § 17 a.F. KStG eine Indiz- bzw. Ausstrahlungswirkung ins Gesellschaftsrecht habe[322]. Diesem Ansatz schloß sich auch Gutbrod an mit dem Hinweis, der Grundsatz der Einheit der Rechtsordnung gebiete es, daß steuerrechtliche und zivilrechtliche Wirksamkeit nur bei Verletzung schutzwürdiger Interessen auseinanderfallen dürften. Er gestand allerdings zu, daß derartige schutzwürdige Interessen in den Belangen der Minderheitsgesellschafter zu sehen seien[323].

Demgegenüber wird vom BGH und der überwiegenden Lehre die Ansicht vertreten, trotz der einheitlichen Gesetzgebungskompetenz enthalte die Vorschrift des § 17 a.F. KStG keine Regelung über die zivilrechtlichen Anforderungen an einen Organschaftsvertrag. Die zivilrechtliche Wirksamkeit des Organschaftsvertrages sei gerade Tatbestandsmerkmal des § 17 a.F. KStG. Der Gesetzgeber habe nur eine abschließende Regelung für das Steuerrecht und nicht für das Gesellschaftsrecht treffen wollen[324]. Außerdem habe er keine zivilrechtlich strittige Frage in einem Steuergesetz regeln, sondern lediglich steuerrechtliche Mindestanforderungen aufstellen wollen[325].

In jüngerer Zeit hat insbesondere Flume den BGH wegen des "Supermarkt"-Beschlusses heftig kritisiert[326]. Angeregt von Flume haben sich weitere Autoren gegen den BGH gewandt und sich dafür eingesetzt, die zivilrechtlichen Anforderungen an GmbH-Organschaftsverträge wieder mehr an § 17 a.F. KStG zu orientieren[327].

---

322) Kort, S.78 und 120; Kort in AG 1988, S.371.
323) Gutbrod in BB 1980, S.290.
324) BGH in WM 1988, S.1824; BayObLG in WM 1988, S.1819; Hiller in DNotZ 1988, S.638; Timm in BB 1981, S.1492; Timm in GmbHR 1989, S.11 f.; Hönle in DB 1979, S.489; Priester in ZHG Sonderheft Nr.6, S.152; Müller in GmbHR 1971, S.10; Herrmann/Winter in FR 1982, S.266 ff.; Emmerich/Sonnenschein, S.384; Emmerich in Scholz, Anh. Konzernrecht, Rz.233; Winter in Herrmann/Heuer/Raupach, § 17, Rz.22 f.; Frotscher/Maas § 17, Rz.2; Rehbinder in FS Fleck, S.254 ff.; Ulmer in BB 1989, S.18.
325) Timm in BB 1981, S.1492.
326) Flume in DB 1989, S.665 ff. und in DB 1992, S.25 (27 f.).
327) Gäbelein in GmbHR 1989, S.502 ff.; Venzmer in Die Wirtschaftsprüfung 1990, S.305 ff.

Gäbelein führt in diesem Zusammenhang an, die Motive für Organschaftsverhältnisse seien nahezu ausschließlich steuerlicher Natur. Weiter verweist er darauf, daß sowohl Gesetze, die eine steuerrechtliche Materie als auch solche, die eine zivilrechtliche Materie regeln, von einem einheitlichen Gesetzgeber erlassen würden. Deshalb habe der Gesetzgeber mit der Vorschrift des § 17 a.F. KStG nicht lediglich zusätzliche steuerliche Anforderungen an Organschaftsverträge aufstellen wollen. Es sei vielmehr das Anliegen des Gesetzgebers gewesen, Voraussetzungen zu schaffen, die zu steuerrechtlich wie gesellschaftsrechtlich wirksamen Organschaftsverträgen führen[328]. Gäbelein steht auf dem Standpunkt, der Gesetzgeber habe mit dem § 17 Nr.2 a.F. KStG (Zustimmungsbeschluß) ausschließlich eine zivilrechtliche und mit dem Schriftformerfordernis des § 17 Nr.1 a.F. KStG zumindest auch eine zivilrechtliche Regelung vornehmen wollen. Seiner Auffassung nach kommt lediglich den Vorschriften des § 17 Nr.3 und 4 a.F. KStG ausnahmslos steuerliche Bedeutung zu. Der Gesetzgeber habe dadurch, daß § 17 a.F. KStG steuerrechtliche und zivilrechtliche Voraussetzungen enthalte, deutlich zum Ausdruck gebracht, daß keine weiteren Anforderungen an einen Organschaftsvertrag zu stellen seien[329]. Gäbelein folgert hieraus, daß keine weiteren Formalien neben der in § 17 Nr.1 a.F. KStG geforderten Schriftform nötig seien und ein mit Dreiviertelmehrheit gefaßter Zustimmungsbeschluß auch zivilrechtlich ausreichend sein könne[330]. Lediglich in bezug auf die Behandlung von Minderheitsgesellschaftern sieht Gäbelein ein darüber hinausgehendes Regelungsbedürfnis. Diesbezüglich regt er eine Lösung durch eine Zustimmungspflicht der Minderheitsgesellschafter oder durch eine Pflicht, Ausgleichszahlungen an diese zu leisten, an[331].

Auch Flume tritt dafür ein, daß zivilrechtlich keine weiteren, als die in § 17 a.F. KStG explizit aufgeführten, Voraussetzungen zu beachten seien. Er äußerte die Ansicht, daß der Gesetzgeber mit § 17 a.F. KStG zwar nicht die zivilrechtlichen Anfor-

328) Gäbelein in GmbHG 1989, S.504 f.
329) Gäbelein in GmbHG 1989, S.504 f.
330) Gäbelein in GmbHG 1989, S.505.
331) Gäbelein in GmbHG 1989, S.507;
     mehr dazu unter E.VI.

derungen an einen Organschaftsvertrag festlegen wollte, aber
mit der Regelung steuerliche Anforderungen aufgestellt werden
sollten, deren Einhaltung zu einem auch zivilrechtlich wirksamen Organschaftsvertrag führen[332]. Er stellte sich auf den
Standpunkt, daß der Gesetzgeber mit der Schaffung des § 7a KStG
1969 die von der Rechtsprechung entwickelten Anforderungen an
ein Organschaftsverhältnis in Gesetzesform übertragen wollte.
Schon vor der gesetzlichen Normierung sei es gefestigte
Rechtsprechung gewesen, daß ein zivilrechtlich wirksamer Gewinnabführungsvertrag erforderlich sei. Deshalb habe der Gesetzgeber auch die zu dieser Zeit herausgebildeten zivilrechtlichen Anforderungen mit in die gesetzliche Regelung übernommen[333].

Venzmer vertritt die Meinung, es existiere Gewohnheitsrecht dahingehend, daß ein Organschaftsvertrages zivilrechtlich wirksam
zustande komme, wenn die Voraussetzungen der §§ 14 und 17 a.F.
KStG beachtet würden. Dies ergebe sich daraus, daß die Praxis
der Verwaltung und Rechtsprechung lange Zeit so verfahren hätten und dies auch lange Zeit nahezu einhellige Literaturmeinung
gewesen sei. Venzmers Ansicht nach liegt eine längere tatsächliche Übung vor, die Gewohnheitsrecht habe entstehen lassen. Es
sei daher gewohnheitsrechtlich untermauert, daß ein Zustimmungsbeschluß der Organträgergesellschaft mit einer Dreiviertelmehrheit genüge und weder eine notarielle Beurkundung noch
eine Handelsregistereintragung nötig sei. Der BGH habe mit dem
"Supermarkt"-Beschluß gegen bestehendes Gewohnheitsrecht verstoßen, da es dem Gesetzgeber vorbehalten sei, Gewohnheitsrecht
zu verändern; der BGH habe daher die Grenzen des Richterrechts
überschritten[334].

Der Gesetzgeber hat schließlich als Reaktion auf den
"Supermarkt"-Beschluß den § 17 KStG in der Weise geändert, daß
das Schriftformerfordernis und die Zustimmungspflicht entfie-
len. In § 17 S.1 KStG wurde außerdem ausdrücklich in den Gesetzeswortlaut aufgenommen, daß sich das Organ "wirksam" verpflichten muß, seine Gewinne an den Organträger abzuführen.

---

332) Flume in DB 1989, S.665.
333) Flume in DB 1989, S.665 f.
334) Venzmer in Die Wirtschaftsprüfung 1990, S.305 (310).

b) Eigene Meinung

1. Die Situation nach geltender Gesetzeslage

Mittlerweile wurden die Regelungen, die zu der Annahme geführt hatten, daß § 17 KStG auch zivilrechtliche Bedeutung habe, aus dem Gesetz entfernt. Außerdem wurde verdeutlicht, daß die zivilrechtliche Wirksamkeit des Gewinnabführungsvertrages ein eigenständiges Tatbestandsmerkmal des § 17 KStG darstellt. Damit enthält die Vorschrift kein Tatbestandsmerkmal mehr, das auf eine zivilrechtliche Funktion der Vorschrift hindeutet. Das in der Vergangenheit bestehende Spannungsverhältnis zwischen zivilrechtlichen und § 17 KStG zu entnehmenden Anforderungen entfällt[335].

Die Initiative der Legislative läßt jedoch keine Rückschlüsse auf die Tragweite der alten Regelung zu, der Diskussion wurde lediglich für die Zukunft der Nährboden entzogen[336]. Denn die Tatsache, daß der Gesetzgeber eine Anpassung des § 17 KStG an die mit dem "Supermarkt"-Beschluß veränderte zivilrechtliche Situation vorgenommen hat, könnte auch in der Weise verstanden werden, daß die Vorschrift in der alten Fassung durchaus eine zivilrechtliche Bedeutung haben sollte, die nunmehr fallengelassen wird, da der BGH schärfere Voraussetzungen aufgestellt hat. Aus dem Handeln der Gesetzgebungsorgane kann deshalb lediglich zweifelsfrei geschlossen werden, daß die Vorschrift zukünftig keine zivilrechtliche Bedeutung mehr haben soll.

Wegen der Fünfjahresfrist des § 14 Nr.4 KStG wird § 17 a.F. KStG auch in Zukunft für einige Zeit für die Anerkennung von Organschaftsverhältnissen maßgeblich sein[337]. Die Frage nach dem Einfluß von § 17 a.F. KStG auf das Zivilrecht bleibt daher weiter erörternswert.

2. Die Bedeutung des § 17 a.F. KStG

Die um den zivilrechtlichen Einfluß von § 17 a.F. KStG geführte Diskussion bewegte sich vorwiegend auf der Grundlage von Streitigkeiten über GmbH-Organschaftsverhältnisse. Es wird jedoch

---

335) Im Ergebnis ebenso Danelsing in Blümich § 17, Rz.4.
336) Sehr neutral auch BT-Drs.12/1108 vom 3.9.91, S.67.
337) Zu § 14 Nr.4 unter 1.Teil, B.IV.b)2.

übersehen, daß es sich bei § 17 a.F. KStG ebenso wie bei der aktuellen Regelung um einen Auffangtatbestand für sonstige Kapitalgesellschaften handelt, zu denen auch, aber nicht ausschließlich, die GmbH zählt. Zwar ist sicherlich richtig, daß die GmbH die weitaus wichtigste Gesellschaftsform ist, die unter § 17 KStG fällt, sie ist jedoch nicht die einzige. Die einzelnen Gesellschaftsformen unterliegen unterschiedlichen Spezialgesetzen. Dadurch können sich für den Gewinnabführungsvertrag unterschiedliche Formerfordernisse ergeben. Es muß deshalb insbesondere Flume entgegengehalten werden, daß der Gesetzgeber die Voraussetzungen des § 17 Nr.1-4 a.F. KStG aus einer Situation der Unsicherheit in bezug auf das Zivilrecht aufgestellt hat. Da nur im aktienrechtlichen Konzernrecht Unternehmensverträge geregelt sind, hat der Gesetzgeber einen Auffangtatbestand für alle anderen Kapitalgesellschaften geschaffen. In dieser Vorschrift ist klar zum Ausdruck gebracht, daß der Organschaftsvertrag zivilrechtlich wirksam sein müsse. Da nicht absehbar war, ob in bezug auf die zivilrechtlichen Anforderungen der Gesetzgeber weiter tätig wird oder sich das Richterrecht weiter entwickeln wird, hat der Gesetzgeber an alle sonstigen Kapitalgesellschaften einheitliche Anforderungen gestellt, die neben der zivilrechtlichen Wirksamkeit für die steuerrechtliche Anerkennung nötig sind. Der Gesetzgeber wollte eine abgeschlossene Rechtsentwicklung nicht gesetzlich festschreiben, sondern, in Anbetracht der sich noch in der Diskussion befindlichen zivilrechtlichen Rechtsfortbildung, lediglich für das Steuerrecht verbindliche Mindestanforderungen aufstellen. Auch § 17 a.F KStG enthält daher keinerlei Aussage zu den zivilrechtlichen Anforderungen an Organschaftsverträge.

Etwas anderes ergibt sich auch nicht unter Berücksichtigung des Grundsatzes der Einheit der Rechtsordnung, denn das Steuerrecht weicht nicht vom Zivilrecht ab. Vielmehr ist die zivilrechtliche Wirksamkeit auch schon Tatbestandsmerkmal des § 17 a.F. KStG gewesen. Gegen die Meinung von Flume und Gäbelein spricht ferner, daß sich die Voraussetzungen des § 17 Nr.1-4 a.F. KStG nach klarem Gesetzeswortlaut nur auf den Gewinnabführungsvertrag beziehen. Wenn man der Vorschrift zivilrechtliche Bedeutung in bezug auf Organschaftsverträge beimessen würde, müßte

man auch zu der Frage kommen, warum der hierin enthaltene Beherrschungsvertrag nach den gleichen Regeln zu behandeln sein
sollte. Konsequenterweise wäre eigentlich nur der Gewinnabführungsvertrag nach § 17 Nr.1-4 a.F. KStG zu handhaben, während
die zivilrechtlichen Anforderungen an einen Beherrschungsvertrag nach allgemeinen Regeln zu ermitteln gewesen wären. Dies
hätte dazu geführt, daß der Beherrschungsvertrag, obwohl seine
Wirkung auf keinen Fall einschneidender ist als die eines Gewinnabführungsvertrages, dennoch wesentlich weiterreichendere
zivilrechtliche Voraussetzungen zu erfüllen gehabt hätte. Es
ist daher auch verfehlt, von einer Indizwirkung des § 17 a.F.
KStG für das Gesellschaftsrecht zu sprechen, wie dies Kort vertritt.

Weiterhin muß auch der Behauptung Venzmers entgegengetreten
werden, bezüglich der zivilrechtlichen Anforderungen an einen
Organschaftsvertrag existiere Gewohnheitsrecht. Unabhängig von
den grundsätzlichen Bedenken gegen das Institut des Gewohnheitsrechts als solches, spricht der Gang der Diskussion gegen
das Bestehen solchen Rechts. Die Tatsache, daß früher die Anforderungen des § 17 a.F. KStG zur Beurteilung der zivilrechtlichen Wirksamkeit herangezogen wurden, beruhte nicht auf der
Anwendung von Gewohnheitsrecht, sondern war ein Zeichen von Unsicherheit, die insbesondere in der Finanzgerichtsbarkeit
herrschte. Der BGH hat erst in jüngerer Zeit Stellung bezogen.
Unter den Gerichten, die ab etwa 1980 mit dem Problem konfrontiert wurden, herrschte Uneinigkeit. Wenn sich in der Vergangenheit die Finanzverwaltung und die Finanzrechtsprechung an
den Voraussetzungen des § 17 a.F. KStG orientiert haben, erscheint dies, angesichts der unklaren Situation im zivilrechtlichen Bereich, als verständlich. Ansonsten hätte die Finanzrechtsprechung die gleiche Verwirrung ausgelöst, wie sie der
Steuergesetzgeber mit der Regel des § 17 a.F. KStG ausgelöst
hat. Es kann daher als eine normale Rechtsentwicklung bezeichnet werden, wenn, bezüglich eines immer kontrovers diskutierten
Problems, als Ergebnis einer gehäuften Rechtsprechung und einer
eingehenden Erörterung in der Literatur ein Umdenken in der
Praxis zu verzeichnen ist.

II. Der Charakter von Organschaftsverträgen

Ausgangspunkt der Diskussion über die zivilrechtlichen Anforderungen an einen GmbH-Organschaftsvertrag ist die Frage nach dem
Charakter solcher Organschaftsverträge. Nach nahezu einhelliger
Ansicht handelt es sich nicht um bloße schuldrechtliche Verträge[338]. Diese Sichtweise läßt sich mit den Wirkungen begründet, die ein solcher Vertrag entfaltet, denn aus einem selbständigen Unternehmen wird ein abhängiges Unternehmen, das dem
Organträger voll unterworfen ist[339]. Die Organgesellschaft wird
vollständig den Weisungen des Organträgers unterworfen und hat
an diesen alle ihre Gewinne abzuführen. Organschaftsverträge
werden daher heute in Rechtsprechung und Literatur nahezu einhellig als gesellschaftsrechtliche Organisationsverträge bezeichnet[340].

Der BGH führt in mehreren Entscheidungen aus, daß der Organschaftsvertrag satzungsgleich den rechtlichen Status der unterworfenen Gesellschaft ändere[341]. Dies folgert er daraus, daß
die abhängige Gesellschaft nicht mehr unabhängig am Wirtschaftsleben teilnehme, sondern in erster Linie dem Konzerninteresse diene. Weiterhin werde in das Gewinnbezugsrecht der Gesellschafter eingegriffen, denn diese könnten nicht mehr über
die Gewinne der Gesellschaft verfügen[342]. Der BGH kommt zu dem
Ergebnis, daß der Abschluß eines Organschaftsvertrages in bezug
auf die Organgesellschaft wie eine Satzungsänderung zu behandeln sei und deshalb die Formvorschriften zur Satzungsänderung,
insbesondere die §§ 53 und 54 GmbHG, analog anzuwenden
seien[343].

---

338) So schon Flume in DB 1956, S.455 (456).
339) Zur Wirkung von Beherrschungsverträgen vgl. Zöllner in ZGR
     1992, S.173 (176 f)
340) BGH in WM 1988, S.175 u. 1821; BayObLG in WM 1988, S.1230;
     Lutter/Hommelhoff, Anh. § 13, Rz.35; Barz in Hachenburg,
     7.Aufl, § 13 Anh.II, Rz.31; Emmerich in Scholz, Anh.
     Konzernrecht, Rz.237; Kort in ZIP 1989, S.1309 ; Timm in
     GmbHR 1989, S.12.
341) BGH in WM 1988, S.1819 (1821) (Supermarkt).
     BGH in GmbHR 1988, S.174 (175), BGH in GmbHR 1992, S.253
     (256).
342) BGH in WM 1988, S.1821.
343) BGH in WM 1988, S.1823.

In der Literatur wurden Organschaftsverträge vor dem "Supermarkt"-Beschluß als gesellschaftsrechtliche Verträge[344] oder als Verträge mit organisationsrechtlichem Charakter[345], zum Teil auch als Verträge mit körperschaftsrechtlicher Natur[346] bezeichnet. Mit diesen Umschreibungen sollte zum Ausdruck gebracht werden, daß die Wirkung solcher Verträge weit über die herkömmlicher schuldrechtlicher Verträge hinausgehe.

Häufig wird ausgeführt, daß Organschaftsverträge zu einer Veränderung des Unternehmenszwecks führen[347].
Die Wirkung solcher Unternehmensverträge wird vielfach mit einer Satzungsänderung verglichen. Die Autoren benutzen Umschreibungen wie: Der Vertrag wirke wie eine Satzungsänderug[348], bzw., er würde materiell wie eine Satzungsänderung wirken[349], weiter werden Beschreibungen wie: Der Vertrag habe satzungsändernden Charakter[350] oder er sei satzungsüberlagernd[351] gewählt.
Zum Teil wird aus der Natur dieser Unternehmensverträge gefolgert, daß der Abschluß eines solchen Vertrages einer formalen Satzungsänderung gleichkäme und daher die Vorschriften über die Satzungsänderung direkt anzuwenden seien[352].

Demgegenüber wurde von der überwiegenden Lehre[353] ebenso wie später auch vom BGH die Auffassung vertreten, daß die Vorschriften zur Satzungsänderung analog anzuwenden seien.

---

344) Hönle in DB 1979, S. 488; Skibbe in GmbHR 1968, S.246.
345) Kort, S.105; Emmerich/Sonnenschein, S.386; Barz in Hachenburg, 7.Aufl, § 13 Anh. II, Rz.31; Hüffner in Hachenburg, § 47, Rz.178.
346) Priester in ZHG Sonderheft Nr.6, S.151 (159); Ulmer in Hachenburg, 7.Aufl.(1984) § 53, Rz.128.
347) Priester in Scholz, § 53, Rz.161; Emmerich/Sonnenschein, S.388; Ulmer in Hachenburg, § 53, 7.Aufl.(1984), Rz.129.
348) Koppensteiner in Rowedder, § 52 Anh., Rz.42.
349) Priester in Scholz, § 53, Rz.161.
350) Lutter/Hommelhoff Anh. § 13, Rz.35; Skibbe in GmbHR 1968, S.246.
351) Lutter/Hommelhoff, Anh. § 13 Rz.35; Timm in BB 1981, S.1492; Ulmer in Hachenburg, 7.Aufl.(1984), § 53 Rz.130 u. 132; Kort in AG 1988, S.371.
352) Emmerich in Scholz, Anh. Konzernrecht, Rz. 237 u. 248, besonders deutlich 7.Aufl.,(1986) Anh. Konzernrecht, Rz.232; Zöllner in Baumbach/Hueck, § 53 Rz.22.
353) Statt vieler Lutter/Hommelhoff, 12.Aufl.(1987), Anh. 13, Rz.26 mit weiteren Nachweisen.

Hingegen wurde in der älteren Literatur auch die Meinung vertreten, daß der Organschaftsvertrag keine Satzungsänderung darstelle und daher die Vorschriften über die Satzungsänderung
keine Anwendung finden könnten[354].

Rix ist der Ansicht, daß für den Fall, daß eine Einmann-GmbH
einen Gewinnabführungsvertrag abschließe, die Auswirkungen häufig sehr gering seien, da keine außenstehenden Gesellschafter
betroffen würden. Nach Rix's Meinung müsse daher in jedem Fall
einzeln untersucht werden, ob der Vertrag zu einer Zweckänderung geführt habe. Eine solche Zweckänderung solle nur dann
vorliegen, wenn die Einmann-GmbH zunächst autonom tätig gewesen
sei und erst durch den Gewinnabführungsvertrag für fremde Interessen dienstbar gemacht werde. Nur in einem solchen Fall sei
der Abschluß des Vertrages wie eine Satzungsänderung zu behandeln[355].

In jüngster Zeit haben insbesondere Gäbelein und das OLG Düsseldorf in Zweifel gezogen, daß der Organschaftsvertrag, wie
vom BGH beschrieben, satzungsgleich den rechtlichen Status der
Organgesellschaft verändere. Dabei wird der in der Praxis häu-
fige Fall herangezogen, daß die Organgesellschaft eine 100%ige
Tochter des Organträgers ist. Gäbelein und das OLG sind der
Meinung, daß in einem solchen Fall der Abschluß eines Organ-
schaftsvertrags keine weitreichenden Veränderungen für die Organgesellschaft mit sich bringe. Der Organträger habe bereits
aufgrund seiner 100%igen Beteiligung volle Weisungsbefugnis,
deshalb könne das Tochterunternehmen ohnehin nicht mehr unabhängig am Wirtschaftsverkehr teilnehmen. Aufgrund der Position
als Alleingesellschafter müßten die Gewinne auch ohne Bestehen
eines Gewinnabführungsvertrages an das Mutterunternehmen abgeführt werden. Gäbelein und das OLG Düsseldorf sind daher der
Auffassung, daß nur für den Fall, daß Minderheitsgesellschafter
vorhanden seien, der Organschaftsvertrag die Wirkung habe, die
ihm der BGH beimesse.

---

354) Barz in Hachenburg, 7.Aufl., § 13 Anh.II, Rz.31 u. 38;
Esch in BB 1986, S.274.
355) Rix in MittRhNotK 1986, S.29 (36).

In einer neuen Entscheidung ist der BGH ausdrücklich solchen Überlegungen entgegengetreten[356]. Er führt dazu aus, daß der von einer Einmanngesellschaft geschlossene Unternehmensvertrag ebenfalls organisationsrechtlichen Charakter habe, weil durch die Abhängigkeit und die Möglichkeit der herrschenden Gesellschaft, negative Weisungen zu erteilen, auch die Belange von Gesellschaftsgläubigern betroffen seien.

Gäbelein vertritt ebenso wie Flume und das OLG Düsseldorf die Auffassung, daß eine Analogie zu den Vorschriften über die Satzungsänderung die Grenzen sprenge, die der richterlichen Rechtsfortbildung gesetzt seien[357]. Die weitreichenden Analogien zu den Vorschriften über die Satzungsänderung seien weder system- noch sachgerecht und widersprächen dem Gebot der Zurückhaltung, da derart weitreichende Veränderungen dem Gesetzgeber vorbehalten bleiben müßten[358]. In Anbetracht des § 17 a.F. KStG habe nach Meinung Gäbeleins keine Regelungslücke bestanden, die Notwendigkeit richterlicher Rechtsfortbildung sei nur im Hinblick auf den Schutz etwaiger Minderheitsgesellschafter gegeben gewesen. Für den Fall, daß die Satzung keine Ermächtigung zum Abschluß eines solchen Vertrages enthalte, regt er an, den Schutz der Minderheitsgesellschafter durch deren Zustimmungspflicht zu wahren. Es wäre seiner Ansicht nach auch denkbar, daß man eine Dreiviertelmehrheit genügen lasse und Abfindungsregeln nach Art der §§ 304-306 AktG geschaffen würden. Solche Ausgleichsregeln müßten jedoch vom Gesetzgeber geschaffen werden und könnten nicht durch Richterrecht begründet werden[359].

Auch Flume ist der Auffassung, daß derart weitreichende Rechtsveränderungen, wie eine Pflicht zur notariellen Beurkundung und Handelsregistereintragung, nicht durch eine Analogie zu begründen seien, sondern einer gesetzlichen Regelung bedürften. Es

---

356) BGH in DB 1992, S.828 (830).
357) Gäbelein in GmbHR 1989 S.506 f.; OLG Düsseldorf in DB 1991, S.2381 (2382); Flume in DB 1989, S.668 f. und in DB 92, S.25 (27 f.); ebenso vor dem "Supermarkt"-Beschluß: Esch in BB 1986, S.274; OLG Düsseldorf in NJW 1982, S.285 und in GmbHR 1988, S.105; OLG Celle in GmbHR 1988, S.107.
358) Gäbelein in GmbHR 1989, S.507.
359) Gäbelein in GmbHR 1989, S.507.

sei angesichts der Natur von Unternehmensverträgen angebracht, daß die Rechtsprechung einen Zustimmungsbeschluß mit satzungs- ändernder Mehrheit oder auch einen einstimmigen Beschluß ver- lange. Die Einführung weitergehender formaler Anforderungen müsse dennoch seiner Meinung nach dem Gesetzgeber überlassen bleiben[360]

III. Der Zustimmungsbeschluß in der Organgesellschaft

a) Die Sichtweise des BGH

Nach Ansicht des BGH ist der Abschluß eines Organschaftsvertra- ges nicht von der Vertretungsmacht des Geschäftsführers gemäß § 35 GmbHG umfaßt[361]. Dies soll sich aus dem besonderen Charak- ter des Organschaftsvertrages ergeben. Daher sei ein Zustim- mungsbeschluß der Gesellschafterversammlung nötig. Der BGH stützt diese Rechtsauffassung auf eine Analogie zu den Vor- schriften über die Satzungsänderung, konkret dem § 53 GmbHG. Da es sich bei dem vom BGH zu entscheidenden Fall um eine 100%ige Tochter des Organträgers gehandelt hat, war das für den Zustim- mungsbeschluß erforderliche Quorum unerheblich und konnte in dieser Entscheidung außer acht gelassen werden. Allerdings führte der BGH zu der Frage nach dem für den Zustimmungsbe- schluß erforderlichen Quorum aus, daß zwei Alternativen in Be- tracht kämen: Entweder sei in Analogie zu § 53 Abs.2 GmbHG ein mit einer Dreiviertelmehrheit gefaßter Beschluß ausreichend oder es sei in Analogie zu § 53 Abs.3 GmbHG die Zustimmung sämtlicher Gesellschafter erforderlich.

Nach dem Wortlaut des § 53 Abs.3 GmbHG ist neben einem Be- schluß, der mit einer Dreiviertelmehrheit der abgegebenen Stim- men gefaßt wurde, die Zustimmung aller Gesellschafter dann er- forderlich, wenn eine Satzungsänderung zu einer Vermehrung der dem Gesellschafter obliegenden Leistung führt.

Der BGH stellt weiter fest, daß jedenfalls dann, wenn es sich bei der unterworfenen Gesellschaft um eine Einmanngesellschaft handele, das Stimmverbot des § 47 Abs.4 S.2 GmbHG auf den Zu-

---

360) Flume in DB 1989, S.669 und in DB 92, S.25 (27 f.).
361) BGH in WM 1988, S.1821.

stimmungsbeschluß keine Anwendung finden könne. Nach dieser Vorschrift dürfen Gesellschafter bei Entscheidungen über Rechtsgeschäfte, die sie selbst betreffen, nicht mitstimmen. Eine solche Situation läge eigentlich vor, so daß die von der Organträgergesellschaft gehaltenen Stimmen bei dem Zustimmungsbeschluß, der im Zuge des Abschlusses eines Organschaftsvertrages erforderlich sein soll, nicht mit abstimmen dürften. Nach Ansicht des BGH umfaßt jedoch der Schutzzweck der Vorschrift keine Geschäfte des Alleingesellschafters mit sich selbst[362]. Weiter scheint der BGH dazu zu tendieren, die Vorschrift auf den Zustimmungsbeschluß zum Abschluß eines Organschaftsvertrages prinzipiell nicht anwenden zu wollen; er läßt jedoch schließlich die Frage offen.

b) Weitere Ansichten von Rechtsprechung und Literatur

1. Zur Vertretungsmacht des Geschäftsführers

In der Literatur wurde auch schon vor dem "Supermarkt"-Beschluß vielfach die Ansicht vertreten, daß der Abschluß eines Organschaftsvertrages nicht von der Vertretungsbefugnis des Geschäftsführers gedeckt sei, sondern einen Zustimmungsbeschluß in der Organgesellschaft erfordere[363]. Nach dem "Supermarkt"-Beschluß kann dies als ganz überwiegende Meinung bezeichnet werden[364]. Die Befürworter argumentieren, daß der in § 37 Abs.2 GmbHG verankerte Grundsatz der unbeschränkten Vertretungsmacht nicht für sogenannte gesellschaftsrechtliche Verträge gelte[365].

Lediglich in der älteren Literatur wurde häufig die Meinung vertreten, daß der Grundsatz der unbeschränkten Vertretungs-

---

362) BGH in WM 1988, S.1822.
363) Hönle in DB 1979, S.486; Priester in ZHG Sonderheft Nr.6 (1986), S.151 (158); Kort, S.103 ff.; Hachenburg § 53, Rz.31 f.; Winter in Herrmann/Heuer/Raupach, § 17 KStG, Rz.23; Sonnenschein, S.367; Schmidt in GmbHR 1979, S.123 f.
364) Ulmer in BB 1989, S.10 (12); Timm in GmbHR 1989, S.11; Kort in ZIP 1989, S.1309 (1310); Emmerich/Sonnenschein, S.386 f.; Lutter/Hommelhoff in NJW 1988, S.1240 (1241); Heckschen in DB 1989, S.29; Lutter/Hommelhoff Anh. § 13, Rz.26; Frotscher/Maas § 17, Rz.3 u. 4; Flume in DB 1989, S.669; Gäbelein in GmbHR 1989, S.505; Emmerich in JuS 1992, S.102 (103); anderer Meinung OLG Düsseldorf in DB 1991, S.2381 (2382).
365) So Emmmerich/Sonnenschein, S.386.

macht auch den Abschluß von Organschaftsverträgen umfasse[366].
Diese Ansicht wurde vor dem "Supermarkt"-Beschluß teilweise
auch in der Rechtsprechung vertreten[367] und wird vom OLG Düsseldorf auch nach dem "Supermarkt"-Beschluß noch aufrechterhalten[368]. Das OLG Düsseldorf erläutert in diesem Zusammenhang,
daß, selbst wenn man davon ausgehe, daß GmbH-Unternehmensverträge den Gesellschaftszweck veränderten, dies nicht dazu
führe, daß der Abschluß eines solchen Vertrages nicht von der
Vertretungsmacht des Geschäftsführers umfaßt werde. Der Gesellschaftszweck sei, im Gegensatz zum Unternehmensgegenstand,
nicht im GmbH-Recht geregelt. Dieser Gesellschaftszweck könne
sich verändern und vermag nicht die Grenzen der Vertretungsmacht zu bestimmen.

In der früheren Literatur wurde zum Teil davon ausgegangen, daß
lediglich steuerrechtlich gemäß § 17 Nr.3 a.F. KStG ein Zustimmungsbeschluß erforderlich sei, der Organschaftsvertrag jedoch
zivilrechtlich auch ohne einen solchen Zustimmungsbeschluß
wirksam werde[369]. Es gibt außerdem Autoren, die aufgrund der
satzungsändernden Natur solcher Verträge in Analogie zu § 53
GmbHG einen Zustimmungsbeschluß für nötig erachten, aber diesem
wegen der unbeschränkbaren Vertretungsmacht des Geschäftsführers nur Innenwirkung beimessen[370].
Gutbrod äußerte die Meinung, daß im Innenverhältnis ein Zustimmungsbeschluß, dem alle Gesellschafter zustimmen, oder eine
Satzungsermächtigung mit einer Abfindungsregel für Minderheitsgesellschafter erforderlich sei[371]. Schon in der älteren Literatur wurde erkannt, daß eine Sichtweise, wonach der Abschluß
des Gewinnabführungsvertrages von der Vertretungsmacht des Geschäftsführers umfaßt sei, zu widersprüchlichen Ergebnissen
führt. Es wäre dann nämlich denkbar, daß der Geschäftsführer

---

366) Timm in BB 1981, S.1491 (1492); Gutbrod in BB 1980, S.288
     (289); Esch in BB 1986, S.272 (275); Jurkat, S.301; Skibbe
     in GmbHR 1968, S.245 (246); Laube in BB 1969, S.1533;
     Schmidt in GmbHR 1971, S.10; Schmidt/Steppert, S.56 f.
367) OLG Düsseldorf in NJW 1982, S.284; tendenziell auch noch
     OLG Celle in GmbHR 1988 S.107, OLG Düsseldorf in GmbHR
     1988, S.105.
368) OLG Düsseldorf in DB 1991, S.2381 (2382).
369) Laube in BB 1969, S.1533; Jurkat, S.300 f.
370) Skibbe in GmbHR 1968, S.246; Gutbrod in BB 1980, S.288
     (289 f.).
371) Gutbrod in BB 1980, S.289 f.

zivilrechtlich wirksam einen Organschaftsvertrag abschließt, der steuerrechtlich nicht anerkannt würde. Ein ohne Zustimmungsbeschluß der Gesellschafter abgeschlossener Vertrag würde die Gesellschaft verpflichten, ihre Gewinne abzuführen und sich den Weisungen der Obergesellschaft zu unterwerfen. Ohne Zustimmungsbeschluß wäre jedoch die steuerrechtliche Anerkennung eines Organschaftsverhältnisses nicht möglich[372].

Teilweise wurde auch die Ansicht vertreten, daß ein Organschaftsvertrag dann von der Vertretungsmacht des Geschäftsführers gedeckt sei, wenn die Satzung eine Ermächtigung des Geschäftsführers zum Abschluß eines solchen Vertrages enthalte[373]. Sei eine solche Satzungsermächtigung nicht vorhanden, solle diese im Wege einer Satzungsänderung nachträglich eingefügt werden können. Eine derartige Satzungsänderung solle in Analogie zu § 53 Abs.3 GmbHG, die Zustimmung aller Gesellschafter erfordern. Dies ergebe sich aus der Tragweite einer solchen Satzungsermächtigung, insbesondere dem möglichen Eingriff in das Gewinnbezugsrecht der Gesellschafter[374].

Heute, nach dem "Supermarkt"-Beschluß, ist besonders die Frage nach den Mehrheitsanforderungen an einen solchen Beschluß in der Gesellschaftsversammlung der Organgesellschaft immer noch strittig. Dieses Problem wurde von dem BGH nicht gelöst, da es sich in dem zu entscheidenden Fall um eine Einmann-GmbH gehandelt hat. Die Frage, ob eine Dreiviertelmehrheit ausreiche oder ob ein Beschluß notwendig sei, dem alle Gesellschafter zustimmen müssen, ist deshalb in der neueren Literatur zu einem zentralen Streitpunkt geworden.

2. Einstimmiger Zustimmungsbeschluß

Gerade in jüngerer Zeit wird überwiegend die Meinung vertreten, daß ein Beschluß notwendig sei, dem alle Gesellschafter zustimmen. Dabei unterscheiden sich die in der Literatur vorzufindenden Ansätze in Nuancen; so wird teilweise ein Beschluß, der mit einer Dreiviertelmehrheit gefaßt wurde, als ausreichend angese-

---

372) Jurkat, S.301.
373) Müller in GmbHR 1973, S.97 (99); Herrmann/Winter in FR 1982, S.262 (268).
374) Herrmann/Winter in FR 1982, S.262 (268).

hen, wenn die übrigen Gesellschafter nachträglich zustimmen[375].
Andere Autoren verlangen einen Beschluß, der mit den Stimmen
aller Gesellschafter beschlossen wurde[376]. Der Unterschied zwischen beiden Meinungen ist unwesentlich; im Ergebnis erfordern
beide Ansichten, daß sich kein Gesellschafter gegen die Fassung
eines Beschlusses zum Abschluß eines Organschaftsvertrages aus-
spricht. Eine Zustimmungspflicht aller Gesellschafter wird zumeist mit einer Analogie zu § 53 Abs.3 GmbHG begründet. Diese
Analogie soll deshalb nötig sein, weil Eingriffe in den Kernbereich der Gesellschafterrechte von der Dreiviertelmehrheit des
§ 53 Abs.2 GmbHG nicht mehr gedeckt seien. In einem solchen
Fall sei in Analogie zu § 53 Abs.3 GmbHG ein Beschluß, dem alle
Gesellschafter zustimmen, notwendig[377]. Der Eingriff in den
Kernbereich der Gesellschafterrechte wird dabei insbesondere im
Ausschluß des in § 29 GmbHG festgelegten Gewinnanspruchs durch
den Gewinnabführungsvertrag gesehen, weiter wird die Einschränkung des Stimmrechts durch den Beherrschungsvertrag angeführt.
Eine derartige Verkürzung der Rechte sei einer Mehrung der Lei-
stungen eines Gesellschafters gleichzustellen[378].

Zum Teil wird das Zustimmungserfordernis aller Gesellschafter
auch damit begründet, daß § 33 Abs.1 S.2 BGB anzuwenden sei[379].
Diese Vorschrift aus dem Vereinsrecht regelt, daß die Änderung
des Vereinszwecks, neben einem mit Dreiviertelmehrheit gefaßten
Beschluß, der Zustimmung aller Mitglieder bedarf. Ein Organschaftsvertrag verändere nach Ansicht dieser Autoren den Zweck

---

375) Zöllner in Baumbach/Hueck, § 53, Rz.22; Ulmer in BB 1989,
S.10 (14); Hönle in DB 1979, S.485 (486); Priester in ZHG
Sonderheft Nr.6, Entwicklungen im GmbH-Konzernrecht,
S.162 f.; Winter in Herrmann/Heuer/Raupach, § 17 KStG,
Rz.23; BayObLG in WM 1988, S.1832, soweit keine
Satzungsermächtigung vorhanden ist ebenso Herrmann/Winter
in FR 1982, S.267.
376) Barz in Hachenburg, 7.Aufl., § 13 Anh.II, Rz.36; Emmerich
in Der GmbH-Konzern, 1976, S.19; sowie in AG 1975,
S.290; Martens, S.168 ff.; Ebenroth/Müller in BB 1991,
S.358 (359); Emmerich/Sonnenschein, 3.Aufl.(1989), S.388;
4.Aufl.(1992), S.394, sowie in JuS 1992, S.102 (103 f.)
offenlassend.
377) Ulmer in BB 1989, S.10 (14).
378) Hönle in DB 1979, S.485 (486).
379) Hönle in DB 1979, S.487; Emmerich/Sonnenschein, S.394 f u.
403; Rix in MittRhNotK 1986, S.29 (33); Ebenroth/Müller in
BB 1991, S.358 (359); dieser Aspekt wird vom OLG
Düsseldorf nicht gesehen, vgl. in DB 1991, S.2381 (2382).

der Gesellschaft. Aus der Tatsache, daß das GmbHG keine Regelung zur Zweckänderung enthält, wird gefolgert, daß auf die
allgemeinen Regeln des Vereinsrecht zurückgegriffen werden
müsse[380].

Im Zuge der überwiegenden Ansicht, daß ein Zustimmungsbeschluß,
dem alle Gesellschafter zustimmen, erforderlich sei, waren sogar verfassungsrechtliche Bedenken gegen die Vorschrift des
§ 17 Nr.2 a.f. KStG aufgekommen[381]. Diese verfassungsrechtlich-
en Bedenken bezogen sich auf das Rechtsstaatsgebot des Art.20
Abs.3 GG. Die Zweifel an der Verfassungsmäßigkeit rührten daher, daß gemäß § 17 Nr.2 a.F. KStG die Anerkennung eines Organschaftsverhältnisses einen Zustimmungsbeschluß mit einer Dreiviertelmehrheit erforderte. Außerdem setzte § 17 a.f. KStG das
Bestehen eines zivilrechtlich wirksamen Gewinnabführungsvertrages voraus. Unter Zugrundelegung der herrschenden Meinung erfordert dies, daß ein Zustimmungsbeschluß, dem alle Gesellschafter zugestimmt hatten, vorlag. Dies hätte bedeutet, daß
die Vorschrift des § 17 a.f. KStG zwei widersprüchliche Voraussetzungen enthielt. Das Rechtsstaatsprinzip verlangt Rechtsklarheit und gebietet, daß der Rechtsunterworfene klar erkennen
kann, was Rechtens sein soll [382]. Nach Meinung einiger Autoren
sind die Anforderungen an die Rechtsklarheit nicht mehr gewahrt
gewesen[383].

3. Beschluß mit Dreiviertelmehrheit
Ein Beschluß mit einer Dreiviertelmehrheit wurde zunächst von
denjenigen für ausreichend angesehen, die vor dem "Supermarkt"-
Beschluß die Ansicht vertreten haben, daß die Regelung des § 17
a.F. KStG Abstrahlwirkung auf das Gesellschaftsrecht habe und
daher keine zivilrechtlichen Anforderungen bestünden, die über
die in dieser Vorschrift festgelegten hinausgingen[384].

---

380) Hönle in DB 1979, S.485 (487).
381) Hönle in DB 1979, S.485 (490); Kort in ZIP 1989, S.1309
     (1312).
382) BVerfGE 5, 25 (31).
383) Hönle in DB 1979, S.485 (490); Kort in ZIP 1989, S.1309
     (1312).
384) Insbesondere OLG Düsseldorf in DB 1991, S.2381; in GmbHR
     1988, S.105; in NJW 1982, S.284; OLG Celle GmbHR 1988,
     S.107; Kort, S.120.

Dieselbe Auffassung wurde von Autoren geäußert, die durch § 17 a.F. KStG auch die zivilrechtlichen Anforderungen an einen Gewinnabführungsvertrag geregelt sahen[385].

Einige Autoren vertreten ferner die Meinung, daß in Analogie zu § 53 Abs.2 GmbHG eine Dreiviertelmehrheit ausreichend sei[386]. Es handelt sich dabei zum Teil um Autoren, die dogmatische Bedenken gegen eine analoge Anwendung der Vorschrift des § 53 Abs.3 GmbHG geltend machen.
Frotscher/Maas wenden gegen eine Analogie zu § 53 Abs.3 GmbHG ein, daß diese Vorschrift eine Aushöhlung der beschränkten Haftung der Gesellschafter verhindern solle. Der Abschluß eines Gewinnabführungsvertrages führe jedoch gerade nicht zu einer solchen Aushöhlung, sondern es werde im Gegenteil aufgrund der Verlustübernahmeverpflichtung die Haftung der Gesellschafter weiter beschränkt, so daß diese Vorschrift für eine Analogie ungeeignet sei[387].

Kort wendet weiter gegen eine Analogie zu § 53 Abs.3 GmbHG ein, daß damit die Grundprinzipien des Gesellschaftsrechts durchbrochen würden und die Minderheit über die Mehrheit herrschen könnte[388].

Als dogmatische Grundlage für das Erfordernis eines Zustimmungsbeschlusses mit einer Dreiviertelmehrheit werden vereinzelt auch andere Analogien herangezogen. Es handelt sich dabei insbesondere um die Regelungen zur Auflösung der GmbH (§ 60 Abs.1 Nr.2 GmbHG), zur Fusion der GmbH (§ 20 Abs.2 KaperhG) und zum aktienrechtlichen Vertragskonzernrecht[389].

---

385) Esch in BB 1986, S.276.
386) Lutter/Hommelhoff, Anh. § 13, Rz.42; Skibbe in GmbHR 1968, S.245 (246); Kort, S.112; Frotscher/Maas, § 17, Rz.3; Sonnenschein, S.355; Koppensteiner in Rowedder § 52 Anh., Rz.40; Schmidt in GmbHR 1979, S.124; Gassner in Lademann § 17, Rz.17; Verhoeven, S.131.
387) Frotscher/Maas § 17, Rz.3.
388) Kort, S.112.
389) Lutter in ZHG Sonderheft Nr.6, S.196; Barz in Hachenburg, 7.Aufl., § 13 Anh.II, Rz.36; Heckschen in DB 1989, S.28; Koppensteiner in Rowedder, § 52 Anh., Rz.40.

4. Die Meinung Timms

Nach der früheren Meinung Timms war ein Zustimmungsbeschluß erforderlich, der mit einem Quorum von Neunzehnteln gefaßt wurde[390]. Diese Meinung muß als Einzelmeinung bezeichnet werden, da sie weder in der Rechtsprechung noch in der Literatur weitere Anhänger gefunden hat. Timm folgerte die Notwendigkeit einer Neunzehntelmehrheit aus einer Gesamtanalogie zu den §§ 24,9 Umwandlungsgesetz i.V.m. §§ 50,61,66 GmbHG. Er vertrat die Ansicht, daß durch eine solche Regelung dem Minderheitenschutz ausreichend Rechnung getragen werde, aber auch verhindert werden könne, daß eine kleine Minderheit die Entscheidung blockiere[391]. Diese Ansicht wurde in neuerer Zeit von Timm selbst aufgegeben[392]. Er vertritt nunmehr die Auffassung, daß der Zustimmungsbeschluß einer Dreiviertelmehrheit bedürfe. Das Erfordernis einer Dreiviertelmehrheit folgt nach seiner Auffassung aus der Wertung der §§ 20 Abs.2 KaperhG und 355 AktG; diese Vorschriften betreffen die Verschmelzung von Unternehmen im GmbH- und Aktienrecht. Timm zieht aus der Tatsache, daß der Gesetzgeber für eine Verschmelzung von Unternehmen eine Dreiviertelmehrheit ausreichen läßt, die Schlußfolgerung, daß ein solches Mehrheitsverhältnis für den Abschluß von Unternehmensverträgen genüge, da die Verschmelzung die einschneidendere Maßnahme sei[393]. In jüngerer Zeit schränkte Timm diese Ansicht dahingehend ein, daß dies nur für den Fall gelten solle, daß die Gesellschafter der Organgesellschaft unternehmerisch beteiligt bleiben und den dissentierenden Gesellschaftern der Organgesellschaft neben Ausgleichs- und Abfindungszahlungen eine vollwertige Gesellschafterstellung in der Obergesellschaft angeboten werde. Wenn dies nicht der Fall sei, solle ein einstimmiger Beschluß in der Organgesellschaft nötig sein[394].

---

390) Timm in BB 1981, S.1491 (1494 f.).
391) Timm in BB 1981, S.1494.
392) Vgl. Timm in AG 1982, S.100 ff.; in GmbHR 1987, S.9 (11); die 90% Lösung nochmals ausdrücklich aufgegeben in ZGR 1987, S.403 ff.(S.430 Fn.147).
393) Timm in AG 1982, S.100.
394) Jüngst Timm in GmbHR 1992, S.213 (215),zuvor in GmbHR 1989, S.11 (14) und in GmbHR 1987, S.8 (11), sowie in ZGR 1987, S.403 (432).

IV. Abfindungen für Minderheitsgesellschafter

a) In Verbindung mit einer Dreiviertelmehrheit

Insbesondere die Befürworter der Auffassung, nach welcher ein mit einer Dreiviertelmehrheit gefaßter Zustimmungsbeschluß ausreichend sei, sehen sich mit dem Problem des Minderheitenschutzes konfrontiert.

In diesem Zusammenhang wird überwiegend die Ansicht vertreten, daß die Ausgleichsregeln der §§ 304 und 305 AktG analog heranzuziehen seien. Diskutiert wird insbesondere über jährlich wiederkehrende Ausgleichszahlungen in Analogie zu § 304 AktG sowie Barabfindungen in Analogie zu § 305 Abs.1 AktG und Abfindungen in Form von Anteilen an der herrschenden Gesellschaft in Analogie zu § 305 Abs.2 S.1 AktG.

Mehrheitlich wird in Analogie zu § 304 AktG bzw. § 305 Abs.1 AktG davon ausgegangen, daß ein Organschaftsvertrag für außenstehende Gesellschafter jährliche Ausgleichszahlungen sowie eine Barabfindung für den Fall vorsehen müsse, daß die Gesellschafter ihre Anteile aufgeben wollen[395].

Strittig ist, ob der Organschaftsvertrag neben einer Barabfindung auch eine Abfindung in Form von Gesellschaftsanteilen an der Organträgergesellschaft in Analogie zu § 305 AktG vorsehen müsse.

---

395) Verhoefen, S.43, Rz.97; Emmerich in AG 1975, S.290; Priester in ZGR Sonderheft Nr.6, S.177 ff.; Hönle in DB 1979, S.488; Skibbe in GmbHR 1968, S.248; Heckschen in DB 1989, S.30; Kort, S.122; Lutter/Hommelhoff, Anh. § 13, Rz.44; Koppensteiner in Rowedder § 52 Anh., Rz.41; Schmidt in GmbHR 1979, S.131; Emmerich in Der GmbH-Konzern, 1976,.S.18 (20 f.).
Für den Fall, daß gegen deren Meinung eine 3/4-Mehrheit ausreicht: Emmerich in Scholz Anh. Konzernrecht, Rz.292, sowie Zöllner in Baumbach/Hueck Anh. Konzernrecht, Rz.18 und in ZGR 1992, S.173 (196 f.); ebenso Emmerich/ Sonnenschein, S.400.

Es ist eine Tendenz dahingehend zu verzeichnen, daß das Angebot
einer Barabfindung ausreichend sein soll[396].

Für eine Abfindungspflicht in Form von Gesellschaftsanteilen
wird vorgetragen, daß den Minderheitsgesellschaftern die Möglichkeit gegeben werden müsse, weiter unternehmerisch tätig zu
bleiben. Es soll erreicht werden, daß Minderheitsgesellschafter
nicht gegen ihren Willen aus der Gesellschaft gedrängt werden[397]. Die Gegner solcher Abfindungsformen verweisen auf die
personalistische Struktur von Gesellschaften mbH und halten daher diese Lösung für unangebracht[398].

Zum Teil wird der Minderheitenschutz derart ausgeweitet, daß de
facto eine Zustimmungspflicht aller Gesellschafter eingeführt
wird.

Nach dem Lösungsansatz von Sonnenschein, der grundsätzlich
einen Zustimmungsbeschluß mit einer Dreiviertelmehrheit für
ausreichend erachtet[399], sollen die Minderheitsgesellschafter
nicht durch das Erfordernis eines einstimmigen Zustimmungsbeschlusses, sondern durch weitreichende Abfindungsregeln geschützt werden[400]. Er greift dabei auf die von Mestmäcker entwickelten Regeln über die Verletzung von unentziehbaren Sonderrechten zurück[401]. Danach muß ein Gewinnabführungsvertrag eine
angemessene Abfindung der Minderheitsgesellschafter vorsehen;
diese Abfindungsregeln sollen an die Stelle der entzogenen Ge-

---

396) Für Abfindung in Anteilen: Timm in GmbHR 1989, S.14; für
den Fall, daß die Obergesellschaft eine kapitalistisch
strukturierte Publikumsgesellschaft ist: Lutter in ZHG
Sonderheft, Nr.6, S.198; ebenso Lutter/Hommelhoff, Anh.
§ 13, Rz.45; für den Fall, daß eine 3/4-Mehrheit genügt:
Emmerich/Sonnenschein, S.400; nunmehr auch Emmerich in
Scholz, Anh. Konzernrecht, Rz.294.
Gegen eine Abfindung in Anteilen: Schmidt in GmbHR 1979,
S.133; Koppensteiner in Rowedder § 52 Anh.,Rz.41; Emmerich
in AG 1975, S.290; Emmerich in Der GmbH-Konzern 1976,
S.18 (20 f.); Priester in ZHG Sonderheft Nr.6, S.178; auch
für den Fall, daß eine 3/4-Mehrheit ausreicht, nur
Barabfindung: Emmerich in Scholz 7.Aufl. (1986), Anh.
Konzernrecht, Rz.263 f.; Zöllner in ZGR 1992, S.173 (200);
Martens ist der Ansicht, es bestehe ein Wahlrecht der
Gesellschafter zwischen einer Barabfindung oder einer
Abfindung in Anteilen, vgl. in DB 1970, S.813 (818).
397) Priester in ZHG Sonderheft Nr.6, S.178.
398) Ulmer in BB 1989, S.14.
399) Sonnenschein, S.367.
400) Sonnenschein, S.354.
401) Mestmäcker, S.360.

sellschafterrechte treten. Daher soll es erforderlich sein, daß die Minderheitsgesellschafter dieser Abfindungsregel zustimmen; bis dies geschieht, soll der Zustimmungsbeschluß schwebend unwirksam bleiben. Damit würde die Zustimmung zu den Abfindungsregeln eine echte Wirksamkeitsvoraussetzung für den Gewinnabführungsvertrag darstellen[402]. Dieser Ansatz führt letztlich dazu, daß der Abschluß eines Organschaftsvertrages der Zustimmung aller Gesellschafter bedarf und stellt lediglich eine geringfügige Variation der herrschenden Meinung dar[403].

In eine ähnliche Richtung geht die bereits von Timm aufgezeigte Lösung. Seiner Meinung nach sei ein Zustimmungsbeschluß mit einer Dreiviertelmehrheit nur dann ausreichend, wenn entsprechend den §§ 304 und 305 AktG Ausgleichs- und Abfindungszahlungen an dissentierende Gesellschafter vorgesehen seien und diesen eine vollwertige Gesellschafterstellung in der Organträgergesellschaft angeboten würden. Liegen solche Angebote nicht vor, sei ein einstimmig gefaßter Zustimmungsbeschluß erforderlich. Auch diese Ansicht weicht im Ergebnis nur unwesentlich von der herrschenden Meinung ab, denn die Anforderungen, deren Beachtung einen mit einer Dreiviertelmehrheit gefaßten Zustimmungsbeschluß ausreichen läßt, sind derart hoch, daß praktisch ein einstimmiger Zustimmungsbeschluß erforderlich ist.

b) Bei einem einstimmigen Beschluß

Autoren, die sich für das Erfordernis eines einstimmigen Zustimmungsbeschlusses einsetzen, halten aufgrund der Tatsache, daß alle Gesellschafter zustimmen müssen zumeist derartige Regelungen zum Schutz von Minderheiten für entbehrlich. Dabei sei zugunsten des Minderheitenschutzes in Kauf zu nehmen, daß die Minderheitsgesellschafter die Mehrheitsgesellschafter unter Druck setzen können[404].

---

402) Sonnenschein, S.372 ff.; diese Meinung wird auch von Schmidt unterstützt, vgl. in GmbHR 1979, S.124.
403) Vgl. auch Schmidt in GmbHR 1979, S.124.
404) Zöllner in Baumbach/Hueck Anh. Konzernrecht, Rz.18 und in ZGR 1992, S.173 (193 f.); Emmerich/Sonnenschein, S.391; Karsten Schmidt, S.989; Emmerich in Scholz Anh. Konzernrecht, Rz.293; Rix in MittRhNotK, S.29 (33).

Einige Befürworter eines einstimmigen Beschlusses setzen sich
trotzdem für eine analoge Anwendung der Ausgleichs- und Abfindungsregeln ein, ohne zu prüfen, ob dies überhaupt nötig
ist[405]. Die im Einzelfall weitreichenden Folgen des Einstimmig-
keitserfordernisses werden von anderen relativiert. Dies geschieht in der Weise, daß unter Umständen eine Zustimmungspflicht von Minderheitsgesellschaftern kraft Treuebindung der
Gesellschafter bestehen soll. Dies führt dazu, daß auch diese
Autoren mit dem Problem der Abfindungs- bzw. Ausgleichszahlungen konfrontiert werden[406]. Eine solche Zustimmungspflicht soll
nach Meinung von Priester jedenfalls dann bestehen, wenn der
Abschluß des Organschaftsvertrages sachlich gerechtfertigt sei
und die Vermögensinteresssen von außenstehenden Gesellschaftern
durch Abfindungen voll gewahrt würden. Weiter dürften keine
überwiegenden Belange aus der Sicht der Minderheitsgesellschafter entgegenstehen. Als Fallbeispiel für eine bestehende Zustimmungspflicht führt er die wirtschaftliche Krise eines Unternehmen an, aus welcher nur die Verlusttragungspflicht der
Organträgergesellschaft heraushelfen könnte[407].

Ulmer befürwortet ebenfalls in Ausnahmefällen eine Zustimmungspflicht kraft Treuebindung, er zieht zu diesem Zweck die Grundsätze der Satzungsänderung kraft Treuepflicht heran. In diesem
Zusammenhang sei ein überragendes Gesellschaftsinteresse am Bestand des Unternehmensvertrages nötig; ferner müsse es den Minderheitsgesellschaftern zumutbar sein, ihre Zustimmung abzuge-
ben, was bedeutet, daß wiederum auf das Vorhandensein von Abfindungsregeln abgestellt wird[408].

Auch Barz ist der Ansicht, daß die Minderheitsgesellschafter
eine Zustimmungspflicht hätten, soweit ihnen ein angemessener
Ausgleich angeboten werde. Wenn eine solche Zustimmung von den
Minderheitsgesellschaftern verweigert werde, sollen die Mehr-
heitsgesellschafter die Möglichkeit haben, analog § 243 Abs.2
S.2 AktG Anfechtungsklage gegen die Ablehnung der Zustimmung zu

---

405) Emmerich in AG 1975, S.290; Schmidt in GmbHR 1979, S.131.
406) Priester in ZGR Sonderheft Nr.6, S.164 f.; Ulmer in BB
     1989, S.17.
407) Priester in ZGR Sonderheft Nr.6, S.165.
408) Ulmer in BB 1989, S.17.

erheben. Barz sieht auf diese Weise sichergestellt, daß die Mehrheit und nicht die Minderheit in Zugzwang ist[409].

c) Weitere Lösungsansätze

Gegen eine Analogie zu den §§ 304 und 305 AktG wurden auch systematische Argumente vorgebracht. So wurden die Vorschriften zum Teil als ungeeignet für die Übernahme ins GmbH-Recht und eine derartige Analogie als zu weitgehend angesehen[410]. Es werden deshalb vereinzelt andere Lösungsansätze diskutiert. Gutbrod regt in Anlehnung an die ITT-Entscheidung an, daß die Minderheitsgesellschafter einen Schadensersatzanspruch haben sollten[411].

Andere Autoren greifen auf die allgemeinen Regeln des Gesellschaftsrechts zurück. Danach soll der Abschluß eines Unternehmensvertrages für den Minderheitsgesellschafter einen wichtigen Grund darstellen, der ihn berechtigt, aus der Gesellschaft auszuscheiden. In einem solchen Fall soll dieser gemäß § 738 BGB analog einen Anspruch auf Abfindung haben[412].

d) Die Folgen der Nichtbeachtung

Uneinigkeit herrscht im Zusammenhang mit Ausgleichs- oder Abfindungspflichten schließlich in der Frage nach den Folgen bei Nichtbeachtung solcher Pflichten. Zum Teil wird von der Möglichkeit der Minderheitsgesellschafter ausgegangen, in Analogie zu § 243 Abs.2 S.2 AktG den Zustimmungsbeschluß zum Unternehmensvertrag anzufechten[413]. Andere Autoren sehen entsprechend § 304 Abs.3 S.1 AktG einen GmbH-Unternehmensvertrag, der keine Abfindungsregel enthält, als nichtig an[414]. Weiter wird die Meinung vertreten, das Fehlen derartiger Regeln habe keinen Einfluß auf die Wirksamkeit des Organschaftsvertrages, sondern

---

409) Barz in Hachenburg, 7.Aufl., § 13 Anh.II, Rz.36.
410) Voß in DB 1971, S.1939 f.; Ulmer in BB 1989, S.14; Gäbelein in GmbHR 1989, S.507.
411) Gutbrod in BB 1980, S.291.
412) Schmidt in GmbHR 1979, S.134 und 131; Verhoeven, S.119, Rz.352.
413) Lutter/Hommelhoff, Anh. § 13, Rz.44; Kort, S.122; Koppensteiner in Rowedder § 52 Anh., Rz.41; Skibbe in GmbHR 1968, S.248; für den Fall, daß eine 3/4-Mehrheit genügt, ebenso Emmerich/Sonnenschein, S.400.
414) Hönle in DB 1979, S.488.

stelle ein selbständig einklagbares Recht dar. Schmidt sieht in
diesem Zusammenhang § 315 Abs.3 S.2 BGB als dogmatische Grundlage für ein solches Klagerecht an[415].

V. Das Stimmverbot des § 47 Abs.4 S.2 GmbHG

Das Stimmverbot des § 47 Abs.4 S.2 GmbHG soll nach überwiegender Ansicht in der Literatur auf den zum Abschluß eines Organschaftsvertrages nötigen Gesellschafterbeschluß keine Anwendung
finden. Die Befürworter dieser Sichtweise argumentieren, daß
der Schutzzweck der Norm innergesellschaftliche Akte nicht umfasse. Da der Organschaftsvertrag einen innergesellschaftlichen
Organisationsvertrag darstelle, sei er dem Stimmverbot des § 47
Abs.4 S.2 GmbHG nicht zu unterwerfen[416].

Diese Ansicht ist allerdings nicht unumstritten; es gibt Autoren, die keinen Grund dafür sehen, § 47 Abs.4 S.2 GmbHG nicht
anzuwenden[417]. Die Vertreter dieser Auffassung halten einen
Organschaftsvertrag nicht nur für einen innergesellschaftlichen
Akt, sondern vielmehr gleichzeitig für ein Außengeschäft mit
dem Organträger[418].
Unter den Befürwortern einer Zustimmungspflicht für alle Gesellschafter wird die Frage der Anwendbarkeit des § 47 Abs.4
S.2 GmbHG in aller Regel offengelassen, da es im Ergebnis bedeutungslos sei, ob der Gesellschaftsanteil der herrschenden
Gesellschaft mitstimmen könne oder nicht[419].

---

415) Schmidt in GmbHR 1979, S.134; Koppensteiner in Rowedder
     § 42 Anh., Rz.41.
416) Skibbe in GmbHR 1968, S.246; Ulmer in Hachenburg § 53,
     Rz.129; Barz in Hachenburg,7.Aufl., § 13 Anh.II, Rz.36;
     Karsten Schmidt in Scholz § 47, Rz.115; Lutter, Anh. § 13,
     Rz.36; Hönle in DB 1979, S.487 f.; wohl auch Heckschen in
     DB 1989, S.29 (28); Ulmer in BB 1989, S.10 (15); wohl auch
     Flume in DB 1989, S.665 (666); Kort, S.105 ff.;
     Emmerich/Sonnenschein, S.395.
417) Hüffer in Hachenburg § 47, Rz.178; Zöllner in
     Baumbach/Hueck Anh. Konzernrecht, Rz.17; Immenga/Werner in
     GmbHR 1976, S.58 f.; Martens, S.164.
418) Hüffner in Hachenburg § 47, Rz.178; Zöllner in
     Baumbach/Hueck, Anh. Konzernrecht, Rz.17; Immenga/Werner
     in GmbHR 1976, S.58.
419) Emmerich/Sonnenschein, S.389; Karsten Schmidt in Scholz
     § 47, Rz.115; Emmerich in Scholz, Anh. Konzernrecht,
     Rz.258; Ulmer in BB 1989, S.10 (15).

VI. Die notarielle Beurkundung

Ein weiterer zentraler Punkt des "Supermark"-Beschlusses ist die Feststellung des BGH, daß in Analogie zu § 53 Abs.2 GmbH der Zustimmungsbeschluß zum Abschluß des Organschaftsvertrages notariell zu beurkunden sei, während der Organschaftsvertrag als solcher der notariellen Beurkundung nicht bedürfe, hier genüge die Schriftform[420]. Diese Rechtsprechung des BGH wurde in der neueren Literatur ganz überwiegend begrüßt[421].

Schon vor dem "Supermarkt"-Beschluß kann die Notwendigkeit der notariellen Beurkundung des Zustimmungsbeschlusses in der Organgesellschaft als herrschende Meinung bezeichnet werden[422]. Andere Auffassungen[423] wurden insbesondere von Autoren vertreten, die, wie das OLG Düsseldorf, die Meinung vertreten haben, daß § 17 a.F. KStG auch die zivilrechtlichen Anforderungen an einen Gewinnabführungsvertrag regele[424] oder zumindest eine Abstrahlwirkung ins Gesellschaftsrecht habe[425].

Flume, der insgesamt heftige Kritik an der Entscheidung des BGH äußert, hält eine Pflicht zur notariellen Beurkundung für sinnlos. Er verweist in diesem Zusammenhang insbesondere auf die Tatsache, daß es sich bei der untergeordeneten GmbH in der Regel um Einmanngesellschaften handele. Seiner Meinung nach hat eine notarielle Beurkundung lediglich dann einen Sinn, wenn der Organschaftsvertrag selbst der notariellen Beurkundung bedürfe. Eine notarielle Beurkundung sei jedoch gänzlich entbehrlich. So

---

420) BGH in WM 1988, S.1824.
421) Timm in GmbHR 1989, S.13; Kort in ZIP 1989, S.1309; Heckschen in DB 1989, S.31; Ulmer in BB 1989, S.12; Emmerich/Sonnenschein, S.393 u. 403; Strobl, S.70; Lutter/Hommelhoff Anh. § 13, Rz.36; Koppensteiner in Rowedder § 52 Anh., Rz.42; Ebenroth/Müller in BB 1991, S.358 (359).
422) Skibbe in GmbHR 1968, S.246; Timm in BB 1981, S.1496 und in GmbHR 1987, S.10; Priester in ZHG Sonderheft Nr.6, S.167; Hönle in DB 1979, S.488; Lutter/Hommelhoff in NJW 1988, S.1241; Ulmer in Hachenburg § 53, 7.Aufl.(1984), Rz.131; Lutter/Hommelhoff, 12.Aufl., Anh. § 13, Rz.26; Ebenroth/Müller in BB 1991, S.358 (359).
423) Eingehende Darstellung der Kritiker von weitreichenden Formalien wie Beurkundung und Handelsregistereintragung im folgenden unter E.VII.
424) Gutbrod in BB 1980, S.289 f,; Esch in BB 1986, S.272 ff.
425) Kort, S.120 u. 130.

ergebe sich aus dem Aktienrecht (§ 293 Abs.1 S.4 AktG), daß Unternehmensverträge nicht den Formalien der Satzungsänderung unterworfen werden sollten. Demgemäß lehnt Flume eine Analogie zu den Vorschriften über die Satzungsänderung ab und sieht keine Grundlage, die eine Pflicht zur Vornahme einer notariellen Beurkundung rechtfertigen würde[426].

VII. Die Handelsregistereintragung

Ausgangspunkt des "Supermarkt"-Beschlusses des BGH war die strittige Frage nach der Eintragungspflicht von GmbH-Unternehmensverträgen ins Handelsregister der beherrschten Gesellschaft. Der BGH hat nun klargestellt, daß seiner Ansicht nach eine solche Eintragungspflicht besteht. Er fordert eine Eintragung, die neben der Art des Unternehmensvertrages einen Vermerk über den Abschluß des Vertrages unter Angabe des Datums und Benennung des anderen Vertragsteils enthält. Darüber hinaus soll auch das Zustandekommen des Zustimmungsbeschlusses unter Angabe des Datums eintragungspflichtig sein. Neben dem Antrag auf Eintragung ins Handelsregister sollen auch der Unternehmensvertrag, der Zustimmungsbeschluß der Organgesellschaft und der Zustimmungsbeschluß der Organträgergesellschaft dem Amtsgericht vorzulegen sein[427]. Nach neuerer BGH-Rechtsprechung ist auch dem Zustimmungsbeschluß der Organträgergesellschaft der Unternehmensvertrag beizufügen, wenn nicht der Wortlaut des Unternehmensvertrages im Beschlußprotokoll enthalten ist[428]. Auf diese Art und Weise könne überprüft werden, ob sich die Zustimmungsbeschlüsse in der herrschenden und der beherrschten Gesellschaft auf dieselben Verträge beziehen.

Der BGH geht damit über den Rahmen des § 54 GmbHG hinaus. Gemäß § 54 GmbHG ist eine Satzungsänderung unter Angabe des Datums ins Handelsregister einzutragen, wobei strittig ist, ob eine Bezugnahme auf die der Anmeldung beizufügenden Unterlagen genüge. Beizufügen sind dem Antrag auf Handelsregistereintragung

---

426) Flume in DB 1989, S.665 (668), gegen Flume den BGH verteidigend: Zöllner in DB 1989, S.913 ff.
427) BGH in WM 1988, S.1825 f.; nunmehr ebenso: Lutter/Hommelhoff, Anh. § 13, Rz.37; Danelsing in Blümich § 17 KStG, Rz.5; Frotscher/Maas, § 17 Rz.6.
428) BGH in DB 1992, S.828.

der Zustimmungsbeschluß zu der Satzungsänderung und der genaue Wortlaut der geänderten Satzung[429]. Daß auch der Zustimmungsbeschluß der Organträgergesellschaft bei der Anmeldung vorzulegen sein soll, begründet der BGH mit einer Analogie zu § 294 Abs.1 S.2 AktG. Die sonstigen weiterreichenden Anforderungen an die Eintragungspflicht stützt der BGH neben einer entsprechenden Anwendung des § 54 Abs 1 und 2 GmbHG auch auf eine Analogie zu § 10 Abs.1 S. 1 GmbHG, der er insbesondere die Eintragungspflicht des Abschlusses des Unternehmensvertrags ins Handelsregister entnimmt. Er begründet eine derart weitreichende Eintragungspflicht mit dem Bedürfnis der Öffentlichkeit, sich über die Rechtsverhältnisse der Gesellschaften informieren zu können[430].

Das BayObLG hat bezüglich Art und Umfang der erforderlichen Handelsregistereintragung lediglich § 294 Abs.1 AktG analog herangezogen[431]. Der praktische Unterschied zwischen den abweichenden Lösungsansätzen der Gerichte besteht darin, daß nach der Entscheidung des BayObLG das Zustandekommen des Zustimmungsbeschlusses in der Organgesellschaft nicht einzutragen ist, sondern der Beschluß lediglich als Anlage der Anmeldung beigefügt werden muß.

Die überwiegende Lehre und die Rechtsprechung haben sich bis zum "Supermarkt"-Beschluß gegen die Unterwerfung von GmbH-Unternehmensverträgen unter derart weitreichende formale Anforderungen, wie eine notarielle Beurkundungspflicht und Handelsregistereintragungspflicht, ausgesprochen[432]. Es wurde dabei auf die fehlende gesetzliche Grundlage mit dem Argument abgestellt, daß für derart weitreichende formale Anforderungen eine Analogie als Fundament nicht ausreichend sei. Gerade die Handelsre-

---

429) Ulmer in Hachenburg § 54, Rz.14,15.
430) BGH in WM 1988, S.1825.
431) BayObLG in WM 1988, S.1232.
432) OLG Düsseldorf in NJW 1982, S.284; OLG Celle GmbHR 1988, S.107; OLG Düsseldorf in GmbHR 1988, S.105; sehr ähnlich argumentierte bereits das RG, vgl. dazu RGZ 85, 139 (141); Barz in Hachenburg, 7.Aufl., § 13 Anh.II, Rz.38; Kort, S.130; Kort in AG 1988, S.371 f.; Esch in BB 1986, S.274; Gutbrod in BB 1980, S.289; Winter in Herrmann/Heuer/ Raupach § 17, Rz.24; Herrmann/Winter in FR 1982, S.267, sehen kein Bedürfnis nach einer Eintragung.

gistereintragung könne, da es sich um eine öffentlichrechtliche
Pflicht handele, nicht auf Richterrecht gestützt werden.
Diese Meinung wurde selbst von Autoren vertreten, die einen
einstimmigen Beschluß in Analogie zu § 53 Abs.3 GmbH für nötig
hielten[433]. Auch nach dem "Supermarkt"-Beschluß setzt sich
diese Kritik an der von dem BGH geforderten Eintragungspflicht
fort[434].

Unter den Befürwortern einer Eintragungspflicht herrscht bezüglich der dogmatischen Grundlagen und des genauen Umfangs der
vorzunehmenden Eintragung Uneinigkeit.
Vorwiegend wird die Eintragungspflicht auf eine Analogie zu
§ 54 GmbHG gestützt. Einige Autoren bleiben dabei dem Wortlaut
von § 54 GmbHG verhaftet und sind der Ansicht, daß nur der Zustimmungsbeschluß zum Abschluß des Organschaftsvertrages ins
Handelsregister eingetragen werden müsse[435].

Abweichend davon wurde auch vielfach die Auffassung vertreten,
daß nur das Bestehen des Unternehmensvertrages im Handelsregister festzuhalten sei[436]. Zur Begründung wird angeführt, daß es
aus Gesichtspunkten der Zweckmäßigkeit geboten sei, nicht die
Fassung des Zustimmungsbeschlusses, sondern den Abschluß des
Vertrages ins Handelsregister aufzunehmen. Zur dogmatischen Begründung einer derart modifizierten Eintragungspflicht haben
die Autoren mit den bestehenden Unterschieden zwischen einer
Satzungsänderung und dem Abschluß eines Unternehmensvertrages
argumentiert. Aus der Tatsache, daß der Satzungstext als solcher unverändert bleibe, folge, daß der § 54 GmbHG nur unter

---

433) Barz in Hachenburg, 7.Aufl., § 13 Anh.II, Rz.38.
434) Flume in DB 1989, S.668 f.und in DB 92, S.25 (27 f.);
     Gäbelein in GmbHR 1989, S.506 f.; Venzmer in Die
     Wirtschaftsprüfung 1990, S.311; OLG Düsseldorf in DB
     1991, S.2381 (2382).
435) Ulmer in Hachenburg § 53, Rz.143; Zöllner in
     Baumbach/Hueck Anh. Konzernrecht, Rz.16a; Koppensteiner in
     Rowedder § 52 Anh.,Rz.42; Lutter/Hommelhoff, 6.Aufl.,
     Anh. § 13, Rz.26; deutlich Karsten Schmidt, 1.Aufl.(1986),
     S.889, 2.Aufl.(1991), S.990, nun dem BGH folgend; Skibbe
     in GmbHR 1968, S.246 ; Blumers/Schmidt in DB 1989, S.31;
     Lutter/Hommelhoff in NJW 1988, S.1241; Schneider in WM
     1986, S.186.
436) LG Hamburg in BB 1984, S.873; Priester in Scholz § 53,
     Rz.163; Timm in BB 1981, S.1496; Hönle in DB 1979, S.488;
     Lutter in ZHG Sonderheft Nr.6, S.196.

Anpassung an die veränderte Situation Anwendung finden
könne[437]. Verschiedentlich wurde auch zwischen § 54 GmbHG als
dogmatischer Grundlage für die Eintragungspflicht als solcher
und § 294 AktG analog als gesetzliche Ausgestaltung der Anforderungen an den Inhalt der Eintragung differenziert[438]. Dies
entspricht der Argumentation, wie sie schließlich das BayObLG
übernommen hat.

Schließlich wurde auch schon vor dem "Supermarkt"-Beschluß die
Meinung vertreten, daß sowohl der Abschluß des Vertrages als
auch der Zustimmungsbeschluß ins Handelsregister einzutragen
seien[439].

Emmerich führt hierzu aus, daß der Abschluß eines Organschaftsvertrages eine Satzungsänderung enthalte und daher die Vorschriften zur Satzungsänderung direkt anzuwenden seien[440]. Seiner Auffassung nach beruht die Eintragungspflicht des Zustimmungsbeschlusses auf einer direkten Anwendung des § 54 GmbHG.
Er trennt scharf zwischen den Anforderungen, die an den Zustimmungsbeschluß zu stellen seien, und den formalen Anforderungen,
die der Unternehmensvertrag als solcher zu erfüllen habe. Auf
den Unternehmensvertrag sollen die Vorschriften der §§ 293
Abs.3 und 294 AktG analog anzuwenden sein. Aus dieser Analogie
soll schließlich abgeleitet werden, daß auch der Abschluß des
Unternehmensvertrages unter Angabe des Vertragspartners ins
Handelsregister einzutragen sei[441].

Heckschen hingegen zieht als dogmatische Grundlage der Eintragungspflicht die Funktion des Handelsregisters heran, welche in
der wirkungsvollen Wahrnehmung der Publizität bestehe. Er verweist diesbezüglich auf die Rechtsprechung zur Eintragungs-

---

437) Priester in Scholz § 53, Rz.162.
438) Timm in BB 1981, S.1496.
439) Priester in ZGH Sonderheft Nr.6, S.169; Emmerich in
     Scholz, 7.Aufl.(1986), Anh. Konzernrecht, Rz.232.
440) Emmerich in Scholz, 7.Aufl.(1986), Anh. Konzernrecht,
     Rz.232; etwas abgeschwächt 8.Aufl.(1993), Anh.
     Konzernrecht, Rz.248; anklingend auch in JuS 1992,
     S.102 (103).
441) Emmerich in Scholz, 7.Aufl.(1986) Anh. Konzernrecht,
     Rz.230; gleiche Meinung auch in jüngster Zeit vertreten,
     in der 8.Aufl.(1993), Anh. Konzernrecht, Rz.249 f. sowie
     in Emmerich/Sonnenschein, 4.Aufl.(1992), S.393 und 403.

pflicht, der Befreiung des Geschäftsführers vom Selbstkontrahierungsverbot des § 181 BGB[442].

VIII. Das Schriftformerfordernis

Auch nach dem Wegfall des steuerrechtlichen Schriftformerfor-
dernisses gemäß § 17 Nr.1 a.F. KStG ergibt sich aus nahezu allen vertretenen Ansichten zwangsläufig als Nebenfolge die
Schriftform von GmbH-Unternehmensverträgen. Dies ist der Fall
bei den Befürwortern einer notariellen Beurkundungspflicht bezogen auf den Vertrag. Gleiches gilt für die Vertreter einer
Pflicht zur Handelsregistereintragung, da dann der Vertrag dem
Antrag als Anlage beizufügen ist. Trotzdem wird vereinzelt zusätzlich auf eine Analogie zu § 293 Abs.3 S.1 AktG zurückgegriffen[443].

---

442) Heckschen in DB 1989, S.27 (28 f.).
443) Ulmer in Hachenburg § 53, Rz.141; Priester in ZHG
     Sonderheft Nr.6, S.151 (167).

F. Eigene Meinung zu den Anforderungen in der Organgesellschaft

Ausgangspunkt der Überlegungen, welche zivilrechtlichen Voraussetzungen ein Organschaftsvertrag zu erfüllen hat, ist die Frage nach der Rechtsnatur solcher Verträge. Die Rechtsnatur von Organschaftsverträgen ist davon abhängig, welche Wirkung der in einem solchen Vertrag enthaltene Gewinnabführungs- bzw. Beherrschungsvertrag entfaltet. Von entscheidender Bedeutung ist in diesem Zusammenhang, ob und inwieweit die Rechtsposition der Gesellschafter durch den Abschluß solcher Verträge betroffen wird.

I. Zur Wirkung des Beherrschungsvertrages

Der in einem Organschaftsvertrag enthaltene Beherrschungsvertrag verändert die unterworfene Gesellschaft dahingehend, daß eine selbständig am Wirtschaftsleben teilnehmende Gesellschaft zu einer abhängigen, weisungsgebundenen Gesellschaft wird. Die Leitung der beherrschten Gesellschaft wird einem anderen Unternehmen unterstellt. Die Geschäftsführer des unterworfenen Unternehmens werden verpflichtet, die Weisungen der herrschenden Gesellschaft zu befolgen[444]. Das Weisungsrecht umfaßt entsprechend dem Aktienrecht alle Maßnahmen, die zur Zuständigkeit des Geschäftsführers gehören[445].

Für die Gesellschafter einer unterworfenen GmbH bedeutet dies, daß einige ihrer in § 46 GmbHG festgelegten Rechte tangiert werden. Sie behalten zwar das Recht, Geschäftsführer und Prokuristen zu bestellen und abzuberufen; dieses Recht wird jedoch mittelbar betroffen. Denn diese von den Gesellschaftern bestellten Personen sind in allen ihren Zuständigkeitsbereichen weisungsgebunden; daher ist das Recht der Gesellschafter, diese geschäftsleitenden Personen zu bestellen, stark entkräftet.

Die Gesellschafter verlieren außerdem das in § 46 Nr.6 GmbHG festgelegte Recht, durch Beschlüsse die Geschäftsführung zu

---

444) Emmerich/Sonnenschein, S.392, mit weiteren Nachweisen.
445) Vgl. für das Aktienrecht, Jurkat, S.220, Rz.339.

kontrollieren und zu überwachen[446]. Darüber hinaus werden Beschränkungen, die sie der Geschäftsführung im Innenverhältnis auferlegt hatten, bedeutungslos. Eventuelle Sonderrechte, die Gesellschaftern in der Satzung eingeräumt wurden, können tangiert werden. Es kann sich bei solchen Sonderrechten um besondere Kontroll- oder Herrschaftsrechte handeln.

Zusammenfassend läßt sich feststellen, daß das Stimmrecht der Gesellschafter durch den Verlust der Möglichkeit, durch Beschlußfassung auf die Geschäftsführung Einfluß nehmen zu können, weitgehend ausgehöhlt wird. Weiter können Satzungsregelungen in bezug auf die Geschäftsleitung bedeutungslos werden[447].

II. Die Wirkung des Gewinnabführungsvertrages

Der im Organschaftsvertrag enthaltene Gewinnabführungsvertrag mit Verlusttragungspflicht führt dazu, daß die unterworfene Gesellschaft all ihre Gewinne an die herrschende Gesellschaft abzuführen hat und daß die herrschende Gesellschaft eventuelle Verluste, die in der unterworfenen Gesellschaft anfallen, zu tragen hat. Das bedeutet für die Gesellschafter der unterworfenen GmbH, daß diese ihr in § 29 Abs.1 GmbHG festgelegtes Gewinnbezugsrecht einbüßen. Es handelt sich dabei um ein bedeutendes Mitgliedschaftsrecht, das, wie sich ausdrücklich aus dem Gesetz ergibt, nur durch die Satzung völlig ausgeschlossen werden kann.

Wie schon von Kort herausgestellt wurde, führt das Vorliegen eines Gewinnabführungsvertrages zu einer Zweckänderung des abhängigen Unternehmens, da die Gesellschaft nicht mehr auf eigene Rechnung arbeitet. Der Gesellschaftszweck eines selbständigen Unternehmens umfaßt das Recht, auf eigenes Risiko für eigene Rechnung tätig zu werden. Eine Zweckänderung ist nur mittels einer Satzungsänderung möglich[448]. Dies gilt auch für den

---

446) Im Ergebnis ebenso Zöllner in ZGR 1992, S.173 (177).
447) Vgl. auch eingehende Darstellung bei Kort, S.58 ff.
448) Anderer Auffassung OLG Düsseldorf in DB 1991, S.2381 (2382).

Fall, daß die Satzung der unterworfenen Gesellschaft den Gegenstand des Unternehmens nur grob umreißt[449].

III. Das Verhältnis von Organschaftsvertrag zu Satzung

Der Abschluß eines Organschaftsvertrages führt zu weitreichenden Veränderungen in der Struktur der Gesellschaft. Es wird in elementare Gesellschafterrechte eingegriffen. Sowohl der Beherrschungs- als auch der Gewinnabführungsvertrag bewirken derartig tiefgreifende Veränderungen in einer Gesellschaft, wie sie üblicherweise nur auf dem Wege einer Satzungsänderung möglich sind. Konsequenterweise müßte hieraus gefolgert werden, daß zum Abschluß eines Organschaftsvertrages eine Satzungsänderung nötig ist. Es wäre also die Satzung dem Organschaftsvertrag anzupassen, so daß Satzung und Organschaftsvertrag miteinander harmonieren[450]. Dies würde dazu führen, daß sich alle Diskussionen über die Natur und die zivilrechtlichen Anforderungen an Organschaftsverträge erledigen. Wenn dem Abschluß eines solchen Vertrages der Weg mit einer Satzungsänderung geebnet werden müßte, hätte der Vertrag als solcher keine körperschaftliche Natur und würde an der Struktur der Gesellschaft nichts verändern; es läge ein normaler schuldrechtlicher Vertrag vor. Die Veränderung in der Struktur der Gesellschaft würde allein auf der Satzungsänderung beruhen. Bei einer solchen Sachlage wäre es jedoch wenig sinnvoll, überhaupt Organschaftsverträge abzuschließen, da entgegen anderslautenden Meinungen der Regelungsgehalt eines Organschaftsvertrages auch durch eine Satzungsänderung begründet werden könnte. Ist aber die Satzungsänderung ohnehin unumgänglich, so ist die Begründung des Regelungsgehalts eines Organschaftsvertrages durch Satzungsänderung der einfachere Lösungsweg.

Eine solche Satzungsänderung könnte so aussehen, daß ein Unternehmenszweck in der Satzung festgelegt wird, nach welchem das Unternehmen als unselbständiges Konzernunternehmen dem Konzerninteresse zu dienen hat. Weiterhin müßte der herrschenden Gesellschaft als Sonderrecht ein Weisungsrecht eingeräumt werden.

---

449) Kort, mit weiteren Nachweisen, S.90.
450) So Kort, S.58 ff. für den Beherrschungsvertrag und S.88 ff. für den Gewinnabführungsvertrag.

In der Satzung würde dann die Gewinnverwendung in der Form geregelt werden, daß die beherrschte GmbH alle Gewinne an die herrschende Gesellschaft abzuführen hat und, soweit Verluste eingefahren werden, die herrschende Gesellschaft die Pflicht hat, diese auszugleichen.

Kort ist der Meinung, daß sich die Wirkung eines Beherrschungsvertrages nicht über eine Satzungsänderung begründen lasse. Das erforderliche Weisungsrechts müsse in der Satzung als Sonderrecht verankern werden. Ein solches Sonderrecht stelle ein gesteigertes Mitgliedschaftsrecht dar. Ein Mitgliedschaftsrecht impliziert nach Korts Ansicht die Verpflichtung, im Interesse der GmbH zu handeln. Eine Verpflichtung auf das Konzerninteresse sei hingegen nicht möglich[451]. Dieser Ansicht Korts kann nicht gefolgt werden. Wie schon in anderem Zusammenhang erörtert, lassen sich Konzerninteresse und Unternehmensinteresse nicht klar trennen. Da sich ein isoliertes Unternehmensinteresse kaum bestimmen läßt, hätte eine Bindung lediglich an das Unternehmensinteresse große Unsicherheiten in der Geschäftsführung der beherrschten Gesellschaft zur Folge. Eine Unterstellung unter das Konzerninteresse muß daher möglich sein[452].

Der Organschaftsvertrag hat nach nahezu einhelliger Meinung, als solcher strukturverändernde Wirkung; für den Abschluß eines solchen Vertrages ist keine Satzungsänderung nötig. Wenn auch § 17 KStG keine Aussage über zivilrechtliche Anforderungen enthält, die an Gewinnabführungsverträge zu stellen sind, bringt der Gesetzgeber zumindest zum Ausdruck, daß auch GmbH-rechtliche Gewinnabführungsverträge möglich sind. Der Wertung der Vorschrift ist weiter zu entnehmen, daß derartige Unternehmensverträge selbständig Wirkung entfalten sollen, ohne daß eine Satzungsänderung nötig wäre. Dies wird auch durch einen Vergleich mit der rechtlichen Situation im Aktienrecht bestätigt. Gemäß § 293 Abs.1 S.4 AktG bedürfen aktienrechtliche Unternehmensverträge keiner Satzungsänderung. Wenn sich auch das Vertragskonzernrecht des Aktiengesetzes nicht dazu eignet, in das GmbH-Recht übernommen zu werden, so läßt sich doch der Wertung des

---

451) Kort, S.63; ähnlich auch Emmerich/Sonnenschein, S.392.
452) Vgl. hierzu ausführlich unter 1.Teil, B.III.b.2.bb).

Gesetzes entnehmen, daß für den Abschluß derartiger Unternehmensverträge keine formale Satzungsänderung nötig sein soll[453].

Wie dies schon von Flume deutlich hervorgehoben wurde, handelt es sich bei einem Organschaftsvertrag nicht um eine Satzungsänderung, da die Satzung unverändert bleibt und in allen Punkten volle Gültigkeit behält. Der Organschaftsvertrag hat auf die Satzung als solche keinerlei Einfluß[454].
Es ist daher Emmerichs zu widersprechen, nach dessen Meinung GmbH-Unternehmensverträge eine Satzungsänderung bewirken[455].
Die Vertragswirkung kommt lediglich einer Satzungsänderung gleich.

Wenn der Organschaftsvertrag weder eine Satzungsänderung erfordert noch selbst eine Satzungsänderung darstellt oder zur Folge hat, stellt sich die Frage nach dem vorrangigen Recht, wenn Regelungen des Organschaftsvertrages mit denen der Satzung in Widerspruch geraten. Da der Organschaftsvertrag, ohne eine Satzungsänderung vorauszusetzen oder zu bewirken, die Struktur der Organgesellschaft verändern kann, müssen die in dem Organschaftsvertrag getroffenen Regelungen denen der Satzung vorgehen[456].

Deshalb ist die häufig benutzte Charakterisierung des Organschaftsvertrages als "satzungsändernd" unpräzise. Die Satzung wird in etlichen Punkten durch den Abschluß des Organschaftsvertrages bedeutungslos. Der Organschaftsvertrag schiebt sich vor die Satzung und überlagert die im Widerspruch zu ihm stehenden Regelungen, bzw. trifft neue Regelungen, die eigentlich in die Satzung aufzunehmen wären. Dies geschieht aber nicht durch Änderung oder sonstige Einwirkung auf die Satzung selbst; es wird vielmehr ein neues Rechtsverhältnis mit weiterreichen-

---

453) Frotscher/Maas, § 17, Rz.3.
454) Flume in DB 1989, S.688.
455) Emmerich in Scholz, 7.Aufl.(1986), Anh. Konzernrecht, Rz.232; numehr etwas abgeschwächt 8.Aufl.(1993) Anh. Konzernrecht Rz.237 u. 248; vgl. näher unter E.VII.
456) Ähnlicher Ansicht Emmerich/Sonnenschein, die meinen, das Weisungsrecht aus dem Beherrschungsvertrag gehe dem der Gesellschafterversammlung vor, vgl S.401.

den Wirkungen geschaffen. Der Organschaftsvertrag setzt sich
also im Verhältnis zu der Satzung durch.

Als Beispiel sei der Fall angeführt, daß nach der Regelung der
Satzung der Jahresüberschuß nach dem "Schütt-aus-und-hol-zu-
rück-Verfahren" in der Gesellschaft verbleibt[457] und in Gewinnrücklagen eingestellt wird. Ein nunmehr abgeschlossener Organschaftsvertrag sieht dagegen vor, daß alle Gewinne an die X-
GmbH abzuführen sind. Nach Abschluß des Organschaftsvertrages
wird das in der Satzung unverändert geregelte Ausschüttungs-
rückholverfahren bedeutungslos; es gelten nunmehr die abweichenden Regeln des Organschaftsvertrages, und die Gewinne sind
an den Organträger abzuführen. Die Regelung der Satzung zur Gewinnverwendung ist von der abweichenden Regelung des Organschaftsvertrages überlagert worden und findet deshalb keine Anwendung.

Daher ist auch eine Veränderung der in dem Organschaftsvertrag
geregelten Punkte nicht durch eine Satzungsänderung möglich. So
bliebe beispielsweise eine Neuregelung der in der Satzung festgelegten Gewinnverteilung angesichts des bestehenden Gewinnabführungsvertrages ohne Bedeutung. Eine Änderung der im Organschaftsvertrag getroffenen Regelungen könnte vielmehr nur durch
eine mit der entsprechenden Satzungsänderung verbundenen Aufhebung des Organschaftsvertrages oder aber durch eine Änderung
des im Organschaftsvertrag zugleich enthaltenen Gewinnabführ-
rungsvertrages erreicht werden.

Daß die Satzung in verschiedenen Bereichen nur überlagert, aber
nicht aufgehoben ist, wird auch nach der Aufhebung des Organschaftsvertrages deutlich, nach der die Regelungen der Satzung
automatisch und unverändert wieder zum Zuge kommen. Dann wird
der Organschaftsvertrag als das der Satzung vorgelagerte
Rechtsverhältnis beseitigt und die Satzung, die nie in irgend-
einem Punkt ihre Gültigkeit verloren hat, kommt wieder voll zum
Tragen. Wie Prael in bezug auf den aktienrechtlichen Beherrschungsvertrag zutreffend festgestellt hat, bewirkt der Unter-

---

457) Obgleich dieses Verfahren mittlerweile kaum mehr Vorteile
bringt.

nehmensvertrag, daß sich der Satzungsinhalt nicht mehr nur aus
Gesetz und Gesellschaftsvertrag ergibt, sondern zusätzlich aus
dem Unternehmensvertrag[458]. Dabei ist hinzuzufügen, daß es sich
um ein hierarchisches System handelt. Das Gesetz kommt nur insoweit zum Zuge, als der Gesellschaftsvertrag keine abweichenden Bestimmungen enthält[459], und die Regelungen des Gesellschaftsvertrages sind nur insoweit von Bedeutung, als der
Organschaftsvertrag keine divergierenden Bestimmungen vorsieht.

Die Wirkung des Organschaftsvertrages kann deshalb mit dem Begriff "satzungsüberlagernd" umschrieben werden. Es handelt sich
dabei um einen Ausdruck, der teilweise auch in der Lehre in
diesem Zusammenhang verwendet wird[460].

Entgegen der Ansicht Korts ist es für die Charakteristik von
Organschaftsverträgen unerheblich, ob im Einzelfall tatsächlich
der Organschaftsvertrag im Widerspruch zur Satzung steht[461]. In
diesem Zusammenhang muß auch Gäbelein widersprochen werden,
nach dessen Auffassung ein Organschaftsvertrag mit einer
100%igen Tochter als Organgesellschaft anders zu charakterisie-
ren sei als ein Vertrag mit einer Gesellschaft die mehrere Gesellschafter hat[462]. Entgegen seiner Ansicht hat ein Vertrag
mit einer 100%igen Tochter keine geringere Wirkung.
Ein Organschaftsvertrag hat eine grundsätzliche, von der Struktur der GmbH unabhängige Wirkung. Richtig ist, daß in Fällen
eines Organschaftsverhältnisses mit einer 100%igen Tochter der
Organschaftsvertrag dem Organträger kaum weiterreichende Möglichkeiten einräumt als die, die er schon als Alleingesellschafter hätte. Dennoch vermag eine derartige Sachlage nichts
daran zu ändern, daß der Organschaftsvertrag satzungsüberlagernde Wirkung hat[463]. In einer solchen Situation stimmen le-

---

458) Prael, S.81.
459) Ausgehend von dispositiven Regelungen.
460) So von Ulmer in Hachenburg, 7.Aufl.(1984), § 53, Rz.130
     u.132; auch Timm bezeichnet es als Überlagerung der
     Satzung in BB 1981, S.1492; Kort, S.70 (Beherrschungs-
     vertrag) u.S.97 (Gewinnabführungsvertrag); Kort in AG
     1988, S.371.
461) Kort, S.58 (59).
462) Gäbelein in GmbHR 1989, S.502 (503 f.).
463) Im Ergebnis ebenso Emmerich in Scholz Anh. Konzernrecht,
     Rz.285.

diglich die Regelungen der Satzung mit denen des Organschaftsvertrages überein, und daher bleibt die Wirkungen des Organschaftsvertrages ohne praktische Bedeutung. Diese Tatsache ändert nichts daran, daß mit dem Organschaftsvertrag ein Rechtsverhältnis geschaffen wurde, das sich gegen die Satzung durchsetzt. Aus diesem Grunde beruhen das Gewinnbezugsrecht und das
Weisungsrecht des Organträgers ausschließlich auf dem Organschaftsvertrag. Dabei ist unerheblich, daß für den Fall der
Aufhebung des Organschaftsvertrages kaum eine Änderung eintritt
und die Obergesellschaft nunmehr nahezu identische Rechte aus
der Satzung schöpft. Deutlich wird die Bedeutung des Organschaftsvertrages auch dadurch, daß eine Veränderung in bezug
auf die Gewinnabführung an den Organträger eine Veränderung des
Organschaftsvertrages erfordern würde, während die Satzung unverändert bleiben könnte, solange der Gewinnabführungsvertrag
nicht gänzlich aufgehoben wird.

In konsequenter Anwendung hätten die Ansichten Korts und Gäbeleins zur Folge, daß im Fall eines Organschaftsverhältnisses mit
einer 100%igen Tochter der Verkauf von Gesellschaftsanteilen an
der Organgesellschaft durch den Organträger zur Änderung des
Charakters des Organschaftsvertrages führen würde. Dies wiederum könnte dazu führen, daß der Vertrag nunmehr völlig anderen Voraussetzungen unterläge. Damit müßten aber, auch wenn der
Organträger die Mehrheit der Gesellschaftsanteile behielte,
nunmehr formale Anforderungen erfüllt werden, die bei Abschluß
des Vertrages nicht erforderlich gewesen waren. Es erscheint
daher auch in bezug auf die Rechtsfolgen wenig sinnvoll, eine
derartige Unterscheidung anhand der konkreten Auswirkungen des
Organschaftsvertrages anzustellen.

Die Ausführungen des BGH, nach welchen der Abschluß eines Unternehmensvertrages seitens einer Einmanngesellschaft für die
rechtliche Bedeutung von Unternehmensverträgen unerheblich sei,
da durch den Fremdeinfluß die Belange der Gesellschaftsgläubi-
ger auf jeden Fall betroffen würden[464], vermögen nicht zu überzeugen. Gegen diese Argumentation spricht, daß Unternehmensverträge häufig von der beherrschten Gesellschaft aus einer wirt-

---

464) BGH in DB 1992, S.828 (830).

schaftlichen Notlage heraus abgeschlossen werden, so daß aufgrund der Verlusttragungspflicht der herrschenden Gesellschaft
die Gläubiger eher gesichert werden.

Zusammenfassend kann festgestellt werden, daß der Organschaftsvertrag satzungsüberlagernde Wirkung hat und daher für den
Fall, daß Satzung und Organschaftsvertrag widersprüchliche Regelungen enthalten, sich der Organschaftsvertrag gegen die Satzung durchsetzt.

IV. Die Möglichkeiten um die Regelungslücke zu füllen

Fraglich ist nunmehr, welchen formalen Anforderungen ein Vertrag mit satzungsüberlagernder Wirkung unterliegt. Eine gesetzliche Regelung, auf die direkt zurückgegriffen werden könnte,
ist nicht vorhanden.

Wie schon erörtert, enthält § 17 KStG nur steuerrechtliche Anforderungen. Dies galt auch für die alte Fassung der Vorschrift. Eine direkte Anwendung der Vorschriften des GmbH-Gesetzes über eine Satzungsänderung, wie zum Teil vertreten, muß
ebenfalls abgelehnt werden, denn der Abschluß eines Organschaftsvertrages bewirkt keine Satzungsänderung, so daß die
Voraussetzungen dieser Vorschriften nicht vorliegen können[465].

Da der Organschaftsvertrag der Satzung vorgeht, erscheint ein
Vergleich mit der Satzungsdurchbrechung angebracht. Eine Satzungsdurchbrechung liegt vor, wenn die Gesellschafter einen Beschluß fassen, der zu der Satzung im Widerspruch steht, sie
aber keine Anpassung der Satzung vornehmen. Mittlerweile ist
man fast einhellig der Meinung, daß ein solcher Beschluß anfechtbar ist. Ein Anfechtungsrecht der Gesellschafter besteht
allerdings dann nicht, wenn der Beschluß einstimmig gefaßt

---

465) Anderer Ansicht: Emmerich in Scholz Anh. Konzernrecht,
    Rz.232; Zöllner in Baumbach/Hueck § 53, Rz.22.

wurde[466].

Die Satzungsdurchbrechung unterscheidet sich von dem Abschluß eines Organschaftsvertrages dadurch, daß es sich bei ihr lediglich um einen einzelnen Beschluß handelt, der der Satzung zuwiderläuft. Ein solcher Beschluß betrifft in der Regel laufende Angelegenheiten und hat daher lediglich innergesellschaftliche Bedeutung. Wenn alle Gesellschafter einem solchen Beschluß zustimmen, besteht daher im allgemeinen kein Bedürfnis nach Schutz im Außenverhältnis durch Beurkundung und Handelsregistereintragung[467]. Bei dem Abschluß eines Organschaftsvertrages liegt dagegen eine andere Situation vor, denn es werden wesentliche Teile der Satzung auf Dauer überlagert, und die Struktur der Gesellschaft wird grundlegend verändert. Es besteht daher ein Bedürfnis, die Öffentlichkeit durch weiterreichende Formalien zu schützen[468]. Die Behandlung satzungsdurchbrechender Beschlüsse läßt daher keine Rückschlüsse auf die Anforderungen an Organschaftsverträge zu.

a) Das Gewohnheitsrecht

Entgegen der Ansicht Venzmers existiert kein Gewohnheitsrecht in bezug auf die zivilrechtlichen Anforderungen an GmbH-Organschaftsverträge[469]. Nach Venzmers Ansicht ist es gewohnheitsrechtlich anerkannt, daß keine weiteren Formalien als die in § 17 a.F. KStG aufgeführten zur zivilrechtlichen Wirksamkeit eines Organschaftsvertrages nötig seien. Wie er selbst ausführt, sei zunächst zu bedenken, daß das Institut des Gewohnheitsrechts als solches auf "wackeligen Füßen" stehe[470]. Selbst mit der Anerkennung des Gewohnheitsrechts als eigenständiger Rechtsquelle und unter Zugrundelegung der Annahme, daß eine längere tatsächliche Übung vorliegt (was zweifelhaft ist), wäre für die Begründung von Gewohnheitsrecht jedoch weiter die Über-

---

466) Ulmer in Hachenburg § 53, Rz.30 ff.; Karsten Schmidt in Scholz § 45, Rz.34; Bösebeck vertrat die Meinung, daß der satzungsdurchbrechende Beschluß alle Voraussetzungen einer Satzungsänderung zu beachten habe, abgesehen von der Eintragung ins Handelsregister, vgl. dazu NJW 1960, S.2265 (2267).
467) Vgl. auch Kort, S.70.
468) Ebenso Kleindiek in ZIP 1988, S.613 (624).
469) Vgl. zu Venzmers Ansicht auch unter E.a) u. b)2.
470) Venzmer in Die Wirtschaftsprüfung 1990, S.305 (309).

zeugung erforderlich, daß ein Rechtssatz angewandt wird[471].
Eine solche Überzeugung war aber gerade nicht vorhanden. Die
Rechtsprechung bis zum "Supermarkt"-Beschluß des BGH ist vielmehr von einer deutlichen Unsicherheit bezüglich der erforderlichen Formalien beherrscht. Wenn die Gerichte sich an den Anforderungen des § 17 a.F. KStG orientiert haben, geschah dies
nicht aus der Überzeugung heraus, einen gewohnheitsrechtlichen
Rechtssatz anzuwenden, sondern aus der Unsicherheit, die eine
unabgeschlossene Rechtsentwicklung in sich birgt[472].

b) Die Analogie

Als Rechtsnorm ist außerdem eine Analogie zu einem vergleichba-
ren Tatbestand in Betracht zu ziehen. Eine Analogie bedeutet
eine rechtsfolgemäßige Gleichsetzung zweier unterschiedlicher
Sachverhalte. Nach allgemeinem Rechtsverständnis setzt eine
Analogie das Vorliegen einer planwidrigen Regelungslücke voraus. Dies wiederum erfordert, daß der zu regelnde Sachverhalt
auch nicht durch Auslegung unter einen gesetzlich geregelten
Tatbestand zu subsumieren ist. In bezug auf die zivilrechtlichen Anforderungen an einen GmbH-Organschaftsvertrag handelt es
sich um einen solchen Fall einer planwidrigen Regelungslücke.
Eine gesetzliche Regelung liegt nicht vor, da § 17 KStG nur
steuerrechtliche Bedeutung hat.

Die Planwidrigkeit der Regelungslücke läßt sich an den Anstren-
gungen des Gesetzgebers erkennen, diesbezüglich gesetzliche Regelungen zu schaffen[473]. Weiterhin hat der Gesetzgeber durch
die Vorschrift des § 17 KStG zum Ausdruck gebracht, daß ein
prinzipielles Regelungsbedürfnis besteht. Die Tatsache, daß der
Gesetzgeber bisher lediglich eine rein steuerrechtliche Vorschrift geschaffen hat, ist die Folge fehlenden Konsenses auf
der zivilrechtlichen Ebene. Die Entwicklung der körperschaftsteuerlichen Organschaft zeigt zudem, daß sich der Gesetzgeber in aller Regel Zeit läßt, wenn sich die Rechtsprechung behilft.

---

471) Baumbach, Einführung in die Rechtswissenschaft, S.45.
472) Vgl. zur Entwicklung in der Rechtsprechung unter D.
473) Vgl. Initiative der Bundesregierung für ein neues GmbHG
BT-Drucks.7/253.

Die analoge Anwendung einer Vorschrift erfordert weiter eine ausreichende Ähnlichkeit beider Tatbestände. Dabei ist eine Wertung aus der Sicht des Gleichheitsgebotes vorzunehmen. Die Analogie soll dazu führen, daß eigentlich Gleiches gleich behandelt wird. Bei dieser Wertung sind insbesondere der Normzweck und die Interessen der Beteiligten zu berücksichtigen[474]. Letztlich geht es um die Frage, ob eigentlich Ungleiches unter Berücksichtigung des Gleichheitsgrundsatzes wegen der starken Ähnlichkeit gleich behandelt werden soll. Die erforderliche Wertung ist der entscheidende Punkt für die Beurteilung, ob eine Analogie gezogen werden kann. Diese Wertung bereitet in der Praxis große Probleme.

In Anbetracht der sich stellenden Analogieproblematik wäre eine Analogie zum Konzernrecht des Aktienrechts die nächstliegende Lösung. Das Vertragskonzernrecht des Aktiengesetzes ist jedoch stark auf die kapitalistische Struktur der Aktiengesellschaft zugeschnitten. Die im Gesetz vorgenommenen Wertungen eignen sich daher nicht, sie auf die eher personalistisch strukturierte GmbH zu übertragen. Der Schutz, den das Aktienrecht für den Aktionär vorsieht, ist für den aktiv in der Gesellschaft tätigen Gesellschafter einer GmbH nicht ausreichend. Die Entscheidung, ob ein Unternehmensvertrag abgeschlossen werden soll, hat für den GmbH-Gesellschafter, der zumeist auch in der Gesellschaft tätig ist, qualitativ eine ganz andere Bedeutung als für den Aktionär, für den sich der Gesellschaftsanteil zumeist in einer Geldanlage erschöpft. Es fehlt daher die notwendige Vergleichbarkeit der beiden Tatbestände[475].

c) Die Analogie zur Satzungsänderung

Für eine Analogie kommen außerdem die Vorschriften des GmbH-Gesetzes zur Satzungsänderung in Betracht. Dies ist der Lösungsweg, der am häufigsten in Rechtsprechung und Literatur eingeschlagen wird. Es ist fraglich, ob der Tatbestand der Satzungsänderung eine ausreichende Ähnlichkeit mit dem Abschluß eines Organschaftsvertrages hat.

---

474) Darstellung der Anforderungen an eine Analogie, siehe im Münchener Rechtslexikon.
475) Vgl. dazu auch mit weiteren Nachweisen unter C.

Die Analogie zu den Vorschriften über die Satzungsänderung erscheint zunächst deshalb als geeignet, weil der Abschluß des
Organschaftsvertrages im Ergebnis die gleichen Folgen wie eine
Satzungsänderung hat. Der rechtstechnische Unterschied zwischen
einer Satzungsänderung und dem Abschluß eines Organschaftsvertrages liegt darin, daß die Satzung bereits in einem formalen,
im Gesetz geregelten Verfahren zustande gekommen ist. Der Gesellschaftsvertrag muß von allen Gesellschaftern unterschrie-
ben, notariell beurkundet und im Handelsregister veröffentlicht
werden. Damit dieses Verfahren nicht umgangen werden kann, muß
auch die Satzungsänderung unter Einhaltung von Formalien ablau-
fen. Deshalb sieht das GmbH-Gesetz vor, daß ein Beschluß der
Gesellschafter nötig ist, der mindestens einer Dreiviertelmehrheit bedarf. Für den Fall, daß die Satzungsänderung zu einer
Pflichtenmehrung der Gesellschafter führt, verlangt das Gesetz
die Zustimmung aller Gesellschafter. Der Zustimmungsbeschluß
ist jeweils notariell zu beurkunden und im Handelsregister zu
vermerken[476]. Demgegenüber liegt beim Abschluß eines Organschaftsvertrages kein formal begründetes Rechtsverhältnis vor,
das geändert werden soll. Es geht vielmehr um die Begründung
eines Rechtsverhältnisses. Dieses Rechtsverhältnis überlagert
in seinem Regelungsbereich die Satzung und wirkt sich daher nur
vordergründig als Satzungsänderung aus.

Der wesentliche Unterschied zwischen einer Satzungsänderung und
dem Abschluß eines Organschaftsvertrages zeigt sich deutlich in
den Ergebnissen, die eine Analogie zu den Vorschriften der Satzungsänderung bewirkt. In bezug auf das Erfordernis einer notariellen Beurkundung ist Flumes Einwand, es sei sinnlos, wenn
der Zustimmungsbeschluß zu dem Abschluß des Organschaftsvertrages notariell beurkundet werde, während der Organschaftsvertrag
als solcher lediglich Schriftform aufweise, kaum zu widerlegen.
Praktisch müßte ein Zustimmungsbeschluß mit dem Inhalt, die Zustimmung zum Abschluß eines Gewinnabführungs- und Beherrschungsvertrages werde gegeben, notariell beurkundet werden,

---

476) Strittig ist, ob im Handelsregister die schlagwortartige
     Bezeichnung der Änderung nötig sei oder ob der Verweis
     auf das der Anmeldung beigefügte Beschlußprotokoll genüge;
     siehe mit weiteren Nachweisen: Ulmer in Hachenburg § 54,
     Rz.6.

während der eigentliche Vertragstext, der die detaillierten Regelungen enthält, unbeurkundet bleiben könnte. Damit würde die Schutzfunktion der notariellen Beurkundung weitgehend verkürzt. Ein weitaus besseren Schutz ohne höheren Aufwand wäre gewährleistet, wenn der Organschaftsvertrag als solcher beurkundet würde.

Im Gegensatz zum Abschluß eines Organschaftsvertrages hat der Zustimmungsbeschluß bei der Satzungsänderung eine zentrale Bedeutung. Eine Satzungsänderung bedeutet, daß ein Vertrag, der unter Einhaltung notarieller Form abgeschlossen wurde, geändert wird. Die Satzungsänderung wird durch den Zustimmungsbeschluß unter Einhaltung aller formaler Voraussetzungen bewirkt. Die Satzung muß nicht neu begründet werden, die Änderung ergibt sich aus dem Zustimmungsbeschluß. Aufgrund dieser Bedeutung des Zustimmungsbeschlusses ist es folgerichtig, daß dieser an Formalien, wie unter anderem die notariellen Beurkundung, gebunden wird.

In bezug auf den Abschluß eines Organschaftsvertrages hat dagegen der Zustimmungsbeschluß eine völlig andere Bedeutung, denn es ist noch kein Rechtsverhältnis vorhanden, das geändert werden soll, da es erst um die Begründung eines solchen geht. Nach herrschender Meinung ist der Zustimmungsbeschluß eine zivilrechtliche Wirksamkeitsvoraussetzung des Organschaftsvertrages; nach hier vertretener Ansicht und aktueller Gesetzeslage ist er, wie noch ausführlich zu erörtern sein wird, völlig entbehrlich und stellt, lediglich soweit noch § 17 a.F.KStG anwendbar ist, eine steuerrechtliche Voraussetzung dar. Der Zustimmungsbeschluß kann nicht den Abschluß des Organschaftsvertrages bewirken; selbst wenn man ihn als zivilrechtliche Voraussetzung ansieht, muß man ihm deshalb einen wesentlich geringeren Stellenwert als bei der Satzungsänderung einräumen.

Noch deutlicher wird die Unangemessenheit der durch die Analogie zur Satzungsänderung begründeten Konzentration auf den Zustimmungsbeschluß bei der vorzunehmenden Handelsregistereintragung. Der BGH vertritt die Auffassung, daß im Handelsregister das Zustandekommen des Zustimmungsbeschlusses zum Abschluß des

Organschaftsvertrages zu vermerken sei. Diese Auffassung basiert auf einer Analogie zu § 54 GmbHG nach welchem im Falle einer Satzungsänderung eine Handelsregistereintragung vorzunehmen ist, die folgenden Wortlaut haben kann: "Mit Beschluß vom ... wurde der Gesellschaftsvertrag geändert ". Diese Eintragung hat konstitutive Wirkung und verursacht letztlich die Satzungsänderung. Nunmehr treten die Unterschiede zwischen Neuabschluß und Änderung so deutlich zutage, daß auch der BGH die Analogie zu den Vorschriften der Satzungsänderung nicht mehr ohne Korrektur beibehalten kann. Denn eine Analogie zu § 54 GmbHG würde bedeuten, daß mit konstitutiver Wirkung ins Handelsregister einzutragen wäre, daß die Gesellschafter mit Beschluß vom.... dem Abschluß eines Beherrschungs- und eines Gewinnabführungsvertrages zugestimmt haben. Der Abschluß des Organschaftsvertrages als solcher bedürfte dann keiner Handelsregistereintragung. Selbst wenn man davon ausgeht, daß in Analogie zu § 54 GmbHG der Organschaftsvertrag als Anlage zum Antrag auf Handelsregistereintragung beizufügen ist, wäre es nicht zu rechtfertigen, der Eintragung des Zustimmungsbeschlusses konstitutive Wirkung beizumessen. Dies hätte nämlich zur Folge, daß dem Handelsregister lediglich die Beschlußfassung hinsichtlich der Zustimmung zum Abschluß eines Organschaftsvertrages zu entnehmen wäre; die eigentlich für die Öffentlichkeit wesentliche Tatsache, nämlich der Abschluß des Unternehmensvertrages als solcher, würde im Handelsregister nicht vermerkt.

Auch der BGH ist zu der Auffassung gekommen, daß eine solche Situation weder wünschenswert noch praktikabel sei. Er ist dem Problem mittels einer weiteren Analogie zu den Vorschriften über die Satzungsbegründung im GmbHG begegnet. Aufgrund dieser Analogie zu § 10 Abs.1 S.1 GmbHG ist der BGH zu dem Ergebnis gelangt, daß zusätzlich der Abschluß des Organschaftsvertrages unter Angabe des anderen Vertragspartners als eintragungspflichtige Tatsache anzusehen sei. Dem BGH ist sicherlich zuzustimmen, daß es sinnvoll sei, den Abschluß des Organschaftsvertrages ins Handelsregister einzutragen. Angesichts einer solchen Handelsregistereintragung besteht nunmehr kein Anlaß, zusätzlich das Zustandekommen des Zustimmungsbeschlusses ins Handelsregister einzutragen. Das Bedürfnis der Öffentlichkeit nach

Information ist einzig und allein auf den Abschluß eines solchen Vertrages gerichtet, nicht auf die Zustimmung zum Abschluß. Selbst wenn ein solcher Zustimmungsbeschluß eine zivilrechtliche Wirksamkeitsvoraussetzung wäre, hätte der Register-
beamte allenfalls deren Vorliegen vor der Eintragung zu prüfen.
Es kann demgegenüber nicht Aufgabe der Öffentlichkeit sein,
mittels einer Handelsregisterabfrage zu kontrollieren ob beim
Abschluß des Organschaftsvertrages alle Formalien beachtet worden sind und damit letztlich zu überprüfen, ob die Eintragung
des Abschlusses eines Organschaftsvertrages zu Recht erfolgt
ist.

Dem BGH zufolge soll der Abschluß eines Organschaftsvertrages
bezüglich der Handelsregistereintragung wie eine Satzungsbegründung und -änderung zugleich behandelt werden. Es drängt
sich der Gedanke auf, daß der BGH nach der Devise verfahren
ist: Lieber zu viel als zu wenig eintragen.

Auch der hohe Aufwand, der daraus folgt, daß nach Emmerich,
zwischen Zustimmungsbeschluß und Vertragsabschluß zu unterscheiden sein soll, läßt sich weder durch ein praktisches Bedürfnis noch dogmatisch rechtfertigen.

Die obigen Ausführungen machen deutlich, daß eine Analogie zu
den Vorschriften der Satzungsänderung der Systematik des GmbH-
Gesetzes zuwiderläuft. Im GmbH-Gesetz hat der Gesetzgeber klar
unterschieden zwischen dem Abschluß und der Änderung einer Satzung. Er hat für beide Vorgänge ein formalisiertes Verfahren
festgelegt, um den unterschiedlichen Problemen gerecht zu werden. Da bei dem Abschluß eines Organschaftsvertrages die Schaffung eines neuen Rechtsverhältnisses im Vordergrund steht, können die Vorschriften zur Satzungsänderung nicht passen und müssen zu unbefriedigenden Ergebnissen führen.

Ein weiteres Problem war absehbar: Ginge man den Weg über eine
Analogie zur Satzungsänderung, käme man nicht daran vorbei, in
Analogie zu § 53 Abs.3 GmbHG einen Beschluß zu verlangen, dem
alle Gesellschafter zustimmen. Diese Forderung ergäbe sich aus
den einschneidenden Folgen des Abschlusses eines Organschafts-

vertrages in bezug auf die rechtliche Position der Gesellschafter. Zu Recht gelten Eingriffe in den Kernbereich der Gesellschafterrechte, zu denen unter anderem auch das Recht auf Gewinnanteil und das Stimmrecht zählen, als mehrheitsfest[477].
Eine Gleichstellung mit der Situation einer Pflichtenmehrung
war deshalb angezeigt. Eine solche Gleichstellung hat das
BayObLG vorgenommen und wird auch von dem BGH tendenziell vertreten. Diese Auffassung hat zu Wechselwirkungen in bezug auf
die Regelung des § 17 a.F. KStG geführt und bei einigen Autoren
Zweifel an der Verfassungsmäßigkeit der Vorschrift hervorgeru-
fen[478]. Diese Zweifel rührten daher, daß einerseits § 17 Nr.2
a.F. KStG einen Zustimmungsbeschluß mit einer Dreiviertelmehrheit verlangt, während andererseits die herrschende Meinung
einen Zustimmungsbeschluß aller Gesellschafter für erforderlich
hält. In diesem Widerspruch wurde zum Teil ein Verstoß gegen
das Rechtsklarheit fordernde Rechtsstaatsprinzip gesehen[479].
Angesichts der Tatsache, daß § 17 a.F. KStG einen Auffangtatbestand für vielerlei Kapitalgesellschaften dargestellt hat, erscheint es sicherlich als zu weit gehend, die damalige Rechtssituation als unvereinbar mit dem Rechtsstaatsprinzip zu be-
zeichnen; allerdings muß das damals bestehende Spannungsverhältnis zwischen steuerrechtlichen und zivilrechtlichen Voraussetzungen als unglücklich und verwirrend bezeichnet werden.

**d) Beim schließen der Regelungslücke zu beachtende
   Wertungen**

Nachdem sich eine Analogie zu den Vorschriften über die Satzungsänderung, wie beschrieben, als ungeeignet zur Schließung
der bestehenden Regelungslücke erweist, ist nunmehr auf weitere
denkbare Analogiemöglichkeiten einzugehen.

Wie oben ausgeführt, geht der Organschaftsvertrag in den durch
ihn geregelten Bereichen der Satzung vor. Ohne zunächst auf
eine konkrete analogiefähige Vorschrift einzugehen, ist den
Wertungen der Regelungen zur Satzung und deren Änderung im
GmbHG deutlich zu entnehmen, daß ein Vertrag mit derart

---

477) Mit weiteren Nachweisen Ulmer in Hachenburg § 53, Rz.59.
478) Insbesondere Hönle in DB 1979, S.490; Kort in ZIP 1989,
     S.1311.
479) Vgl. dazu auch E.III.b)2.

weitreichender Bedeutung der notariellen Beurkundung bedarf und
mit konstitutiver Wirkung ins Handelsregister einzutragen ist.
Dies ergibt sich zunächst aus einem Erst-recht-Schluß, denn
wenn die Begründung der Satzung ebenso wie deren Änderung unter
Beachtung der genannten Formalien zu erfolgen hat, so sind
diese formalen Anforderungen auch bei der Begründung eines
Rechtsverhältnisses zu beachten, daß sich gegen die Satzung
durchzusetzen vermag. Weiter ergibt sich dies aus dem Schutzzweck dieser Formalien. Zum Schutz der Öffentlichkeit und des
Rechtsverkehrs bedürfen grundlegende Veränderungen in der
Struktur der Gesellschaft der notariellen Beurkundung und der
Handelsregistereintragung. Der Schutzzweck, der hinter der
Pflicht steht, den Gesellschaftsvertrag notariell zu beurkunden
und eine Handelsregistereintragung zu veranlassen, würde ausgehebelt, wenn ein Organschaftsvertrag ohne Beachtung dieser Formalien abgeschlossen werden könnte.

Die Bedenken, die sich dagegen richten, daß eine Handelsregistereintragung mit Hilfe einer Analogie als Wirksamkeitsvoraussetzung eingeführt werden soll, sind nicht stichhaltig. So
wurde einer solchen Analogie entgegengehalten, eine öffentlichrechtliche Pflicht ließe sich nicht durch eine Analogie begründen. Bereits der Ansatz der Fragestellung ist unzutreffend, da
es nicht um die Begründung einer öffentlich-rechtlichen Pflicht
handelt, denn in der Diskussion ist eine konstitutive Eintragung, mit der Recht geschaffen wird, so daß es jedem frei
steht, durch Eintragung das Rechtsverhältnis entstehen zu lassen oder nicht. Daß keine Pflicht zur Handelsregistereintragung
besteht, ergibt sich auch aus dem Umstand, daß gemäß § 79 Abs.2
GmbHG die Handelsregistereintragung nicht mit der Festlegung
eines Zwangsgeldes erzwungen werden kann. Eine öffentlichrechtliche Pflicht würde dann begründet werden, wenn es sich um
eine deklaratorische Eintragung handelte, dann nämlich wäre die
Eintragungspflicht Ausfluß des bereits entstandenen Rechts[480].

Den allgemeinen Grundsätzen des Gesellschaftsrechts und dem
GmbHG ist zu entnehmen, daß derart weitreichende Veränderungen
der Gesellschaft, die zu einer Zweckänderung führen und in Ge-

---

480) Rix in MittRh 1986, S.29 (39).

sellschafterrechte eingreifen, der Zustimmung aller Gesellschafter bedürfen. Eine solche Wertung ist zunächst § 33 Abs.1
S.2 BGB, einer Vorschrift aus dem Vereinsrecht, zu entnehmen,
die den Fall einer Zweckänderung des Vereins regelt. Das Gesetz
macht eine solche Zweckänderung von der Zustimmung aller Mitglieder des Vereins abhängig. Nach nahezu einhelliger Meinung
schreibt diese einzige gesetzliche Regelung einer Zweckänderung
ein allgemeines Prinzip fest, welches auf alle Personenvereini-
gungen anwendbar ist[481]. Daß der Abschluß eines Organschaftsvertrages eine Zweckänderung bedeutet, wurde bereits festgestellt und entspricht der wohl überwiegenden Meinung.

Auch den Wertungen des GmbH-Gesetzes läßt sich entnehmen, daß
Veränderungen mit einer Tragweite, wie sie der Abschluß eines
Unternehmensvertrages mit sich bringt, nicht gegen eine Minderheit möglich sind. Dies läßt sich insbesondere aus den Regelungen zum Abschluß des Gesellschaftsvertrages und dessen Änderung
schließen. So ist zur Gründung der Gesellschaft erforderlich,
daß der Gesellschaftsvertrag die Unterschrift aller Gesellschafter trägt. Die Tatsache, daß der Unternehmensvertrag in
der Regelungshierachie über der Satzung steht, legt es wiederum
nahe, daß auch der Abschluß eines Unternehmensvertrages nicht
gegen einzelne Gesellschafter erfolgen kann.

Das Gesetz sieht weiter vor, daß eine Satzungsänderung, die zu
einer Pflichtenmehrung führt, der Zustimmung aller Gesellschafter bedarf. Diesen Regelungen des Gesetzes ist der Wille des
Gesetzgebers zu entnehmen, Veränderungen mit einer gewissen
Tragweite nicht zuzulassen, wenn Gesellschafter mit diesen Veränderungen nicht einverstanden sind. Der Gesetzgeber hat dabei
die Möglichkeit in Kauf genommen, daß auch bei großen Gesellschaften mit einer Vielzahl von Gesellschaftern ein einzelner
eine solche Entscheidung blockieren kann. Wie ausgeführt, kommt
man nicht umhin, den Eingriff in die Rechtsposition der Gesellschafter einer Pflichtenmehrung gleichzustellen.

---

481) Mit weiteren Nachweisen, Ulmer in Hachenberg § 53, Rz.103;
     das OLG Düsseldorf ist demgegenüber der Ansicht, daß die
     Zweckänderung gesetzlich nicht geregelt sei, vgl. in DB
     1991, S.2381 (2382).

Angesichts dieser eindeutigen Wertungen des Gesetzes vermögen die Argumentationsketten der Autoren nicht zu überzeugen, die den Abschluß eines Organschaftsvertrag auch gegen einzelne Gesellschafter für möglich halten.

So ist Timm der Ansicht, den Regeln zur Verschmelzung sei zu entnehmen, auch für den Abschluß eines Organschaftsvertrages sei die Zustimmung von drei Vierteln der Gesellschafter ausreichend. Die Fusion sei für die Gesellschaft als solche die einschneidendere Maßnahme. In bezug auf die Gesellschaft ist Timm sicherlich zuzustimmen, da die Verschmelzung den Untergang der übernommenen Gesellschaft bedeutet. In bezug auf die Stellung der Gesellschafter der untergegangenen Gesellschaft ist jedoch der Organschaftsvertrag die einschneidendere Maßnahme. Im Falle einer Fusion erhalten die Gesellschafter der übertragenden Gesellschaft einen ihrem Geschäftsanteil entsprechenden Teil an der übernehmenden Gesellschaft. Das heißt, die Gesellschafter bleiben unternehmerisch voll tätig und werden lediglich Gesellschafter einer anderen Gesellschaft. Bei Abschluß eines Organschaftsvertrages wird in der Regel die Gesellschafterstellung ohne einen solchen Ausgleich beschnitten[482].

Um diesem Unterschied gerecht zu werden, hat Timm seine Meinung schließlich dahingehend korrigiert, daß auch bei Abschluß eines Organschaftsvertrages den Minderheitsgesellschaftern eine vollwertige Gesellschafterstellung in der Organträgergesellschaft angeboten werden müsse. Anderenfalls sei auch seiner Meinung nach ein einstimmiger Beschluß erforderlich.

Im Endergebnis stellt Timms Meinung lediglich eine so geringfügige Abwandlung der herrschenden Meinung dar, daß sie in der Praxis kaum relevant sein dürfte. Die Voraussetzungen, unter denen Timm einen Zustimmungsbeschluß mit einer Dreiviertelmehrheit der Gesellschafter für ausreichend erachtet, sind derart hoch, daß diese Fallkonstellation vernachlässigt werden kann. Angesichts der geringen praktischen Bedeutung und der geringen

---

482) Ebenso Ulmer in Hachenburg § 53, Rz.145.

Vergleichbarkeit der Fusion mit dem Abschluß eines Organschaftsvertrages erscheint Timms Meinung nicht tragfähig[483].

Auch Flume, der sich dafür einsetzt, daß ein mit Dreiviertelmehrheit gefaßter Zustimmungsbeschluß ausreiche, vermag nicht
zu überzeugen. Seiner Meinung nach handele es sich bei den Or-
gangesellschaften zumeist um Einmanngesellschaften, so daß sich
das Problem des Minderheitenschutzes nicht stelle[484]. In bezug
auf Einmanngesellschaften ist es sicherlich unerheblich, ob die
Zustimmung von allen oder von drei Vierteln der Gesellschafter
nötig ist. Da jedoch das Ziel der im Gange befindlichen Rechtsentwicklung die Herausarbeitung einer allgemeinen Regelung
ist, sind auch GmbHs mit einer großen Zahl von Gesellschaftern
zu berücksichtigen. Der Gesetzgeber hat zudem in bezug auf das
Selbstkontrahierungsverbot (§ 35 Abs.4 GmbHG) deutlich zum Ausdruck gebracht, daß Einmann-GmbHs nicht anders behandelt werden
sollen als GmbHs mit mehreren Gesellschaftern. Dabei wurde in
Kauf genommen, daß eine solche Gleichbehandlung zu höchst zwei-
felhaften und umstrittenen Ergebnissen führt.

Insgesamt ist den Wertungen des Gesetzgebers zu entnehmen, daß
der Abschluß eines Organschaftsvertrages der Zustimmung aller
Gesellschafter bedarf.

e) Die Analogie zur Satzungsbegründung

Der Organschaftsvertrag bildet die Rechtsgrundlage für eine andere Form der unternehmerischen Tätigkeit. Ein Unternehmen, das
zuvor auf eigene Rechnung und auf eigenes Risiko tätig war,
wird zum abhängigen Konzernunternehmen, das unselbständig und
auf Risiko des Organträgers in erster Linie den Interessen des
Konzerns dient. Die Organgesellschaft ist in die durch den Abschluß des Organschaftsvertrages neu gebildete Organisationsform, den Vertragskonzern, eingebunden. Dieses Rechtsverhältnis, daß den Vertragskonzern hat entstehen lassen, setzt sich
im Falle von Überschneidungen gegen das Rechtsverhältnis durch,

---

483) Timm in GmbHR 1989, S.11 (14) und in GmbHR 1987, S.8 (11);
     sowie in ZGR 1987, S.403 (432); auf die Meinug Timms, daß
     ein Beschluß mit einer 9/10- Mehrheit nötig sei, soll
     nicht eingegangen werden, da diese Meinung nur von ihm
     vertreten und nunmehr ausdrücklich aufgegeben wurde.
484) Flume in DB 1989, S.688.

welches der Gründung der GmbH zugrunde liegt - nämlich der im
Gesellschaftsvertrag festgelegten Satzung. Der Konzern ist die
übergeordnete Organisationseinheit, dem die Organgesellschaft
nunmehr dient. Aus diesem Grund scheint nicht die Satzungsänderung, sondern die Satzungsbegründung der richtige Ansatzpunkt
für eine Analogie. Denn es wird eine neue Organisationseinheit
geschaffen, die in der Regelungshierarchie über der Satzung
steht. Die Entstehung eines neuen Rechtsverhältnisses ist die
entscheidende Folge des Abschlusses eines Organschaftsvertrages. Auch die Formulierung des BGH, daß der Organisationsvertrag satzungsgleich den rechtlichen Status der beherrschten Gesellschaft ändere, deutet hierauf hin[485].
Entgegen der Ansicht des BGH ist hieraus zu folgern, daß der
mit dem Abschluß eines Organschaftsvertrages vergleichbare Tatbestand die Errichtung der Satzung ist und daher die Vorschriften über den Abschluß des Gesellschaftsvertrages analog anzuwenden sind.

Die Vorschriften zur Satzungsänderung sind dagegen nur für den
Fall analog anwendbar, daß ein bereits geschlossener Organschaftsvertrag geändert werden soll.

f) Die Meinung Praels

Einzig Prael hat Überlegungen darüber angestellt, inwieweit der
Abschluß von Unternehmensverträgen mit dem Abschluß eines Gründungsvertrages vergleichbar sei. Er hat sich in diesem Zusammenhang auf die Situation im Aktienrecht bezogen und ist dabei
zu dem Ergebnis gekommen, daß der Abschluß eines Beherrschungsvertrages der Satzungsänderung durch Beschluß näher stehe als
der Abschluß eines die Satzung schaffenden Gründungsvertrages.
Als Erklärung führt Prael aus, daß durch den Gründungsvertrag
eine juristische Person geschaffen werde, während der Abschluß
eines Unternehmensvertrages lediglich eine bestehende juristische Person verändere. Durch den Gründungsvertrag schlössen
sich die Partner zu einer Einheit zusammen; demgegenüber werde
durch den Abschluß des Unternehmensvertrages das beherrschte

---

485) BGH in WM 1988, S.1819 (1821); auch Ulmer spricht von
einer satzungsgleichen Natur, in BB 1989, S.10 (18).

Unternehmen in eine bestehende organisatorische Einheit eingegliedert[486].

Wenn auch die Situation im Aktienrecht prinzipiell eine andere
ist, so lassen sich dennoch die oben aufgeführten Argumente
Praels auf die Situation im GmbH-Vertragskonzernrecht übertragen und können der hier vertretenen Meinung entgegengehalten
werden.

Der zentrale Ansatz von Prael liegt in der Behauptung, daß die
Satzungsbegründung etwas Neues schaffe, während ein Unternehmensvertrag lediglich Vorhandenes umstrukturiere.
Er führt jedoch selbst aus, daß durch den Unternehmensvertrag
eine neue Rechtsquelle neben Gesetz und Satzung hinzugekommen
sei, die die Verfassung der Gesellschaft ausmache. Diese Formulierung deutet schon darauf hin, daß es nicht um die Veränderung, sondern um die Neubegründung eines Rechtsverhältnisses
geht. Es wird eine neue Rechtsquelle geschaffen, die der Satzung der beherrschten Gesellschaft vorgeht. Auch die grundlegende Änderung der Stellung der Gesellschafter durch den Unternehmensvertrag legt den Schluß nahe, daß der Vergleich mit der
Schaffung einer neuen Gesellschaft treffender ist als der Vergleich mit der Veränderung einer bestehenden Gesellschaft. Die
Umwandlung vom selbständigen, allein arbeitenden Unternehmen
zum beherrschten Organ bedeutet insbesondere für Minderheitsgesellschafter, daß sie nicht mehr selbständig unternehmerisch
tätig sind. Es wird quasi das alte selbständige Unternehmen
aufgegeben und ein abhängiges Konzernunternehmen geschaffen.
Der Abschluß des Organschaftsvertrages führt zur Gründung eines
Konzerns. Dies bedeutet, daß sich mehrere Unternehmen durch
Vertrag zur gemeinsamen Zweckförderung zusammenschließen. Es
steht, ebenso wie bei einer Gesellschaftsgründung, die Schaffung einer neuen Organisationsform im Vordergrund. Ein solcher
Gründungsakt, welcher den Vertragskonzern konstituiert, ist daher durchaus mit der Errichtung einer Gesellschaft vergleichbar.

---

486) Prael, S.81.

V. Die Analogie zur Satzungsbegründung im einzelnen

Eine Analogie zu den Vorschriften des GmbH-Gesetzes über den Abschluß des Gesellschaftsvertrages bedeutet im einzelnen folgendes:

1. In Analogie zu § 2 GmbHG ist der Organschaftsvertrag von allen Gesellschaftern zu unterschreiben und bedarf der notariellen Beurkundung.
2. In Analogie zu § 10 Abs.1 S.1 GmbHG ist der Abschluß des Organschaftsvertrages ins Handelsregister einzutragen.

Der Organschaftsvertrag benötigt für seine zivilrechtliche Wirksamkeit keinen Zustimmungsbeschluß. Nach aktueller Gesetzeslage ist ein solcher auch nicht nötig, um dem Steuerrecht Genüge zu tun. Ein Zustimmungsbeschluß ist nur erforderlich, wenn der Gewinnabführungsvertrag nach § 17 a.F. KStG zu beurteilen ist. Gemäß § 17 Nr.2 a.F.KStG war notwendig, daß der Zustimmungsbeschluß mit einer Dreiviertelmehrheit gefaßt werde; er bedurfte keiner besonderen Form.

Dem Minderheitenschutz wird dadurch Rechnung getragen, daß alle Gesellschafter den Organschaftsvertrag zu zeichnen haben und damit zwangsläufig dem Abschluß des Vertrages zustimmen müssen. Da der Zustimmungsbeschluß nur aus steuerrechtlichen Gründen erforderlich war, werden in Fällen die nach alter Rechtslage zu beurteilen sind Widersprüchlichkeiten zu der Vorschrift des § 17 Nr.2 a.F. KStG vermieden. Auch in bezug auf den in der Praxis häufigen Fall einer Einmann-GmbH als Organ ist eine sinnvolle und einfache Lösung vorhanden. In einem solchen Fall benötigt der Organschaftsvertrag die Unterschrift des Gesellschafters, der in aller Regel auch Geschäftsführer ist.

Nur der Organschaftsvertrag bedarf der notariellen Beurkundung, nicht der Zustimmungsbeschluß. Damit wird ein von Flume zu Recht angeprangerter Kritikpunkt, insbesondere in bezug auf Einmanngesellschaften, ausgeräumt.

Die Handelsregistereintragung hat in Analogie zu § 10 GmbHG zu erfolgen. Übertragen auf den Abschluß eines Unternehmensvertrages sind die Art des Vertrages, das Datum des Abschlusses und der andere Vertragspartner im Handelsregister zu vermerken. Weiterhin ist in Analogie zu § 10 Abs.3 GmbHG die Eintragung durch Veröffentlichung im Bundesanzeiger bekanntzumachen. Dem Antrag auf Eintragung ist in Analogie zu § 8 Abs.1 Nr.1 GmbHG nur der Organschaftsvertrag beizufügen.

Auch wenn gemäß § 17 Nr.2 a.F KStG ein Zustimmungsbeschluß der Organgesellschaft nötig gewesen war, bedurfte dieser weder einer Handelsregistereintragung noch war er dem Antrag als Anlage beizufügen, denn es handelte um eine rein steuerrechtliche Voraussetzung, die zivilrechtlich keine Bedeutung hatte.

Insgesamt führt die Analogie zur Satzungsbegründung zu einer Konzentration auf den Vertragsabschluß als solchem, sodaß nach aktueller Gesetzessituation ein Zustimmungsbeschluß gänzlich entbehrlich ist.

VI. Die Satzungsermächtigung

Kontrovers wird die Frage diskutiert, ob eine in der Satzung der Organgesellschaft vorhandene Ermächtigung des Geschäftsführers zum Abschluß eines Organschaftsvertrages, Einfluß auf die Voraussetzungen haben kann, die ein solcher Vertrag zu erfüllen hat. Insbesondere Autoren der älteren Literatur sind der Auffassung, daß bei Bestehen einer solchen Satzungsermächtigung die zivilrechtlichen Anforderungen an einen Organschaftsvertrag geringer seien. Jeder Gesellschafter habe bereits mit Erteilung der Unterschrift zu dem Gesellschaftervertrag seine Zustimmung zum Abschluß des Organschaftsvertrages gegeben[487].
Zum Teil wird eine Satzungsermächtigung sogar als Voraussetzung für den Abschluß eines Organschaftsvertrages angesehen[488].

---

487) Müller meint, es müsse, wenn nicht schon vorhanden, eine Satzungsermächtigung durch Satzungsänderung geschaffen werden, in GmbHR 1973, S.97 (99); Skibbe ist der Meinung, nur wenn keine Satzungsermächtigung vorhanden sei, müsse der Vertrag im Innenverhältnis wie eine Satzungsänderung behandelt werden, in GmbHR 1968, S.245 (246).
488) So Müller, in GmbHR 1973, S.97 (99).

Eine Satzungsermächtigung kann keinen Einfluß nehmen auf die
zivilrechtlichen Anforderungen an einen Organschaftsvertrag.
Sowohl die Vorschriften über die Satzungsbegründung als auch
die Regelungen über die Satzungsänderung sind zwingende Vorschriften. Auch bei einer analogen Anwendung der Vorschriften
können die Anforderungen nicht durch eine pauschale Satzungsermächtigung verkürzt werden[489]. Umsomehr gilt dies für Voraussetzungen, die die Öffentlichkeit schützen sollen, also die
notarielle Beurkundungs- und Handelsregistereintragungspflicht[490].

Zwar haben die Gesellschafter mit der Satzung auch gleichzeitig
anerkannt, daß die Gesellschaft berechtigt ist, einen Organschaftsvertrag abzuschließen; einer solchen Satzungsermächtigung ist dennoch nicht zu entnehmen, welchen genauen Inhalt der
Organschaftsvertrag haben und mit welchem Vertragspartner er
abgeschlossen werden soll.

In jüngerer Zeit wird auch die Ansicht vertreten, daß eine Zustimmungspflicht der Gesellschafter zum Abschluß des fraglichen
Organschaftsvertrages dann entfallen könne, wenn der Gesellschaftsvertrag eine Ermächtigung zur Bildung eines konkret beschriebenen Konzerns (insbesondere Vertragspartner und Art des
Konzerns) enthalte[491]. Zur Begründung wird angeführt, daß mit
dem Abschluß des Gesellschaftsvertrages die Zustimmung zum Abschluß des Unternehmensvertrages bereits erteilt worden sei.
Dieser Ansicht muß entgegengetreten werden, da es unzutreffend
ist, daß lediglich die Zustimmung der Gesellschafter erforderlich sei. Es sind vielmehr darüber hinaus bestimmte Formalien
einzuhalten, die dem Schutz der Gesellschafter dienen. So ist
nach hier vertretener Auffassung nötig, daß die Gesellschafter

---

489) Ebenso Rix in MittRhNotK 1986, S.29 (34); Timm in GmbHR
     1989, S.11 (18); Emmerich in JuS 1992, S.102 (104);
     Schneider in Beherrschungs- und Gewinnabführungsverträge
     in der Praxis der GmbH, S.7 (20).
490) Timm in GmbHR 1989, S.11 (18).
491) Ulmer in BB 1989, S.10 (13); Emmerich in JuS 1992,
     S.102 (104); Priester hält, soweit Abfindungsregeln
     vorhanden sind, lediglich eine Verkürzung des Quorums auf
     eine Dreiviertelmehrheit für möglich, vgl. in DB 1989,
     S.1013 (1015); nunmehr ebenso Emmerich in Scholz Anh.
     Konzernrecht ,Rz.261.

den Unternehmensvertrag unterschreiben. Wegen des zwingenden Charakters dieses Verfahrens ist eine Vereinfachung über Bestimmungen des Gesellschaftsvertrages nicht möglich.

Eine im Gesellschaftsvertrag vorweggenommene Zustimmung vermag die Gesellschafter auch nicht dazu zu verpflichten, einen Unternehmensvertrag zu unterzeichnen. Es wäre allerdings denkbar, daß sich ein Gesellschafter, der eine derartige Klausel im Gesellschaftsvertrag anerkennt, aber dann grundlos die Unterschrift unter einen Unternehmensvertrag verweigert, schadensersatzpflichtig macht.

G. Die von der Organträgergesellschaft zu beachtenden Anforderungen

I. Die Rechtsnatur des Organschaftsvertrages aus der Sicht der Organträgergesellschaft

Für die Organträgergesellschaft sind die Auswirkungen eines Organschaftsverhältnisses weniger weitreichend. Der Abschluß eines Organschaftsvertrages führt nach nahezu einhelliger Meinung zu keiner Strukturveränderung bei der Organträgergesellschaft. Ganz überwiegend wird deshalb davon ausgegangen, daß Organschaftsverträge für die Organträgergesellschaft keinen satzungsüberlagernden Charakter haben und nicht als Satzungsänderung zu behandeln seien. Das Organschaftsverhältnis führe bei der Organträgergesellschaft nicht zu einer Änderung des Gesellschaftszwecks, sondern stelle lediglich ein besonderes unternehmerisches Risiko dar[492].

Lediglich Schneider vertritt die Ansicht, daß auch der Zweck der Organträgergesellschaft verändert werde, ergebe sich aus der Tatsache, daß die herrschende Gesellschaft zur herrschenden Konzerngesellschaft werde und insbesondere die Pflicht habe, die Verluste des Organs auszugleichen[493]. Diese Ansicht hat zu Recht keine weiteren Anhänger gefunden. Der Organschaftsvertrag als solcher birgt für den Organträger in erster Linie ein gewisses unternehmerisches Risiko, das aus der Verlusttragungspflicht des Ergebnisabführungsvertrages folgt. Allein das Eingehen eines wirtschaftlichen Risikos kann keine Zweckänderung bedeuten. Der Organschaftsvertrag führt zwar für die herrschende Gesellschaft auch zu einer Ausweitung des Wirkungskreises, jedoch bedeutet eine solche Expansion des Unternehmens nicht, daß eine Zweckänderung vorliegt.

Entscheidend gegen die Meinung Schneiders spricht, daß in bezug auf die Organträgergesellschaft im Gegensatz zur Situation bei

---

492) Statt Vieler, weil besonders deutlich Ulmer, in BB 1989, S.10 (12).
493) Schneider in WM 1986, S.187, und in Beherrschungs- und Gewinnabführungsverträge in der Praxis der GmbH 1989, S.7 (9).

der Organgesellschaft das Maß der Veränderungen durch den Organschaftsvertrag allein in den Händen des Organträgers liegt. Er hat die in der Praxis häufig genutzte Möglichkeit, die abhängige GmbH "an der langen Leine zu führen". In einem solchen Fall beschränken sich die Auswirkungen für den Organträger nahezu auf die Verlusttragungspflicht[494].

Im Gegensatz zum Aktienrecht kann die Struktur der Organträgergesellschaft nicht durch etwaige Abfindungspflichten verändert werden, da ein Vertragsabschluß gegen eine Minderheit in der beherrschten Gesellschaft nicht möglich ist. Ein Anspruch divergierender Gesellschafter der beherrschten Gesellschaft auf Abfindung in Form von Anteilen an der Obergesellschaft analog § 305 Abs.2 Nr.1 und 2 AktG scheidet daher aus[495].

Kort ist der Auffassung, daß der Abschluß eines Beherrschungsvertrages dann zu einer Zweckänderung in der Obergesellschaft führe, wenn es aufgrund des Vertrages zu größeren Vermögensverschiebungen von der herrschenden auf die beherrschte GmbH oder zu Umstrukturierungen in der Obergesellschaft komme[496]. Solche Maßnahmen können jedoch nicht als Folgen eines Beherrschungsvertrages bezeichnet werden, es handelt sich vielmehr um selbständige unternehmerische Entscheidungen, die allenfalls im Zuge des Abschlusses eines Beherrschungsvertrages möglich und sinnvoll geworden sind.

Der Organschaftsvertrag hat daher für die Organträgergesellschaft keine strukturverändernde Wirkung. Besondere formale Anforderungen lassen sich aus der Wirkung des Organschaftsvertrages nicht ableiten.

---

494) Ein gewisses Maß an Leitungsmacht muß ausgeübt werden, damit eine wirtschaftliche Eingliederung vorliegt.
495) Nach Korts Meinung würde eine solche Abfindungspflicht eine Satzungsänderung in der Obergesellschaft erfordern, vgl. S.66.
496) Kort, S.66.

II. Der Zustimmungsbeschluß in der Organträgergesellschaft

In der älteren Literatur und Rechtsprechung vor dem "Supermarkt"-Beschluß wurden in der Regel nur formale Anforderungen an die Organgesellschaft erörtert. Weiterreichende formale Anforderungen auf der Seite der Organträgergesellschaft wurden zumeist nicht einmal diskutiert, dies gilt insbesondere für die Aufsatzliteratur[497].

Erst seit der BGH die Meinung vertritt, daß auch ein Zustimmungsbeschluß in der herrschenden GmbH nötig sei, hat eine breite Diskussion eingesetzt.

Auch der BGH mißt dem Organschaftsvertrag, in bezug auf die Organträgergesellschaft, keine strukturverändernde Wirkung bei.

Dennoch sei einer Analogie zu § 293 Abs.3 AktG zu entnehmen, daß ein Zustimmungsbeschluß der Gesellschafterversammlung der herrschenden GmbH, der mit einer Mehrheit von drei Vierteln gefast wurde, eine Wirksamkeitsvoraussetzung für den Organschaftsvertrag darstelle. Gemäß § 293 Abs.3 AktG ist die Wirksamkeit eines Unternehmensvertrages, bei dem eine Aktien- oder Kommanditgesellschaft auf Aktien die herrschende Gesellschaft bildet, davon abhängig, daß die Hauptversammlung dieses Unternehmens dem Vertragsabschluß mit einer Dreiviertelmehrheit zustimmt. Der BGH vertritt in diesem Zusammenhang die Meinung, daß der Wertung dieser Vorschrift zu entnehmen sei, daß die herrschende Gesellschaft sich nicht ohne Zustimmung der Gesellschafter einem derartigen Risiko, wie es ein Organschaftsverhältnis darstelle, aussetzen dürfe. Diese Wertung des Aktienrechts sei in das GmbH-Recht zu übernehmen[498].

---

497) Vgl. Aufsätze ohne Erörterung, ob in bezug auf die Organträgergesellschaft besondere Voraussetzungen zu beachten seien: Timm in BB 1981, S.1491 ff.; Skibbe in GmbHR 1968, S.245 ff.; Hönle in DB 1979, S.485 ff.; Gutbrod in BB 1980, S.288 ff.; Emmerich in AG 1975, S.285 (290); sowie Rsp. ohne Bezugnahme auf die herrschende Gesellschaft: OLG Düsseldorf in NJW 1982, S.284; tendenziell auch noch OLG Celle in GmbHR 1988, S.107; OLG Düsseldorf in GmbHR 1988, S.105; LG Hamburg in WM 1984, S.1399; erörtert wurde das Problem fast nur in der Kommentar-Literatur.
498) BGH in WM 1988, S.1822; nochmals bekräftigt: BGH in DB 1992, S.828.

An diesem Punkt ist der BGH von der Entscheidung des vorlegen-
den Gerichts abgewichen. Das BayObLG als Vorlagegericht hatte
die Auffassung vertreten, daß ein Zustimmungsbeschluß der Organträger-GmbH in Analogie zu § 293 Abs.2 AktG nur im Innenverhältnis notwendig sei, aber keine Außenwirkung habe und daher
auch keine Wirksamkeitsvoraussetzung darstelle. Das würde bedeuten, daß der Abschluß des Vertrages grundsätzlich von der
Vertretungsmacht des Geschäftsführers umfaßt wäre[499].

Die abweichenden Meinungen der Gerichte entsprechen zwei in der
Literatur häufig vertretenen Meinungen bis zum "Supermarkt"-Be-
schluß. Beide Gerichte haben in ihren Entscheidungen betont,
daß sie der in der Literatur herrschenden Meinung gefolgt
seien[500].

Autoren, die dem Beschluß lediglich Innenwirkung beimessen, begründen dies damit, daß der Organschaftsvertrag für die Organ-
trägergesellschaft keinen satzungsüberlagernden Charakter habe.
Weil die Vertretungsmacht des Geschäftsführers gemäß § 37 Abs.2
GmbHG nicht einschränkbar sei, komme eine analoge Anwendung des
§ 293 Abs.2 AktG nicht in Betracht[501]. Andererseits sei der
Wertung des § 293 Abs.2 AktG zu entnehmen, daß konzernbildende
Maßnahmen vom Geschäftsführer nicht ohne besondere Ermächtigung
vorgenommen werden dürfen, es sei daher im Innenverhältnis ein
Beschluß mit Dreiviertelmehrheit nötig[502].

In der Literatur vor dem "Supermarkt"-Beschluß wurde zum Teil
die Meinung vertreten, daß ein Zustimmungsbeschluß in der Or-

---

499) BayObLG in WM 1988, S.1232.
500) Wie BGH:
     Lutter/Hommelhoff, 12.Aufl.(1986), Anh. § 13, Rz.32;
     Koppensteiner in Rowedder, 1.Aufl.(1985),Anh.§ 52, Rz.43;
     Schneider in Scholz, 6.Aufl.(1978), § 35, Rz.45; Zöllner
     in Baumbach/Hueck § 35, Rz.46, u. Schlußanhang I, Rz.38;
     Lutter/Hommelhoff in NJW 1988, S.1242; Schneider in WM
     1986, S.187.
     Wie BayObLG:
     Priester in ZHG Sonderheft Nr.6, S.174; Kort in AG 1988,
     S.372; Kort, S.127; Karsten Schmidt in Scholz, § 53,
     Rz.167; Emmerich in Scholz, 7.Aufl.(1986) Anh.
     Konzernrecht, Rz.237.
501) Vgl. Kort in AG 1988, S.372; Priester in ZHG Sonderheft
     Nr.6, S.151 (171 ff.).
502) Priester in ZHG Sonderheft Nr.6, S.151 (174).

ganträger-GmbH weder im Innen- noch im Außenverhältnis nötig
sei [503]. Die Situation im Aktienrecht sei durch die Abfindungspflicht an Minderheitsaktionäre eine andere. Nach dem Aktiengesetz sind überstimmte Minderheitsaktionäre der beherrschten Gesellschaft von der herrschenden Gesellschaft abzufinden. Diese
Minderheitsaktionäre können dann auch gemäß § 305 AktG eine Abfindung in Form von Aktien an der herrschenden Gesellschaft
verlangen, wodurch sich die Mehrheitsverhältnisse in der Hauptversammlung der herrschenden Gesellschaft verändern. Der Grund
für das Zustimmungserfordernis des § 293 Abs.2 AktG liege allein in dieser Abfindungspflicht. Da im GmbH-Konzernrecht derartige Abfindungsregeln nicht vorhanden seien, sei eine Analogie zu § 293 Abs.2 AktG nicht angezeigt[504].

Diese Ansicht wurde zum Teil in der Weise modifiziert, daß ein
Zustimmungsbeschluß in der herrschenden GmbH nur dann nötig
sein soll, wenn der Unternehmensvertrag eine Abfindung der Minderheitsgesellschafter der beherrschten GmbH in Form von Anteilen an der herrschenden GmbH vorsehe[505].

Der BGH hat den Vertretern dieser Meinungen entgegengehalten,
es sei zwar richtig, daß § 293 Abs.2 AktG die Aktionäre der
herrschenden Gesellschaft vor derartigen Mehrheitsverschiebun-
gen schützen wolle, dies stelle jedoch nicht den alleinigen
Sinn der Vorschrift dar. Nach Auffassung des BGH bezweckt die
Vorschrift auch einen Schutz der Aktionäre vor den Risiken, die
ein Unternehmensvertrag mit sich bringe. Deshalb sei der hinter
der Vorschrift stehende Rechtsgedanke durchaus geeignet, ins
GmbH-Konzernrecht übernommen zu werden[506].

Auch in bezug auf die Anforderungen an die herrschende Gesellschaft wurde die Entscheidung des BGH überwiegend begrüßt; dies
gilt insbesondere für die Kommentar-Literatur[507]. Dennoch handelt es sich um den Teil der Entscheidung, der am meisten kri-

---

503) Barz in Hachenburg, 7.Aufl., § 13 Anh.II, Rz.37.
504) Barz in Hachenburg, 7.Aufl., § 13 Anh.II, Rz.37;
     OlG Düsseldorf in DB 1991, S.2381.
505) Rix in MittRhNotK 1986, S.37 f.
506) BGH in WM 1988, S.1822.
507) Ulmer in BB 1989, S.12; Koppensteiner in Rowedder, § 52
     Anh. Rz.43 u. 67; Lutter/Hommelhoff Anh. § 13, Rz.38 u.48.

150

tisiert wurde[508]. In der neueren Rechtsprechung wurde der BGH vom OLG Düsseldorf kritisiert, das sich auch weiterhin gegen eine Analogie zu § 293 Abs.2 AktG wendet[509].
Auch die in diesem Zusammenhang geäußerte neuerliche Kritik bezieht sich zumeist auf den Zweck des § 293 Abs.2 AktG und wendet ein, daß die im Aktienrecht vorhandene Abfindungsproblematik im GmbH-Recht nicht bestehe. Das OLG Düsseldorf führte zudem aus, daß eine derartig weitgehende Entscheidung dem Gesetzgeber vorbehalten bleiben müsse[510].

Weiterhin wenden sich die Kritiker des BGH gegen die Argumentation, das hohe Risiko, das ein solcher Vertragsabschluß berge, bilde die Grundlage, die eine Analogie zu § 293 Abs.2 AktG rechtfertige. Sie geben in diesem Zusammenhang zu bedenken, daß im normalen Geschäftsleben Geschäfte möglich seien, die ein wesentlich höheres Risiko beinhalten, aber zweifelsfrei von der Vertretungsmacht des Geschäftsführers umfaßt seien[511].

III. Weitere Formalien in der Organträger-GmbH

Auch schon vor dem "Supermarkt"-Beschluß wurde vereinzelt diskutiert, ob neben einem Zustimmungsbeschluß in der Organträger-GmbH weitere Formalien zu beachten seien. Zum Teil wurde angenommen, daß auch der Zustimmungsbeschluß der Organträger-GmbH notariell zu beurkunden und daß eine Eintragung ins Handelsregister der Organträgergesellschaft vorzunehmen sei[512].

Bei dieser Handelsregistereintragung handelt es sich nach Ansicht Schneiders um eine echte Wirksamkeitsvoraussetzung, da der Abschluß eines Organschaftsvertrages auch für die Organträ-

---

508) Flume in DB 1989, S.667; Timm in GmbHR 1989, S.16; Kort in ZIP 1989, S.1310; Venzmer in Die Wirtschaftsprüfung 1990, S.305 ff.; Gäbelein in GmbHR 1989, S.502 (505); Zweifel klingen auch bei Zöllner in DB 1989, S.913 (914) an.
509) OLG Düsseldorf in DB 1991, S.2381.
510) OLG Düsseldorf in DB 1991, S.2381.
511) So insbesondere Timm in GmbHR 1989, S.16; Gäbelein in GmbHR 1989, S.502 (505).
512) Schneider in WM 1986, S.187; auch nach dem "Supermarkt"-Beschluß vertreten in Beherrschungs- und Gewinnabführungsverträge in der Praxis der GmbH 1989, S.7 (9); Heckschen in DB 1988, S.1686.

gergesellschaft strukturverändernde Wirkung habe[513]. Den Ausführungen Schneiders läßt sich, wenn auch nicht direkt, so doch indirekt entnehmen, daß er auch eine notarielle Beurkundungspflicht des Zustimmungsbeschlusses befürwortet[514]. Der BGH hat demgegenüber ausdrücklich hervorgehoben, daß der Zustimmungsbeschluß in der Organträgergesellschaft keiner notariellen Beurkundung bedürfe[515]. Dies wurde von Befürwortern weitergehender Anforderungen an die Organträger-GmbH als inkonsequent kritisiert. Sie sind der Auffassung, daß, soweit ein Zustimmungsbeschluß in der herrschenden Gesellschaft in Analogie zum aktienrechtlichen Konzernrecht nötig sei, die Analogie so weit gehen müsse, daß auch eine notarielle Beurkundung des Zustimmungsbeschlusses zu fordern sei[516]. Heckschen begründet dies damit, daß im Aktienrecht jedes Protokoll einer Hauptversammlung der notariellen Beurkundung bedürfe. Deshalb müsse konsequenterweise auch die Beurkundungspflicht des Zustimmungsbeschlusses ins GmbH-Recht übernommen werden. Eine solche notarielle Beurkundung ist nach Meinung von Heckschen auch sinnvoll und geboten, da auf diese Art und Weise eine Richtigkeitskontrolle gewährleistet werde[517].

Heckschen ist außerdem der Ansicht, daß auch in der herrschenden Gesellschaft ein Eintrag ins Handelsregister vorzunehmen sei. Er ist auch in bezug auf die Eintragung in der Organgesellschaft der Meinung, die Eintragungspflicht beruhe allein auf der Funktion des Handelsregisters; diese gebiete auch den Schutz von Außenstehenden, wegen der Risiken die aus der Verlusttragungspflicht resultieren[518].

---

513) Mehr zur Ansicht Schneiders unter G.I.
514) Ansonsten wäre Schneider inkonsequent.
515) BGH WM 1988, S.1823.
516) Kort in ZIP 1989, S.1310; Heckschen in DB 1989, S.30.
517) Heckschen in DB 1989, S.30.
518) Heckschen in DB 1989, S.31, mehr zur Ansicht Heckschens unter F.VII.

152

IV. Eigene Meinung

Der Organschaftsvertrag stellt für die Organträger-GmbH keinen gesellschaftsrechtlichen Organisationsvertrag dar. Es handelt sich für sie lediglich um einen schuldrechtlichen Vertrag, der nicht in die Struktur der Gesellschaft eingreift. Die von dem BGH vorgenommene Analogie zu § 293 Abs.2 AktG entbehrt einer dogmatischen Grundlage.

Bei der vom BGH vorgenommenen Analogie fallen zunächst einige Widersprüche auf. In bezug auf die Organgesellschaft hat der BGH die Wertungen des GmbH-Gesetzes herangezogen und die Vorschriften über die Satzungsänderung entsprechend angewendet. Er hat zu Recht eine Analogie zu den aktienrechtlichen Vorschriften des Konzernrechts vermieden, da diese Regelungen ungeeignet sind, ins GmbH-Recht übernommen zu werden.

Wenn man diesen Ausgangspunkt konsequent weiterverfolgt, muß man zu dem Ergebnis kommen, daß allein die Wertungen des GmbH-Rechts zur Beurteilung der Anforderungen an GmbH-Unternehmensverträge heranzuziehen sind. Demzufolge wäre zumindest im Außenverhältnis kein Zustimmungsbeschluß in der Organträgergesellschaft erforderlich. Die vom BGH vorgenommene Analogie zur Vorschrift des § 293 Abs.2 AktG führt zu einer dogmatischen Ungleichbehandlung der beiden an dem Vertragsverhältnis beteiligten Gesellschaften. Während in bezug auf die eine Vertragspartei eine Analogie zum Aktienrecht strikt vermieden wird, greift der BGH in bezug auf die andere Vertragspartei auf eine solche zurück. Diese Ungleichbehandlung führt zu deutlichen Wertungswidersprüchen. § 293 Abs.1 AktG sieht vor, daß der Abschluß von Unternehmensverträgen nicht als Satzungsänderung zu behandeln ist, gleichwohl sollen in bezug auf die Organgesellschaft die Vorschriften über die Satzungsänderung analog herangezogen werden.

Es erscheint sowohl dogmatisch zweifelhaft als auch im Ergebnis nicht sachgerecht, wenn in bezug auf ein Vertragsverhältnis die beiden Vertragsparteien nach unterschiedlichen Rechtsgrundlagen

beurteilt werden, obwohl sie die gleiche Organisationsform aufweisen.

Zudem ist die Argumentation von Heckschen kaum von der Hand zu
weisen, daß, wenn in der herrschenden Gesellschaft ein Zustimmungsbeschluß erforderlich wäre, konsequenterweise auch eine
notarielle Beurkundung des Zustimmungsbeschlusses erforderlich
sein müßte, da im Aktienrecht jeder Beschluß der Hauptversammlung gemäß § 130 AktG notariell zu beurkunden ist.

Wie Kritiker des BGH bereits hervorgehoben haben, liegen auch
die allgemeinen Voraussetzungen für eine Analogie nicht vor.
Der in § 293 Abs.2 AktG geregelte Sachverhalt weist keine ausreichende Vergleichbarkeit mit dem fraglichen Sachverhalt auf.

Wie bereits ausgeführt, dient die Vorschrift des § 293 Abs.2
AktG in erster Linie dem Schutz der Aktionäre der herrschenden
Gesellschaft vor Veränderungen der Mehrheitsverhältnisse. Im
Aktienrecht kann es aufgrund der Abfindungspflicht der herr-
schenden Gesellschaft in Form von Aktien an eben dieser Gesell-
schaft zu einer Veränderung der Mehrheitsverhältnisse in der
Hauptversammlung kommen. Diese Gefahr besteht im GmbH-Vertrags-
konzern nicht, da es sowohl nach der herrschenden Meinung als
auch nach der hier vertretenen Auffassung keine divergierenden
Gesellschafter geben kann.

Selbst wenn man der Auffassung wäre, daß in der Organgesellschaft ein Zustimmungsbeschluß ausreichend sei, der mit einer
Dreiviertelmehrheit gefaßt wurde, würde sich die Abfindungsproblematik nicht stellen. Denn eine Übertragung der Abfindungsregel des § 305 AktG auf das GmbH-Recht wäre auch dann nicht angezeigt und eine Abfindung hätte in Geld zu erfolgen. Die Abfindungspflicht in Form von Aktien ist eine besonders auf die
Belange der kapitalistisch strukturierten Aktiengesellschaft
zugeschnittene Regelung und eignet sich nicht zur Übertragung
auf die personalistisch strukturierte GmbH.

Die Behauptung des BGH, der vordringliche Zweck der Vorschrift
des § 293 Abs.2 AktG bestehe darin, Schutz vor den wirtschaft-

lichen Risiken zu bewirken, die aus der Verlusttragungspflicht der herrschenden Gesellschaft resultieren, ist unzutreffend. Im allgemeinen Geschäftsverkehr sind durchaus Geschäfte denkbar, die ein größeres Risiko bergen als der Abschluß eines Organschaftsvertrages. Solche Geschäfte sind unzweifelhaft von der Vertretungsmacht des Vorstands einer Aktiengesellschaft bzw. des Geschäftsführers einer GmbH umfaßt. Deshalb ist der Schutz vor wirtschaftlichen Risiken allenfalls ein Nebenaspekt, tragende Funktion der Vorschrift ist der Schutz vor der Aushöhlung des Stimmrechts[519].

Gegen die Argumentation des BGH spricht auch, daß die wirtschaftliche Belastung für das herrschende Unternehmen in einem Vertragskonzern zwischen Gesellschaften mbH in aller Regel geringer ist als in einem Vertragskonzern zwischen Aktiengesellschaften. Dies ist die Folge der im Aktienrecht gemäß der §§ 304 und 305 AktG bestehenden weitreichenden Pflicht der herrschenden Gesellschaft, Abfindungen bzw. Ausgleichszahlungen an die Aktionäre der beherrschten Gesellschaft zu leisten.

Die Regelung des § 293 Abs.2 AktG ist auf die Belange von Aktiengesellschaften und Kommanditgesellschaften auf Aktien abgestimmt, so daß die Anwendung dieser Vorschrift auf diese Unternehmensformen begrenzt bleiben muß[520].

Entgegen der Meinung des BGH ist der Abschluß eines GmbH-Organschaftsvertrages in bezug auf die herrschende Gesellschaft im Außenverhältnis von der Vertretungsmacht des Geschäftsführers umfaßt.

Dem BGH ist allerdings dahingehend beizupflichten, daß der Organschaftsvertrag, obgleich ein gewöhnlicher schuldrechtlicher Vertrag, auch für die herrschende Gesellschaft eine besondere Tragweite hat. Die Verlusttragungspflicht kann ein hohes Risiko bergen, außerdem kann es einen besonderen Aufwand bedeu-

---

519) Gleicher Meinung: Flume in DB 1989, S.667; Timm in GmbHR 1989, S.16; Kort in ZIP 1989, S.1310; Venzmer in Die Wirtschaftsprüfung 1990, S.305 ff.; Gäbelein in GmbHR 1989, S.502 (505).
520) So auch Vetter in BB 1989, S.2125 (2127).

ten, die Möglichkeiten, die der Beherrschungsvertrag einräumt, wahrzunehmen. Um diesen Besonderheiten gerecht zu werden, ist jedoch keine Analogie zum Aktienrecht nötig. Vielmehr ist der Abschluß eines Organschaftsvertrages auf seiten der Organträgergergesellschaft als ein außergewöhnliches Geschäft zu qualifizieren. Die Vornahme eines solchen außergewöhnlichen Geschäfts bedarf nach allgemeiner Ansicht im Innenverhältnis eines Zustimmungsbeschlusses[521]. Gemäß § 49 Abs.2 GmbHG hat der Geschäftsführer die Gesellschafterversammlung einzuberufen, wenn es zum Wohl der Gesellschaft erforderlich ist. Es entspricht der einhelligen Meinung, daß, soweit die Situation des § 49 Abs.2 GmbHG vorliegt, die jeweilige Angelegenheit sich nicht mehr im Rahmen der gesetzlichen Geschäftsführerzuständigkeit bewegt und daher von den Gesellschaftern durch Beschluß zu entscheiden ist[522]. Eine einfache Mehrheit ist in diesem Zusammenhang ausreichend. Strittig ist, wann eine derartige außergewöhnliche Maßnahme vorliegt, die eines solchen Gesellschafterbeschlusses bedarf.

Zum Teil wird auf die Grundsätze des § 116 HGB abgestellt, so daß alle Maßnahmen, die über den gewöhnlichen Betrieb des Geschäftes hinausgehen, durch Beschluß zu entscheiden sind[523]. Anderen Autoren erscheint dies zu weitgehend. Sie sehen nur Geschäfte, die ein besonderes Risiko bergen oder substantiell in die Rechte der Gesellschafter eingreifen, als außergewöhnliche Maßnahme an[524].

Damit ist der Abschluß eines Organschaftsvertrages nach allen vertretenen Meinungen als ein außergewöhnliches Geschäft einzuordnen. Dies gilt auch für einen isoliert geschlossenen Gewinnabführungsvertrag, wenn eine Verlusttragungspflicht der

---

521) Dazu auch tendierend: Priester in ZHG Sonderheft Nr.6, S.151 (173); Koppensteiner in Rowedder § 52 Anh., Rz.38..
522) Vgl. zu dem Bereich BGH in NJW 1973, S.1039 f.; BGH in NJW 1984, S.1461 (1462); Lutter/Hommelhoff § 37, Rz.10 f.; Zöllner in Baumbach/Hueck, § 37, Rz.6; Eisenhardt in FS. Pfeiffer, S.842 ff; Koppensteiner in Rowedder § 37, Rz.10 ff.
Hommelhoff in ZGR 1978, S.123 f. u. 126 f.
523) Koppensteiner in Rowedder, § 37, Rz.10 ff.
524) Zöllner in Baumbach/Hueck, § 37, Rz.6; ähnlich Eisenhardt in FS. Pfeiffer, S.842 ff.

herrschenden Gesellschaft vereinbart ist. Der isoliert geschlossene Beherrschungsvertrag[525] ist ebenfalls als eine außergewöhnliche Maßnahme zu werten, da der Aufgabenbereich der
Gesellschafterversammlung ausgeweitet wird. Sie hat nunmehr die
Möglichkeit, Einfluß darauf zu nehmen, ob und in welchem Maß
bzw. durch welche Maßnahmen Leitungsmacht in der beherrschten
Gesellschaft ausgeübt wird.

Ein Zustimmungsbeschluß in der herrschenden Gesellschaft ist
dann nicht erforderlich, wenn die Satzung eine Ermächtigung zum
Abschluß von Unternehmensverträgen enthält[526]. Das Zustimmungserfordernis soll lediglich sicherstellen, daß keine besonders
wichtigen Entscheidungen ohne die Zustimmung der Gesellschafter
erfolgen können. Es ist durchaus möglich und üblich, im Gesellschaftsvertrag festzulegen, welche Maßnahmen derartig wichtig
sind, daß ein Gesellschafterbeschluß nötig ist.

Schließt der Geschäftsführer einen Unternehmensvertrag ohne
eine Ermächtigung durch einen Gesellschafterbeschluß oder eine
Satzungsermächtigung ab, führt dies zu einer wirksamen Verpflichtung der Gesellschaft. Ein solches Verhalten des Geschäftsführers kann Regreßansprüche gegen diesen begründen.

Da der Organschaftsvertrag in bezug auf die Organträgergesellschaft ansonsten einen normalen schuldrechtlichen Vertrag darstellt, vermag er nicht deren Satzung zu überlagern. Dies bedeutet: Wenn im Einzelfall aufgrund besonderer Umstände der
Organschaftsvertrag im Widerspruch zu Vorschriften der Satzung
steht, wird eine Satzungsänderung auf Seiten der Organträgergesellschaft nötig.

---

525) Was in der Praxis kaum vorkommt.
526) Ebenso, soweit sie sich auf einen konkreten Vertrag
bezieht: Priester in DB 1989, S.1013 (1015); sowie
Schneider in Beherrschungs- und Gewinnabführungsverträge
in der Praxis der GmbH, S.7 (17 f.).

H. Zusammenfassung der von Organ und Organträger zu beachtenden zivilrechtlichen Voraussetzungen

Nach der hier vertretenen Meinung ist die zivilrechtliche Wirksamkeit eines GmbH-Organschaftsvertrag von folgenden Kriterien abhängig:

Auf Seiten der Organgesellschaft ist der Vertrag von allen Gesellschaftern zu unterzeichnen, auf Seiten der Organträgergesellschaft vom Geschäftsführer oder einer sonstigen vertretungsbefugten Person.

Der Vertrag ist notariell zu beurkunden.

Im Handelsregister der Organgesellschaft ist der Abschluß des Vertrages unter Angabe des Datums und des anderen Vertragspartners einzutragen. Dem Antrag auf Eintragung ist der Organschaftsvertrag beizufügen. Die Eintragung ist durch Veröffentlichung im Bundesanzeiger bekanntzumachen.

Daß ein Vertragsverhältnis für die beiden Vertragsparteien derart unterschiedliche Bedeutung hat, daß die formalen Anforderungen, die die jeweilige Vertragspartei zu beachten hat, stark voneinander abweichen, erscheint im ersten Augenblick befremdlich. Ein solches Vorgehen ist aber angesichts der tatsächlichen Situation angezeigt. Denn für die Organgesellschaft bedeutet die Bildung eines Vertragskonzerns, daß sie in diesem neugeschaffenen Rechtsverhältnis untergeht. Sie wird zum Teil dieses Konzerns, der sie beherrscht und steuert, hat aber selbst kaum Einflußmöglichkeiten in bezug auf die Steuerung des Konzerns. Der Organträger hat dagegen lediglich seine Möglichkeiten ausgeweitet. Er hat ein Unternehmen (mehr), das er steuern kann und dessen Ergebnis ihm zugerechnet wird.

3. Teil

Die Behandlung von Altverträgen

A. Die Problemstellung

Vor der Umorientierung in der Praxis aufgrund des "Supermarkt"-Beschlusses sind bereits eine unüberschaubare Anzahl von Unternehmensverträgen abgeschlossen worden, die sich nur an § 17 a.F KStG bzw. Abschn. 64 a.F. KStR orientieren. Eine notarielle Beurkundung oder Handelsregistereintragung sind in aller Regel nicht durchgeführt. Häufig liegt nur ein Zustimmungsbeschluß der Organgesellschaft vor, der mit einem Quorum von drei Vierteln gefaßt wurde. Sowohl nach der hier vertretenen als auch nach der vom BGH vertretenen Meinung sind solche Organschaftsverträge zivilrechtlich nicht wirksam.

Eine Handelsregistereintragung war jedoch vor dem "Supermarkt"-Beschluß überhaupt nicht möglich, da ein GmbH-Unternehmensvertrages nicht als eintragungsfähig angesehen wurde. Die Diskussion über die Anforderungen an GmbH-Organschaftsverträge wurde daher immer von dem Problem der Behandlung von Altverträgen begleitet. Es entsteht teilweise bei einigen älteren Entscheidungen unterer Gerichte der Eindruck, daß angesichts der weitreichenden Auswirkungen für Altverträge und der sich damit stellenden Probleme davor zurückgeschreckt wurde, eine Veränderung herbeizuführen[527].

Die Probleme, die sich bei der Behandlung von Altverträgen stellen, lassen sich grob wie folgt einteilen:

1. Wie sind solche Verträge zu behandeln, die lediglich an § 17 a.F. KStG (bzw. Abschn. 64 a.F. KStR) angelehnt sind ?
2. Wie sind Verträge zu behandeln, die zudem noch weitere Mängel aufweisen oder auch nur an anderen Mängeln leiden ?
3. Zu welchen steuerrechtlichen Auswirkungen führen die unter 1. und 2. genannten Mängel ?

---

527) Vgl. insbesondere OLG Bochum in GmbHR 1987, S.24 (25).

B. Die Entwicklung in der Rechtsprechung

In den etwas älteren Entscheidungen des OLG Düsseldorf und des LG Bochum, die bereits mehrfach angesprochen wurden, finden sich erste Ansätze zur Behandlung solcher Altverträge[528]. Wie beschrieben, haben sich die beiden Gerichte gegen die Notwendigkeit weitreichender Formalien ausgesprochen und sich weiter auf den Standpunkt gestellt, daß, selbst wenn derartige Formalien nötig wären, es wegen der unklaren Rechtslage einen Verstoß gegen Treu und Glauben bedeuten würde, wenn sich eine Vertragspartei auf deren Nichtbeachtung berufen sollte.

Der BGH hat in der sogenannten "Familienheimentscheidung"[529] eine Stellungnahme zu den Anforderungen an GmbH-Unternehmensverträge vermieden, indem er auf die Grundsätze der fehlerhaften Gesellschaft zurückgegriffen hat. Die Nichtigkeit des Unternehmensvertrages sei wegen der Nichtbeachtung weitreichender Formalien unerheblich, da in einem solchen Fall der Vertrag nach den Grundsätzen der fehlerhaften Gesellschaft gleichwohl als wirksam zu behandeln wäre. Dies solle so lange gelten, bis sich ein Vertragsteil auf die Nichtigkeit des Vertrages berufe. Zur Begründung hat der BGH auf den Charakter des Vertrages als gesellschaftsrechtlichen Organisationsvertrag verwiesen. Die Anwendung der Grundsätze der fehlerhaften Gesellschaft hat er lediglich an zwei Voraussetzungen geknüpft: Der Unternehmensvertrag müsse nichtig, aber gleichwohl durchgeführt worden sein[530].

Auch das OLG Koblenz hat schließlich in einer neueren Entscheidung nochmals betont, daß ein nichtiger, aber durchgeführter GmbH-Unternehmensvertrag nach den Grundsätzen der fehlerhaften Gesellschaft als wirksam zu behandeln sei. Obgleich der BGH beim Vorliegen eines qualifizierten faktischen GmbH-Konzerns die Schutzvorschriften der §§ 302 ff. AktG analog anwende, sei ein solcher Schutz für den Fall eines nichtigen GmbH-Unterneh-

---

528) OLG Düsseldorf in NJW 1982, S.284 f.; LG Bochum in BB 1987, S.355 ff.
529) BGH Urteil v. 14.12.1987 in GmbHR 1988, S.174 ff. = BGHZ 103, 1 ff.
530) BGH in GmbHR 1988, S.175.

mensvertrages nicht ausreichend. Denn die Voraussetzungen für
das Vorhandensein eines qualifizierten faktischen GmbH-Konzerns
seien von der beherrschten Gesellschaft regelmäßig schwer zu
beweisen[531]. Auch das OLG Koblenz ging nicht näher auf die Voraussetzungen für die Anwendung der Grundsätze der fehlerhaften
Gesellschaft ein. Es äußerte sich auch nicht dazu, ob die Art
des Mangels, aufgrund dessen der Unternehmensvertrag nichtig
ist, eine Bedeutung für die Frage haben soll, ob die Grundsätze
der fehlerhaften Gesellschaft Anwendung finden können.

Gegen die Entscheidung des OLG Koblenz wurde Revision eingelegt
und der BGH hatte über den Fall zu befinden[532]. Der BGH ent-
schied daraufhin, daß zum Vollzug eines Organschaftsvertrages
der tatsächliche Ausgleich von Verlusten der beherrschten Gesellschaft ausreichend sei. Es sei nicht erforderlich, daß darüberhinaus Leitungsmacht ausgeübt werden müsse. Er bestätigte
nochmals, daß die Schutzvorschriften der §§ 302 und 303 AktG
analog anzuwenden seien. Eine Rechtsscheinhaftung wegen einer
nicht vorgenommenen Handelsregistereintragung gemäß § 15 HGB
lehnte der BGH ab, da aufgrund der unklaren Rechtslage keine
ausreichende Grundlage für einen Vertrauenstatbestand bestehe.

---

531) OLG Koblenz, Urteil v.30.11.1990 in DB 1991, S.155;
     vgl. ferner die gleiche Argumentation in bezug auf
     fehlerhafte aktienrechtliche Unternehmensverträge bei
     Köhler in ZGR 1985, S.307 (315).
532) Urteil des BGH vom 11.11.1991 in DB 1992, S.29 f.

C. Die Grundsätze der fehlerhaften Gesellschaft in der Literatur

I. Die Literatur vor dem "Supermarkt"-Beschluß

Von der Lehre wurde schon frühzeitig die Notwendigkeit weiter-
reichender Formalien gesehen. Aus diesem Grund setzte sich die
Literatur auch schon beizeiten mit dem Problem der Behandlung
fehlerhafter Altverträge auseinander, da eine ähnliche Diskussion bereits in bezug auf das aktienrechtliche Vertragskonzernrecht geführt wurde und in diesem Zusammenhang eine Anwendung
Grundsätze der fehlerhaften Gesellschaft überwiegend angenommen
wurde. Die Befürworter dieser Argumentation sehen bei einem
fehlerhaften Unternehmensvertrag das Recht zur Anfechtung durch
ein Recht zur außerordentlichen Kündigung ersetzt, daß analog
der Regel des § 297 Abs.1 AktG erfolgen solle. In Anlehnung an
die Lehre von der fehlerhaften Gesellschaft solle eine Anfechtung des Unternehmensvertrages mit ex tunc-Wirkung nur so lange
möglich sein, bis der Vertrag in Vollzug gesetzt werde[533].

Wenngleich die Sachlage im Aktienrecht eine andere ist, insbesondere ein gesetzlich geregeltes Vertragskonzernrecht existiert, so hatte die im Aktienrecht geführte Diskussion dennoch
eine Abstrahlwirkung auf das GmbH-Recht[534].

Die Autoren, die die Anwendbarkeit der Grundsätze der fehlerhaften Gesellschaft befürworten, sind sich darüber einig, daß
die Anwendung der Lehre zunächst das Vorliegen der allgemeinen
Voraussetzungen erfordere, die in bezug auf fehlerhafte Gesellschaftsverträge herausgearbeitet worden seien, das heißt, das
Vorliegen eines fehlerhaften Vertrages und dessen Vollzug[535].

Uneinigkeit herrscht im Schrifttum über die Details im Zusammenhang mit den Voraussetzungen und Auswirkungen der Anwendung
der Grundsätze der fehlerhaften Gesellschaft.

---

533) Vgl. mit jeweils weiteren Nachweisen: Wilhelm, S.25;
     Windbichler, S.49 f.; Kleindiek in ZIP 1988, S.613 (615).
534) Vgl. Kleindiek in ZIP 1988, S.613 (615).
535) So z.B. auch Timm in BB 1981, S.1491 (1497).

Timm setzte sich schon frühzeitig für die Anwendung der Grundsätze der fehlerhaften Gesellschaft auf fehlerhafte GmbH-Unternehmensverträge ein[536]. Er hat in diesem Zusammenhang angeregt,
die Lehre nicht unverändert zu übernehmen, sondern den konzern-
spezifischen Problemen anzupassen. Dies solle in der Weise geschehen, daß nur der beherrschten Gesellschaft die Vorteile der
Grundsätze der fehlerhaften Gesellschaft zugute kommen. Um dies
zu erreichen, solle die beherrschte Gesellschaft weiterhin jederzeit die Möglichkeit haben, sich mit allen Konsequenzen,
auch für die Vergangenheit, auf die Fehlerhaftigkeit des Vertrages zu berufen. Die herrschende Gesellschaft solle demgegenüber nur mit Wirkung für die Zukunft die Fehlerhaftigkeit des
Vertrages geltend machen können.

In der Folgezeit hat insbesondere Rehbinder die Anwendung der
Grundsätze der fehlerhaften Gesellschaft befürwortet. Er begründet ihre Anwendbarkeit zum einen damit, daß durch einen
Organschaftsvertrag eine neue Organisationseinheit geschaffen
werde. Zum anderen verweist er darauf, daß eine Rückabwicklung
über das Bereicherungsrecht in der Praxis kaum möglich er-
scheine[537]. Ein wegen Nichtbeachtung der Formvorschriften der
§§ 53,54 GmbHG unwirksamer Unternehmensvertrag könne gemäß
§ 297 Abs.1 AktG analog von beiden Seiten gekündigt werden. In
diesem Zusammenhang stelle die Nichtigkeit des Vertrages einen
für eine solche Kündigung erforderlichen wichtigen Grund
dar[538]. Die Anwendung der Grundsätze der fehlerhaften Gesellschaft solle ansonsten dazu führen, daß praktisch von der Wirksamkeit des Vertrages auszugehen sei[539].

Kleindiek[540] hat sich schließlich dafür ausgesprochen, die Anwendung der Grundsätze der fehlerhaften Gesellschaft von der
Art des Fehlers, mit dem der Unternehmensvertrag behaftet ist,
abhängig zu machen. Die Grundsätze der fehlerhaften Gesellschaft sollen nur in den Fällen Anwendung finden, in denen die
Nichtigkeit des Unternehmensvertrages auf dem Fehlen einer no-

536) Timm in BB 1981, S.491 (1497).
537) Rehbinder in FS. Fleck (1988), S.254 (264).
538) Rehbinder in FS. Fleck (1988), S.254 (264).
539) Rehbinder in FS. Fleck (1988), S.254 (268).
540) Kleindiek in ZIP 1988, S.613 ff.

tariellen Beurkundung oder dem Nichtvorhandensein der Handelsregistereintragung beruht[541]. Kleindiek, der in der Organgesellschaft einen Beschluß dem alle Gesellschafter zustimmen für
erforderlich ansieht, hält die Grundsätze der fehlerhaften Gesellschaft für nicht anwendbar, wenn der Zustimmungsbeschluß
zum Abschluß des Vertrages fehlt oder einzelne Gesellschafter
dem Abschluß nicht zugestimmt haben[542]. Mittels der Grundsätze
der fehlerhaften Gesellschaft könne nur eine fehlerhafte Einigung in der Vergangenheit ausgeglichen werden, aber es sei
nicht möglich, eine fehlende Einigung zu ersetzen[543].

Obgleich es noch unklar ist, ob nicht ein mit einer Dreiviertelmehrheit gefaßter Zustimmungsbeschluß ausreichend ist, soll
nach Kleindieks Meinung für den Fall, daß ein Gesellschafter
dem Vertragsabschluß nicht zugestimmt hat, der Vertrag mit ex
tunc-Wirkung nichtig sein und nach Bereicherungsrecht rückabgewickelt werden müssen. Demnach müßten auch sehr alte Unternehmensverträge, denen auf seiten der Organgesellschaft nur ein
mit Dreiviertelmehrheit gefaßter Zustimmungsbeschluß zugrunde
liegt, nach Bereicherungsrecht rückabgewickelt werden. Der An-
wendungsbereich der Grundsätze der fehlerhaften Gesellschaft
wird daher von Kleindiek stark eingeschränkt.

Auch Kleindiek ist der Auffassung, daß in den Fällen, in denen
die Grundsätze der fehlerhaften Gesellschaft Anwendung finden,
die Fehlerhaftigkeit des Vertrages beiden Vertragspartnern ein
Kündigungsrecht analog § 297 Abs.1 AktG einräume. Es könne jedoch Situationen geben, in denen ein solches Kündigungsrecht
nach den Grundsätzen von Treu und Glauben ausgeschlossen sei,
so daß sich der Bestandschutz in die Zukunft erstrecke. Dies
sei dann der Fall, wenn als Folge eines Kündigungsrechts eine
Partei nur den Nutzen aus dem Vertragsverhältnis ziehen könnte,
während die andere Partei nur die Lasten zu tragen habe. Als
Beispiel wird eine Organgesellschaft angeführt, die sich durch
einen mehrjährigen Verlustausgleich der Organträgergesellschaft

---

541) Kleindiek in ZIP 1988, S.624 f.
542) Kleindiek in ZIP 1988, S.618 f.; nach dem "Supermarkt"-
     Beschluß gleicher Ansicht: Timm in GmbHR 1989, S.11 (19);
     neuerdings auch Emmerich in Scholz Anh. Konzernrecht,
     Rz.302 f.
543) Kleindiek in ZIP 1988, S.620.

saniert und schließlich die Fehlerhaftigkeit des Vertrages geltend macht, um sich der Verpflichtung zur Gewinnabführung zu
entziehen [544].

II. Die Literatur nach dem "Supermarkt"-Beschluß

Im Schrifttum werden nach dem "Supermarkt"-Beschluß fehlerhafte
Verträge, die die vom BGH aufgestellten Anforderungen nicht erfüllen, aber vollzogen wurden, ganz überwiegend nach den Grundsätzen der fehlerhaften Gesellschaft für die Vergangenheit als
wirksam behandelt[545]. Ein solchen Bestandsschutz scheint jedoch
nur für Verträge befürwortet zu werden, die vor dem
"Supermarkt"-Beschluß geschlossen wurden. Außerdem macht es den
Eindruck, als ob die herrschende Meinung solche Altverträge von
dem Bestandsschutz ausnehmen will, deren Fehlerhaftigkeit auf
der Nichtbeachtung schon vor dem "Supermarkt"-Beschluß unbe-
streitbar erforderlichen Voraussetzung beruht[546].

Timm[547] setzt sich auch in neuerer Zeit dafür ein, den Bestandsschutz in die Zukunft zu erstrecken. Dies solle dadurch
erreicht werden, daß Altverträge, die die oben beschriebene
Fünfjahresfrist noch nicht erfüllt haben, erst nach Ablauf dieser Frist analog § 297 Abs.1 AktG kündbar seien. Dasselbe soll
für Verträge gelten, die bewußt ohne Kündigungsmöglichkeit auf
längere Zeit angelegt sind.

Ulmer, der sich weitgehend an die vom BGH in der Familien-
hausentscheidung aufgestellten Grundsätze angelehnt hat, ist
insbesondere Timm und Kleindiek entgegengetreten. So wendet er
sich vor allem gegen eine Ungleichbehandlung von Ober- und Un-

---

544) Kleindiek in ZIP 1988, S.625.
545) Koppensteiner in Rowedder, § 52 Anh., Rz.42a; Zöllner in
     Baumbach/Hueck, Anh. KonzernR, Rz.17b; Priester in Scholz,
     § 53, Rz.165; Emmerich in Scholz, Anh. Konzernrecht,
     Rz.300; Timm in GmbHR 1989, S.11 (17); Ulmer in BB 1989,
     S.10 (15 f.); Heckschen in DB 1988, S.1685 (1686);
     Blumers/Schmidt in DB 1989, S.31 (32); Blumers/Schmidt in
     GmbHR 1991, S.32; Srobl in Beherrschungs- und
     Gewinnabführungsverträge in der Praxis der GmbH,
     S.65 (72).
546) Quellen in Fn.545, dazu nicht immer eindeutig, aber
     ausdrücklich vertreten von Timm in GmbHR 1989, S.17.
547) Timm in GmbHR 1989, S.11 (17).

tergesellschaft, wie dies von Timm angeregt wurde[548], und Kleindieks Ansicht, die Grundsätze der fehlerhaften Gesellschaft sollten keine Anwendung finden, wenn die Nichtigkeit des Unternehmensvertrages darauf beruhe, daß nicht alle Gesellschafter dem Vertragsabschluß zugestimmt hätten. Seiner Ansicht nach genüge es auch solchen Fällen, daß der Vertrag für wirksam gehalten und vollzogen worden sei[549]. Die Geltendmachung der Mangelhaftigkeit des Unternehmensvertrages obliege dem Geschäftsführer. Unter gewissen Voraussetzungen sollen auch Minderheitsgesellschafter der Organgesellschaft die Fehlerhaftigkeit des Vertrages geltend machen können. Dies könne dann der Fall sein, wenn das herrschende Unternehmen Mitgesellschafter der Organgesellschaft sei (was regelmäßig der Fall sein wird) und die Fehlerhaftigkeit des Vertrages auf Nichtbeachtung der Anforderungen der §§ 53 und 54 GmbHG beruhe. Die Minderheitsgesellschafter der Untergesellschaft sollten dann die gleichen Möglichkeiten erhalten, als ob die Regelungen des Unternehmensvertrages direkt in die Satzung aufgenommen worden wären. Ulmer scheint damit zum Ausdruck bringen zu wollen, daß die Grundsätze über die Behandlung von fehlerhaften Beschlüssen Anwendung finden sollten. Dies würde bedeuten, daß die Minderheitsgesellschafter die Möglichkeit hätten, die Fehlerhaftigkeit des Zustimmungsbeschlusses zum Abschluß des Organschaftsvertrages in derselben Form geltend zu machen, wie jeder Gesellschafter die Fehlerhaftigkeit eines Satzungsänderungsbeschlusses geltend machen kann[550]. Nach Ulmers Meinung könne jedoch eine Berufung auf die Vertragsmängel im Einzelfall treuwidrig sein, insbesondere dann, wenn die Mängel von einem Gesellschafter geltend gemacht würden, der zuvor dem Vertrag zugestimmt habe[551].

Ebenroth/Müller[552] setzen sich ebenfalls für eine Anwendung der Grundsätze der fehlerhaften Gesellschaft ein. Ihrer Meinung nach sollten die Regeln dahingehend ergänzt werden, neben Ver-

---

548) Ulmer in BB 1989, S.10 (15); ebenso Rehbinder in FS Fleck, S.254 (261 f.).
549) Ulmer in BB 1989, S.10 (16).
550) Ulmer in BB 1989, S.10 (19), insbesondere Fn.99; es wäre dann entscheidend, ob der Beschluß nichtig, anfechtbar oder unwirksam wäre; vgl. dazu Raiser in Hachenburg, Anh. § 47, Rz.12 ff.
551) Ulmer in BB 1989, S.10 (18).
552) Ebenroth/Müller in BB 1991, S.358 ff.

lustausgleichsansprüchen analog § 302 AktG Ansprüche aus c.i.c und § 826 BGB zur Anwendung kommen zu lassen. Weiterhin solle eine flexible Vertragsanpassung möglich sein und das Kündigungsrecht nach den Regeln der unzulässigen Rechtsausübung bzw. Treuwidrigkeit eingeschränkt sein[553].

Zur Geltendmachung der Fehlerhaftigkeit des Vertrages lehnen Ebenroth/Müller eine Analogie zu § 297 AktG ab, da zur Kündigung des fehlerhaften Vertrages neben der Geltendmachung durch den Geschäftsführer ein Zustimmungsbeschluß der Gesellschafterversammlung erforderlich sei, weil auch die Beendigung eines GmbH-Unternehmensvertrages eine tiefgreifende Entscheidung darstelle, die insbesondere in der beherrschten Gesellschaft in elementare Gesellschafterrechte eingreife. Für den Zustimmungsbeschluß in der Gesellschafterversammlung der beherrschten Gesellschaft sei es ausreichend, wenn ein Gesellschafter für die Kündigung des Vertrages votiere, während bei der herrschenden Gesellschaft nötig sein soll, daß mehr als ein Viertel der Gesellschafter der Kündigung zustimmen. Diese Quoren seien deshalb ausreichend, weil es sich dabei um die jeweilige Sperrminorität handele, die den Abschluß des Vertrages hätte verhindern können[554]. Weiterhin bestünde die Möglichkeit, die Fehlerhaftigkeit des Vertrages durch Nachholung der Mängel zu heilen[555].

Insbesondere Kort hat sich sowohl vor als auch nach dem "Supermarkt"-Beschluß gegen eine Anwendung der Grundsätze der fehlerhaften Gesellschaft gewandt[556]. Seiner Meinung nach spricht der Schutz der Öffentlichkeit, der durch eine konstitutive Handelsregistereintragung erreicht werden solle, dagegen, einen nicht im Handelsregister eingetragen Vertrag über die Grundsätze der fehlerhaften Gesellschaft wie einen wirksamen Vertrag zu behandeln[557]. Außerdem sei zur Anwendung der Grundsätze der fehlerhaften Gesellschaft ein faktisches Gesell-

---

553) Ebenroth/Müller in BB 1991, S.358 (360).
554) Ebenroth/Müller in BB 1991, S.358 (361 f.).
555) Ebenroth/Müller in BB 1991, S.358 (361 f.); für Heilungsmöglichkeiten auch Emmerich in Scholz, Anh. Konzernrecht, Rz.298.
556) Kort in AG 1988, S.369 (373 f.), und in ZIP 1989, S.1309 (1312).
557) Kort in AG 1988, S.374.

schaftsverhältnis nötig, das durch den Abschluß eines Unternehmensvertrages nicht begründet werde. Kort setzt sich daher für
eine Lösung über die Grundsätze von Treu und Glauben bzw. für
allgemeine Vertrauensgesichtspunkte ein. Er bezieht sich im
weiteren auf eine Anwendung der zum faktischen GmbH-Konzern
entwickelten Regeln[558].

D. Die steuerlichen Folgen der Grundsätze der fehlerhaften Gesellschaft

Unter den Befürwortern der Anwendung der Grundsätze der fehlerhaften Gesellschaft herrscht auch Uneinigkeit über die steuerrechtlichen Folgen, die aus der Anwendung dieser Lehre resultieren.

Einige Autoren sind der Auffassung, daß die Anwendung der
Grundsätze der fehlerhaften Gesellschaft auch Bestandsschutz in
steuerrechtlicher Hinsicht vermittele. Demnach wäre ein fehlerhafter Unternehmensvertrag auch in steuerrechtlicher Hinsicht
so lange wie ein wirksamer Vertrag zu behandeln, bis eine Partei die Fehlerhaftigkeit des Vertrages geltend macht[559].

In diesem Zusammenhang besteht keine Übereinstimmung in der
Frage, ob die Unwirksamkeit des Vertrages einen wichtigen Grund
im Sinne des § 14 Nr.4 S.2 KStG darstellen kann. Sollte dies
der Fall sein, so wäre ein fehlerhafter Vertrag, der noch keine
fünf Jahre durchgeführt wurde, steuerlich anzuerkennen, wenn er
unter Berufung auf die Fehlerhaftigkeit des Vertrages aus wichtigem Grund gekündigt würde[560]. Ulmer, der sich für eine solche
Kündigungsmöglichkeit einsetzt, begründet seine Ansicht damit,
daß die Berufung auf die Unwirksamkeit des Vertrages dem Charakter nach einer Kündigung aus wichtigem Grund gleichkomme.
Deshalb müsse den Vertragsparteien die Möglichkeit gegeben werden, möglichst frühzeitig den alten formunwirksamen Vertrag zu

---

558) Kort in ZIP 1989, S.1309 (1312).
559) Rehbinder in FS Fleck, S.254 (268); Ulmer in BB 1989,
S.10 (19); Timm in GmbHR 1989, S.11 (19); Danelsing in
Blümich, § 17 KStG, Rz.9.
560) So Ulmer in in BB 1989, S.10 (19).

beenden und einen neuen, den Anforderungen des BGH angepaßten
Vertrag, abzuschließen.

Die Vertreter der Gegenmeinung lehnen eine solche Kündigungsmöglichkeit ab. In der Nichtigkeit des Unternehmensvertrages
sei kein wichtiger Grund im Sinne des § 14 Nr.4 S.2 KStG zu sehen. Eine Kündigung gemäß § 14 Nr.4 S.2 KStG sei nur dann möglich, wenn ein sonstiger Sachverhalt vorliege, der anerkannter-
maßen einen wichtigen Grund darstelle. Sei dies nicht der Fall,
solle eine steuerrechtliche Anerkennung des fehlerhaften Vertrages nur möglich sein, wenn der Vertrag mindestens fünf Jahre
durchgeführt worden sei[561].

Vorwiegend Autoren aus dem steuerrechtlichen Bereich messen der
Anwendung der Grundsätze der fehlerhaften Gesellschaft keine
Wirkung in steuerrechtlicher Hinsicht bei[562]. Dies würde bedeuten, daß die Anwendung der Grundsätze der fehlerhaften Gesellschaft zwar in zivilrechtlicher Hinsicht die Folgen der Nichtigkeit der Unternehmensverträge abfangen könnte, aber in steuerrechtlicher Hinsicht nicht darüber hinweghelfen würde, daß
die für die Anerkennung einer körperschaftsteuerlichen Organschaft nötigen Voraussetzungen nicht vorliegen. Zur Begründung
wird auf die zivilrechtliche Wirksamkeit des Gewinnabführungsvertrages als Tatbestandsmerkmal des § 17 KStG verwiesen. Die
Anwendung der Grundsätze der fehlerhaften Gesellschaft führe
nur dazu, daß der Vertrag als wirksam behandelt werde, er
bleibe aber dennoch fehlerhaft und unwirksam[563]. Außerdem könne
er jederzeit durch Berufung auf die Fehlerhaftigkeit beendet
werden und sei daher nicht bindend. Dies lasse sich nicht mit
dem Tatbestandsmerkmal des § 14 Nr.4 KStG vereinbaren, wonach
der Gewinnabführungsvertrag bindend auf fünf Jahre abgeschlos-

---

561) Rehbinder in FS Fleck, S.254 (268 f.); besonders deutlich
     Danelsing in Blümich, 13.Aufl.(Stand 09/88) § 17
     KStG,Rz.9, in der Neuauflage verweist Danelsing in erster
     Linie auf die Übergangsregelungen, vgl.§ 17, Rz.20.
562) Frotscher/Maas § 17, Rz.14 f.; Blumers/Schmidt in DB 1989,
     S.31 (32) und in GmbHR 1991, S.32; Strobl a.a.O.(Fn.537),
     S.73; Ebenroth/Müller in BB 1991, S.358 (362);
     Emmerich/Sonnenschein, S.398.
563) Nahezu einhellige Meinung, vgl. bei Rehbinder in FS Fleck,
     S.254 (268); Timm in GmbHR 1989, S.11 (19); Zöllner in
     Baumbach/Hueck, Anh. Konzernrecht, Rz.17b.

sen werden müsse[564]. Zwar sehe das Gesetz gemäß § 14 Nr.4 S.2 KStG die Möglichkeit der Kündigung aus wichtigem Grund vor, diese Kündigung sei jedoch nicht mit der Geltendmachung der Nichtigkeit des Vertrages vergleichbar. Eine solche Kündigung sei an das Vorliegen eines wichtigen Grundes gebunden, während ein Vertrag, der über die Grundsätze der fehlerhaften Gesellschaft wie ein wirksamer Vertrag behandelt werde, durch Geltendmachung der Fehlerhaftigkeit jederzeit beendet werden könne[565].

Gegen eine Übernahme der Grundsätze der fehlerhaften Gesellschaft ins Steuerrecht wurde außerdem eingewandt, die unklare Lage bezüglich einer möglichen Erstreckung des Bestandsschutzes in die Zukunft würde im Steuerrecht zu untragbaren Unsicherheiten führen [566].

E. Die steuerrechtlichen Möglichkeiten

Die Autoren, die sich gegen die Anwendung der Grundsätze der fehlerhaften Gesellschaft im Steuerrecht aussprechen, stehen vor dem Problem, daß es dennoch aus Billigkeitsgesichtspunkten geboten ist, fehlerhaften Altverträgen Bestandsschutz zu gewähren. Ein solcher Bestandsschutz soll nach deren Ansicht über die allgemeinen Grundsätze der Abgabenordnung realisiert werden.

Die eigentlich naheliegende Lösung, Bestandsschutz über eine wirtschaftliche Betrachtungsweise gemäß § 41 Abs.1 AO zu erreichen, wird mittlerweile richtigerweise einmütig abgelehnt[567]. Nach § 41 Abs.1 AO ist die zivilrechtliche Unwirksamkeit eines Rechtsgeschäfts unerheblich, soweit die Beteiligten das wirtschaftliche Ergebnis des Rechtsgeschäfts eintreten lassen. Dies

---

564) Frotscher/Maas § 17, Rz.14 f.; Blumers/Schmidt in DB 1989, S.31 (32) und in GmbHR 1991, S.32.
565) So insbesondere Blumers/Schmidt in GmbHR 1991, S.32 (33).
566) Strobl a.a.O.(Fn.537), S.73.
567) Strobl a.a.O.(Fn.537), S.74; Rehbinder in FS Fleck, S.254 (257); Blümers/Schmidt in GmbHR 1991, S.32 (33) und in DB 1989, S.31 (32); Ulmer in BB 1989, S.10 (19); Hönle in DB 1979, S.485 (490); vgl. dazu auch unter 1.Teil, B.IV.a).

scheint im ersten Augenblick genau die fragliche Situation zu treffen. Da jedoch die zivilrechtliche Wirksamkeit des Gewinnabführungsvertrages ein Tatbestandsmerkmal der §§ 14 Nr.4, 17 KStG darstellt, verdrängen diese Vorschriften als Spezialvorschriften den § 41 AO. Könnte § 41 AO Bestandsschutz erzeugen, wären die Anforderungen der §§ 14 und 17 KStG, die das Vorliegen besonderer zivilrechtlicher Rechtsverhältnisse erfordern, bedeutungslos.

Die steuerrechtliche Literatur verweist, um Vertrauensschutz zu schaffen, auf die Veränderungssperre des § 176 Abs.2 AO. Der Vertrauensschutz, der aus dieser Vorschrift resultiert, ist jedoch sehr begrenzt, weil zunächst ein bereits ergangener Steuerbescheid erforderlich ist, wenn auch unter dem Vorbehalt der Nachprüfung (§ 164 AO). In einem solchen Fall darf bei der Änderung oder Aufhebung des Steuerbescheids nicht zuungunsten des Steuerpflichtigen berücksichtigt werden, daß der BGH eine Verwaltungsvorschrift als nicht im Einklang mit dem geltenden Recht bezeichnet hat. Es wurde die Ansicht vertreten, der BGH habe durch den "Supermarkt"-Beschluß Abschn. 64 Abs.1 a.F. KStR mittelbar für unanwendbar erklärt[568].

Die Steuerliteratur verweist weiterhin auf § 163 AO, wonach die Finanzverwaltung Übergangsregeln erlassen könne, wenn dies aus Billigkeitsgründen erforderlich sei, um den Steuerpflichtigen zu schützen[569].

---

568) Frotscher/Maas § 17, Rz.15.
569) Frotscher/Maas § 17, Rz.16.

F. Die Übergangsregelungen der Finanzverwaltung

Die Finanzverwaltung hat die Entwicklung der Anforderungen an
GmbH-Organschaftsverträge stets mit Regelungen begleitet, um
die zivilrechtlichen Unsicherheiten möglichst nicht in den Bereich des Steuerrechts vordringen zu lassen. So hat sie vor dem
"Supermarkt"-Beschluß mit BMF-Schreiben vom 17.02.1987[570] bzw.
1.10.1987[571] auf die Diskussion über die Anforderungen an GmbH-
Organschaftsverträge reagiert und angeordnet, daß Gewinnabführungsverträge, die nicht notariell beurkundet bzw. nicht im
Handelsregister eingetragen sind, bis zur abschließenden Klä-
rung der zivilrechtlichen Anforderungen nicht beanstandet werden sollten.

Unmittelbar nach dem "Supermarkt"-Beschluß hat die Finanzverwaltung schließlich mitgeteilt, sie werde eine Übergangsrege-
lung schaffen und bis dahin Gewinnabführungsverträge, die nicht
die von dem BGH aufgestellten Anforderungen erfüllten, nicht
beanstanden[572]. Die Übergangsregel folgte dann mit Rundschreiben vom 31.10.1989 in dem zunächst klargestellt wurde, daß die
Anwendung der Grundsätze der fehlerhaften Gesellschaft für eine
steuerliche Anerkennung nicht ausreichend sei. Der BMF hat weiter die Finanzämter angewiesen, Organschaftsverhältnisse, die
die vom BGH aufgestellten Anforderungen nicht erfüllen, aber im
übrigen den Anforderungen des § 17 KStG entsprechen, nicht zu
beanstanden. Diese Übergangsregel wurde zeitlich bis zu dem
Wirtschaftsjahr begrenzt, das am 31.12.1992 endet. Organschaftsverhältnisse, die bis zu diesem Zeitpunkt nicht angeglichen oder gekündigt werden, sollen bis zu diesem Zeitpunkt auch
dann steuerrechtlich anerkannt werden, wenn sie bis dahin noch
keine fünf Jahre durchgeführt wurden. Ein Gewinnabführungsvertrag, der an die von dem BGH für nötig gehaltenen Anforderungen
angeglichen wird, muß, um steuerlich anerkannt werden zu können, nicht erneut auf fünf Jahre abgeschlossen werden. Es genügt, wenn der nach der Übergangsregel anerkannte und der neu
abgeschlossene Vertrag zusammen eine Mindestlaufzeit von fünf
Jahren aufweisen. Die Finanzverwaltung stellt in einem weiteren

570) Vgl. GmbHR 1987, S.249.
571) DB 1987, S.2125.
572) BMF Schreiben vom 30.12.1988 in GmbHR 1989, S.99.

Schreiben[573] klar, daß Gewinnabführungsverträge, die wegen der strengeren Wirksamkeitsvoraussetzungen zu einem früheren Zeitpunkt als dem 1992 endenden Wirtschaftsjahres zu Ende gebracht werden und noch keine fünf Jahre durchgeführt wurden, dennoch steuerlich anerkannt werden sollen.

---

573) BMF Schreiben vom 20.07.1990 in GmbHR 1990, S.423 f.

G. Eigene Meinung

I. Zur Anwendbarkeit der Grundsätze der fehlerhaften Gesellschaft

Auch bei der Behandlung von Altverträgen zeigen sich die Schwächen der herrschenden Meinung. Es wird in diesem Zusammenhang wiederum deutlich, daß eine durchgängig konsequente Lösung nicht möglich ist, falls man den Abschluß eines Organschaftsvertrages als Satzungsänderung behandelt.

Nach allgemeiner Ansicht finden die Grundsätze der fehlerhaften Gesellschaft keine Anwendung bei einer fehlerhaften Änderung des Gesellschaftsvertrages[574]. Diese Ansicht vertritt auch der BGH, der zur Begründung auf den Schutzzweck dieses Institut verweist, welcher eine solche Anwendung nicht zulasse. Im Gegensatz zu einer fehlerhaften Vertragsbegründung sei bei einer fehlerhaften Änderung des Gesellschaftsvertrages eine Basis vorhanden, die lediglich geändert werde. Wenn diese Änderung nichtig sei, gelte der Gesellschaftsvertrag in der unveränderten Fassung weiter, so daß das Vertragsverhältnis im Gegensatz zum fehlerhaften Abschluß nicht in einen regelungsfreien Raum falle[575].

In der Literatur wird zum Teil hervorgehoben, daß bei fehlerhaften GmbH-Unternehmensverträgen lediglich die Grundsätze über die Behandlung von fehlerhaften Beschlüssen unmittelbare Anwendung finden könnten[576]. Diese Grundsätze vermögen aber bei der sich stellenden Problematik nicht weiterzuhelfen, da erst anhand der Art des Fehlers festgestellt werden muß, ob der Beschluß nichtig, anfechtbar oder unwirksam ist, um die Rechtsfolgen ableiten zu können. Einen Bestandsschutz für Unternehmensverträge, die auf fehlerhaften Zustimmungsbeschlüssen beruhen, vermögen die Grundsätze über fehlerhafte Beschlüsse nicht zu begründen[577]. Die Anwendung der Lehre hätte lediglich den

---

574) Kübler, S.346 f.; Rehbinder in FS Fleck, S.254 (261 f.).
575) BGHZ 62, 20 (26 f).
576) Rehbinder in FS Fleck, S.254 (261 f.).
577) Vgl. zu dem Komplex fehlerhafte Beschlüsse: Raiser in Hachenburg, Anh. § 47, Rz.12 ff.

Vorteil, daß jeder Gesellschafter die Fehlerhaftigkeit des Zustimmungsbeschlusses zum Abschluß des Organschaftsvertrages
geltend machen könnte, wie dies insbesondere von Ulmer hervorgehoben wird[578].

Als dogmatische Grundlage für die Anwendung der Grundsätze der
fehlerhaften Gesellschaft wird auch der Gesichtspunkt der
Schaffung einer neuen Organisationseinheit herangezogen[579].
Diese Argumentation stellt jedoch auf dem Boden der herrschenden Meinung einen Zirkelschluß dar. Wie schon ausführlich erörtert, spricht die Schaffung der neuen Organisationseinheit
zunächst gegen die Behandlung des Abschlusses eines Organschaftsvertrages als Satzungsänderung[580]. Geschieht dies dennoch, ist keine dogmatische Grundlage vorhanden, die die Anwendung der Grundsätze der fehlerhaften Gesellschaft rechtfertigen
würde.

Es ist sicherlich zutreffend, daß die bestehende Situation ein
Bedürfnis nach Ausgleich durch die Anwendung der Grundsätze der
fehlerhaften Gesellschaft begründet. Dennoch muß die Anwendung
dieser Grundsätze auf dem Boden der herrschenden Meinung als
Kunstgriff bezeichnet werden, da kein dogmatischer Anknüpfungspunkt für eine solche Anwendung vorhanden ist.

Nach der hier vertretenen Ansicht bereitet es dogmatisch keine
Schwierigkeiten, die Grundsätze der fehlerhaften Gesellschaft
anzuwenden. Der fehlerhafte Abschluß eines Gesellschaftsvertrages ist der typische Fall für deren Anwendung. Behandelt man
den Abschluß eines Organschaftsvertrages analog den Vorschriften über den Abschluß eines Gesellschaftsvertrages erscheint es
nur konsequent, auch die Grundsätze der fehlerhaften Gesellschaft anzuwenden. Damit ist Rehbinder, wenn auch mit einer abweichenden Begründung, zuzustimmen, daß die mit dem Abschluß
eines Organschaftsvertrages geschaffene neue Organisationseinheit für die Anwendung der Grundsätze der fehlerhaften Gesellschaft spricht.

---

578) Ulmer in BB 1989, S.10 (19), insbesondere Fn.99.
579) Rehbinder in FS Fleck, S.254 (264).
580) Vgl. unter 2.Teil, F.IV c).

II. Die Voraussetzungen

Um die Grundsätze der fehlerhaften Gesellschaft auf GmbH-Organ-schaftsverträge anwenden zu können, sind keine von der allgemeinen Lehre abweichenden Voraussetzungen zu beachten.

Zunächst muß der Versuch unternommen worden sein, einen wirksamen Organschaftsvertrag abzuschließen. Der Vertrag muß mit einem Nichtigkeits- bzw. Unwirksamkeitsgrund behaftet sein, der zur Nichtigkeit ex tunc führt.

Weiterhin muß der Vertrag vollzogen werden[581]. In bezug auf einen isolierten Gewinnabführungsvertrag ist erforderlich, daß tatsächlich das Jahresergebnis von dem Organträger getragen wurde, das heißt, daß er entweder die Gewinne der Organgesellschaft erhalten oder deren Verluste ausgeglichen hat. Ein Beherrschungsvertrag ist dann durchgeführt, wenn die herrschende Gesellschaft Weisungen erteilt hat und diese befolgt wurden. Bei einem Organschaftsvertrages, der aus beiden Unternehmensverträgen besteht, ist ausreichend, daß einer der beiden Unternehmensverträge vollzogen wurde, denn ein einheitlichen Vertrag aus mehreren Bestandteilen gilt als durchgeführt, sobald einzelne Teile in Vollzug gesetzt sind[582].

Fraglich ist, ob die Art des Fehlers, der die Ursache für die Nichtigkeit des Unternehmensvertrages darstellt, einen Einfluß auf die Anwendbarkeit der Grundsätze der fehlerhaften Gesellschaft haben kann. Die Autoren, die die Anwendung des Instituts bejahen, sprechen sich nahezu einhellig für eine Begrenzung auf die Fälle aus, in denen die vom BGH geforderten Formalien, wie notarielle Beurkundung und Handelsregistereintragung, nicht beachtet wurden. Auch soll der Schutz nur Altverträge umfassen, die vor dem "Supermarkt"-Beschluß vereinbart wurden, da nur diese Verträge schutzwürdig seien[583]. Somit werden die Grundsätze der fehlerhaften Gesellschaft zur Vermeidung von Ungerechtigkeiten herangezogen, sie werden zu einem Ausgleichsme-

---

581) Vgl. zu den dogmatischen Grundlagen und Voraussetzungen: Karsten Schmidt, S.120 ff., mit weiteren Nachweisen.
582) Ähnlich BGH in DB 1991, S.29.
583) So z.B. Timm in GmbHR 1989, S.11 (17).

chanismus. Neue, nach dem "Supermarkt"-Beschluß abgeschlossene Verträge und solche, deren Nichtigkeit auf Umständen basiert, die schon vor dem Beschluß des BGH als erforderlich angesehen wurden, sollen nicht in den Genuß des Schutzes der Lehre von der fehlerhaften Gesellschaft kommen. Damit führt die herrschende Meinung quasi ein Verschuldensprinzip ein. Nur, wenn die Fehlerhaftigkeit des Vertrages auf Umstände zurückzuführen ist, die nicht von den Vertragsparteien verschuldet wurden, soll durch die Anwendung der Grundsätze der fehlerhaften Gesellschaft ein Ausgleich geschaffen werden. Werden dagegen bei Vertragsabschluß bekannte Voraussetzungen nicht beachtet, beruht die Fehlerhaftigkeit mithin auf vermeidbaren Fehlern, sollen die Nichtigkeitsfolgen ungemindert eintreten.

Die Praxis hat sich bis zum "Supermarkt"-Beschluß nach den in § 17 a.F. KStG direkt aufgezählten Anforderungen ausgerichtet. Eine Handelsregistereintragung, die der BGH nunmehr als Wirksamkeitsvoraussetzung für notwendig hält, war früher nicht einmal möglich. Angesichts dieser Situation ist es sicher richtig, daß Altverträge eines Schutzes bedürfen. Dem Wesen der Grundsätze der fehlerhaften Gesellschaft entspricht es jedoch nicht, Ungerechtigkeiten auszugleichen. Es ist im allgemeinen für die Anwendung der Lehre unerheblich, ob die Fehlerhaftigkeit des Vertrages vermeidbar gewesen wäre. Ein nichtiger Gesellschaftsvertrag wird nach den Grundsätzen der fehlerhaften Gesellschaft behandelt, unabhängig davon, ob die Fehlerhaftigkeit auf ein Verschulden der Vertragsparteien zurückzuführen ist oder nicht. Die dogmatische Grundlage für die Lehre von der fehlerhaften Gesellschaft ist einerseits die Unpraktikabilität einer Rückabwicklung derartiger Vertragsverhältnisse nach Bereicherungsrecht, andererseits der Schutz des Rechtsverkehrs[584]. Mit dem Schutzzweck der Lehre ist es nicht vereinbar, deren Eingreifen von Umständen, auf denen die Fehlerhaftigkeit des Vertrages beruht, abhängig zu machen. Ein schuldhaft nichtiger Vertrag ist ebenso schwierig nach Bereicherungsrecht rückabzuwickeln wie ein unverschuldet nichtiger Vertrag. Das gleiche gilt für Unsicherheiten, die solche nichtigen Verträge für den Rechtsverkehr bedeuten. Ein Vergleich mit der Rechtssituation im Aktienrecht

---

584) Kübler, S.333 f.

bestätigt diese Sichtweise. Auch dort sind nach der herrschenden Meinung auf nichtige Unternehmensverträge die Grundsätze der fehlerhaften Gesellschaft anwendbar[585]. Da im Aktiengesetz die Anforderungen an Unternehmensverträge detailliert geregelt sind, beruht die Fehlerhaftigkeit des Vertrages nahezu immer auf einem vermeidbaren Gesetzesverstoß.

Die gleichen Bedenken müssen der Ansicht, daß der Schutz nur Altverträge, also Verträge die vor dem "Supermarkt"-Beschluß geschlossen wurden, umfasse entgegengehalten werden. Auch dies bedeutet, die Anwendung von der Schuldlosigkeit der Parteien abhängig zu machen.

Bestandsschutz unter Berücksichtigung des Verschuldens der Vertragsparteien wäre allenfalls im Rahmen einer Lösung über die Grundsätze von Treu und Glauben denkbar. Eine solche Lösung, gestützt auf die allgemeinen Billigkeitsgrundsätze, wird vereinzelt befürwortet[586], jedoch richtigerweise überwiegend als zu schwammig abgelehnt.

Mithin kann zusammenfassend festgestellt werden, daß die Grundsätze der fehlerhaften Gesellschaft unabhängig von der Art des Nichtigkeitsgrundes anzuwenden sind; eine Begrenzung der Anwendung auf Altverträge ist nicht möglich. Eine solche Sichtweise ist aus dogmatischen Gründen geboten. Zudem erscheint eine derartige Vorgehensweise angesichts der Probleme, die es bereiten würde, einen Unternehmensvertrag nach Bereicherungsrecht rückabzuwickeln, als sachgerecht.

Ebenso wie nach der allgemein anerkannten Lehre sind auch auf Organschaftsverträge in bestimmten Ausnahmesituationen die Grundsätze der fehlerhaften Gesellschaft nicht anwendbar. Dies ist dann der Fall, wenn die rechtliche Anerkennung des tatsächlich vorhandenen Zustandes zu gewichtigen Interessen der Allgemeinheit oder einzelner schutzwürdiger Personen im Widerspruch steht. Dabei kommen insbesondere Verträge in Betracht, die aufgrund von Gesetzesverstoß nach § 134 BGB, Sittenwidrigkeit ge-

---

585) Zur Diskussion im Aktienrecht: Kleindiek in ZIP 1988, S.613 (614) mit weiteren Nachweisen.
586) Kort in ZIP 1989, S.1309 (1312).

mäß § 138 BGB, arglistiger Täuschung oder aus Gesichtspunkten des Schutzes von Geschäftsunfähigen nichtig sind.

III. Die Rechtsfolgen

Auch wenn es um die Rechtsfolgen geht, die aus der Anwendung der Grundsätze der fehlerhaften Gesellschaft resultieren, besteht bei der Anwendung auf fehlerhaften GmbH-Unternehmensverträgen und der allgemeinen Lehre kein wesentlicher Unterschied. Der fehlerhafte Organschaftsvertrag ist trotz seiner Nichtigkeit nicht mit ex tunc-Wirkung als nichtig zu behandeln, sondern die Nichtigkeit kann nur mit Wirkung für die Zukunft geltend gemacht werden. Der Vertrag ist für die Vergangenheit als wirksam zu behandeln. Das bedeutet, der Organträger hat Verluste aus der Vergangenheit auszugleichen, und das Organ kann abgeführte Gewinne nicht zurückverlangen.

IV. Die Geltendmachung der Fehlerhaftigkeit des Vertrages

Die Fehlerhaftigkeit eines GmbH-Unternehmensvertrages kann jedoch nicht völlig folgenlos bleiben. Ein solcher Vertrag ist vernichtbar, die Fehlerhaftigkeit kann jederzeit mit ex nunc-Wirkung geltend gemacht werden, und zwar in der für die Auflösung aus wichtigem Grund vorgesehen Form[587].

Überwiegend werden in bezug auf die Auflösung von GmbH-Unternehmensverträgen die Regelungen des aktienrechtlichen Vertragskonzernrechts, insbesondere die Regelungen der §§ 295-297 AktG, analog herangezogen, zum Teil mit einigen Modifizierungen[588]. Die Geltendmachung der Fehlerhaftigkeit eines GmbH-Unternehmensvertrages soll demgemäß analog der Kündigung aus wichtigem Grund gemäß § 297 AktG erfolgen[589]. Dabei soll die Fehlerhaftigkeit des Vertrages einen wichtigen Grund im Sinne dieser Vorschrift darstellen. Eine solche Analogie ist wiederum dogma-

---

587) Kübler, S.342 ff.
588) Wirt in DB 1990, S.2105; Priester in ZHG Sonderheft Nr.6, S.151 (184); Emmerich/Sonnenschein, S.397; Emmerich in Scholz, Anh. Konzernrecht, Rz.316;
   anderer Ansicht: Ebenroth/Müller in BB 1991, S.360 f.
589) Anderer Ansicht lediglich Ebenroth/Müller in BB 1991, S.358 (362).

tisch zweifelhaft. Es scheint, als hätte man hier den einfach-
sten Weg eingeschlagen, um eine weitere Lücke zu schließen, die
die Behandlung des Abschlusses eines Organschaftsvertrages als
Satzungsänderung mit sich bringt.

Auffällig ist in diesem Zusammenhang, daß die Vorschrift ohne
eingehendere Diskussion analog angewendet wird. In der Regel
stellen die Autoren in einem Satz fest, daß die Vorschrift analog anwendbar sei. Dies verwundert angesichts der prinzipiellen
Einigkeit darüber, daß das Vertragskonzernrecht des Aktiengesetzes eigentlich ungeeignet sei, ins GmbH-Recht übernommen zu
werden. Eine Analogie zu § 297 AktG birgt weiter den Nachteil,
daß die Nichtigkeit des Organschaftsvertrages nicht von einzelnen Gesellschaftern geltend gemacht werden kann[590]. Eine Kündigung analog § 297 AktG wäre sowohl in bezug auf die Organ- wie
auf die Organträgergesellschaft vom Geschäftsführer vorzunehmen. Den Gesellschaftern bliebe nur die Möglichkeit, durch Gesellschafterbeschluß den Geschäftsführer anzuweisen, die Kündigung vorzunehmen oder zu unterlassen. Dazu wäre jedoch ein Gesellschafterbeschluß und damit eine Gesellschaftermehrheit notwendig. Eine solche Lösung ist insbesondere in Ansehung der beherrschten Gesellschaft unbefriedigend. Nach herrschender wie
auch nach hier vertretener Meinung ist die Zustimmung aller Gesellschafter der unterworfenen Gesellschaft zu einem solchen
Vertragsschluß erforderlich. Wenn einem Altvertrag ein Zustimmungsbeschluß mit einer Dreiviertelmehrheit zugrunde liegt,
wäre es unbillig, wenn die Minderheitsgesellschafter auch für
die Zukunft an den fehlerhaften Vertrag gebunden werden könnten. Sie müssen ebenfalls die Möglichkeit haben, die Fehlerhaftigkeit des Vertrages geltend zu machen.

Gegen eine analoge Anwendung des § 297 AktG spricht weiter, daß
auch bei der Beendigung des Vertrages der Charakter des GmbH-
Organschaftsvertrages Berücksichtigung finden muß. Von den Autoren, die der überwiegenden Ansicht folgen, wird die unterschiedliche Bedeutung des Vertrages für die Parteien, wenn es
um den Abschluß des Vertrages geht, deutlich hervorgehoben, in

---

590) Hierauf weist auch insbesondere Ulmer hin, vgl. dazu Ulmer
     in BB 1989, S.10 (19).

Zusammenhang mit einer Kündigung aus wichtigem Grund wird dieser Umstand dagegen völlig übergangen. Für beide Vertragsparteien soll § 297 AktG analog herangezogen werden.

Daneben läßt dieses Vorgehen der herrschenden Meinung, insbesondere bezogen auf die Organgesellschaft, eine durchgängige dogmatische Linie vermissen, denn die Anforderungen an den Abschluß des Organschaftsvertrages sollen am GmbH-Recht auszurichten sein, während seine Beendigung analog dem Aktienrecht erfolgen soll.

Es sind deshalb, wenn es um die Beendigung des Vertrages geht, ähnliche Überlegungen anzustellen, wie sie in Zusammenhang mit der Eingehung des Vertragsverhältnisses nötig sind[591]. Demgemäß müssen die unterschiedlichen Konsequenzen für die Vertragsparteien Niederschlag finden und die Lösung muß insgesamt am GmbH-Recht ausgerichtet werden.

a) Die Aufhebung des Vertrages durch die Organgesellschaft
Nach der hier vertretenen Ansicht ist der Abschluß eines Organschaftsvertrages in bezug auf die Organgesellschaft analog den Vorschriften über den Abschluß eines Gesellschaftsvertrages zu behandeln. Bei der Frage, welche Möglichkeiten die Organgesellschaft hat, die Fehlerhaftigkeit eines GmbH-Unternehmensvertrages geltend zu machen, ist daher analog den Instrumentarien des GmbH-Gesetzes zur Auflösung des Gesellschaftsvertrages, also der Gesellschaft, vorzugehen.

Eine solche Verfahrensweise ist auch wegen der durchaus vorhandenen Vergleichbarkeit der Beendigung eines Organschaftsvertrages mit der Auflösung einer Gesellschaft angezeigt. Es entfällt jeweils eine Organisationsebene. In einem Fall wird ein Vertragskonzern aufgelöst, in dem anderen Fall eine Gesellschaft. Ebenso wie die Gründung eines Vertragskonzerns bringt auch die Auflösung eines solchen Vertragsverhältnisses für die Organgesellschaft erhebliche Veränderungen mit sich. Aus der unselbständigen, an den Organträger gebundenen Gesellschaft wird wie-

---

591) Ähnliche Sichtweise: Ebenroth/Müller in BB 1991, S.358 (360 f.).

der eine eigenständige Gesellschaft. Es wäre daher unbillig, wenn der Geschäftsführer in Analogie zu § 297 AktG ohne weitere Ermächtigung einen Unternehmensvertrag durch Geltendmachung der Fehlerhaftigkeit auflösen könnte[592].

Das GmbH-Gesetz sieht mehrere Möglichkeiten vor, den Gesellschaftsvertrag außer Kraft zu setzen und damit die GmbH aufzulösen. Gemäß § 75 GmbHG kann jeder Gesellschafter auf dem Klageweg die Gesellschaft für nichtig erklären lassen, wenn der Gesellschaftsvertrag an einem in § 75 GmbHG aufgezählten Mangel leidet. Ein solcher Fehler liegt zum einen dann vor, wenn die Höhe des Stammkapitals oder der Unternehmensgegenstand im Gesellschaftsvertrag nicht geregelt oder wenn Bestimmungen des Gesellschaftsvertrages über den Gegenstand des Unternehmens nichtig sind[593]. Das Urteil wirkt gemäß § 77 GmbHG nur für die Zukunft und bewirkt die Auflösung der Gesellschaft; es handelt sich der Sache nach um eine Auflösungsklage[594]. Die Regelungen der §§ 75 ff. GmbHG gelten heute als gesetzliches Vorbild für die Grundsätze der fehlerhaften Gesellschaft[595]. Die Nichtigkeit der Gesellschaft ist im Handelsregister einzutragen[596]

In den §§ 60 Abs.1 Nr.3, 61 GmbHG sieht das GmbH-Recht eine weitere Möglichkeit der Auflösung durch Urteil vor. Eine solche Auflösungsklage ist dann möglich, wenn in den Verhältnissen der Gesellschaft ein wichtiger Grund für die Auflösung vorhanden ist. Die Klage muß gegen die Gesellschaft gerichtet und von mindestens 10% der Gesellschafter erhoben werden[597]. Diese Regelung ist zwingend; das Klagerecht kann auch durch abweichende Vereinbarungen im Gesellschaftsvertrag nur erleichtert, aber nicht erschwert werden[598].

§ 60 Abs.1 Nr.2 GmbHG sieht schließlich die Auflösung durch Beschluß vor, der mit drei Viertel der abgegebenen Stimmen zu

---

592) Ebenso: Ebenroth/Müller in BB 1991, S.358 (360 f.).
593) Vgl. im einzelnen Zimmermann in Rowedder, § 75, Rz.12 ff.
594) Karsten Schmidt, S.126 u.995.
595) Karsten Schmidt, S.1264.
596) Zimmermann in Rowedder, § 75, Rz.34.
597) Zu Einzelheiten Rasner in Rowedder, § 61, Rz.1 ff.
598) Rasner in Rowedder, § 61, Rz.3.

fassen ist. Das erforderliche Quorum kann durch Regelung im Gesellschaftsvertrag abweichend festgelegt werden[599].

Gemäß § 65 GmbHG ist jeweils die Auflösung der Gesellschaft ins Handelsregister einzutragen.

Bei fehlerhaften GmbH-Unternehmensverträgen ist fraglich, ob die Fehlerhaftigkeit des Vertrages auf dem Wege einer Auflösungsklage analog § 75 GmbHG geltend gemacht werden kann oder ob lediglich eine Auflösungsklage in Analogie zu §§ 60 Abs.1 Nr.3, 61 GmbHG möglich ist. Der praktische Unterschied besteht in erster Linie darin, daß eine Auflösungsklage gemäß § 75 GmbHG auch von einem einzelnen Gesellschafter erhoben werden kann, während im Falle des §§ 60 Abs.1 Nr.3, 61 GmbHG die Klage von mindestens 10% der Gesellschafter erhoben werden muß.

Obgleich die in § 75 GmbHG aufgeführten Fallgruppen nicht entsprechend sind, erscheint eine analoge Heranziehung der Vorschrift dennoch sinnvoll, um die Fehlerhaftigkeit eines GmbH-Unternehmensvertrages geltend zu machen. Es handelt sich hierbei um eine ausgewogene Lösung, da angesichts der weitreichenden Auswirkungen einerseits die Koppelung an ein gerichtliches Verfahren angebracht ist, andererseits aber auch einzelnen Gesellschaftern die Möglichkeit gegeben werden muß, das Verfahren zu betreiben. In Analogie zu § 75 Abs.2 GmbHG ist die Nichtigkeit des Unternehmensvertrages mit deklaratorischer Wirkung ins Handelsregister einzutragen.

Auch unabhängig von der Fehlerhaftigkeit des Unternehmensvertrages ist eine Auflösung des Vertrages durch Beschluß in Analogie zu § 60 Abs.1 Nr.2 GmbHG oder durch Urteil in Analogie zu den §§ 60 Abs.1 Nr.3, 61 GmbHG[600] in beschriebener Art und Weise möglich. Der in diesem Zusammenhang erforderliche wichtige Grund kann auch die Fehlerhaftigkeit des Vertrages sein, wenn auch ein derartiges Bedürfnis angesichts der Analogie zu § 75 GmbHG nicht besteht. Ansonsten kann es sich bei dem wichtigen Grund um einen persönlichen wie auch einen wirtschafti-

---

599) Rasner in Rowedder, § 60, Rz.23.
600) Die Fehlerhaftigkeit des Vertrages stellt dann einen
     wichtigen Grund im Sinne dieser Vorschriften dar.

chen Grund handeln[601]. Die Klage muß von mindestens 10% der Gesellschafter der Organgesellschaft erhoben und gegen die Organträgergesellschaft gerichtet werden.

Die Auflösung des Unternehmensvertrages ist jeweils in Analogie zu § 65 GmbHG mit deklaratorischer Wirkung ins Handelsregister einzutragen.

b) Die Geltendmachung der Fehlerhaftigkeit durch die Organträgergesellschaft

Für die Organträgergesellschaft ist die Situation eine völlig andere. Der Organschaftsvertrag stellt für diese einen herkömmlichen schuldrechtlichen Vertrag dar. Der BGH und die herrschende Lehre, die § 293 Abs.2 AktG analog heranziehen, sind folgerichtig der Auffassung, daß die Kündigung von GmbH-Unternehmensverträge analog § 297 AktG zu erfolgen habe. Demgemäß sei auch die Fehlerhaftigkeit eines GmbH-Unternehmensvertrages auf diesem Wege geltend zu machen.

Nach der hier vertretenen Ansicht findet § 293 Abs.2 AktG im GmbH-Vertragskonzernrecht keine analoge Anwendung. Es wäre von diesem Standpunkt aus inkonsequent, § 297 AktG analog anzuwenden. Es besteht kein dogmatischer Anknüpfungspunkt für eine solche Analogie, weiterhin auch kein Bedürfnis. Es ist allgemeine Ansicht, daß jedes Dauerschuldverhältnis aus wichtigem Grund kündbar ist[602]. Somit muß auch der Organschaftsvertrag für den Organträger aus wichtigem Grund kündbar sein. Fraglich ist, ob bei dieser Kündigung eine bestimmte Form beachtet werden muß. Die Aufhebung eines formbedürftigen Rechtsgeschäftes kann, wenn das Gesetz nichts Gegenteiliges vorsieht, formlos erfolgen[603]. Der Organschaftsvertrag kann, da keine Anzeichen für eine derartige Formbedürftigkeit vorhanden sind, von seiten des Organträgers formlos aus wichtigem Grund gekündigt werden. Somit kann auch auf diesem Wege die Nichtigkeit des Vertrages geltend gemacht werden.

---

601) Vgl. dazu Rasner in Rowedder, § 61, Rz.4 ff.
602) Heinrichs in Palandt, Einl.v. § 241, Rz.18 ff.
603) Förschler in Münchner Kommentar, § 125 Rz.15.

Es stellt sich weiter die Frage, ob der Geschäftsführer, der die Kündigung im Namen der Gesellschaft erklären soll, im Innenverhältnis zunächst eine Ermächtigung durch einen Gesellschafterbeschluß benötigt.

Wie schon ausgeführt, stellt der Abschluß eines Organschaftsvertrages für die Organträgergesellschaft eine außergewöhnliche Maßnahme dar, für die der Geschäftsführer im Innenverhältnis eines Gesellschafterbeschlusses bedarf. Entscheidend ist daher, ob es sich auch bei der Geltendmachung der Nichtigkeit eines Organschaftsvertrages um eine derartige außergewöhnliche Maßnahme handelt. Eine Kündigung aus wichtigem Grund, die auch unabhängig von der Fehlerhaftigkeit des Vertrages möglich ist, hat ebenfalls einschneidende Folgen für die herrschende Gesellschaft. Diese verliert umfangreiche Handlungsmöglichkeiten und bleibt mit einer Verlustausgleichspflicht für Fehlbeträge, aus dem Zeitraum als das Vertragsverhältnis bestand, belastet. Zudem macht die Aufhebung eines Organschaftsverhältnisses einen hohen organisatorischen Aufwand erforderlich. Deshalb ist die Kündigung eines Organschaftsvertrages als außergewöhnliches Geschäft zu qualifizieren und bedarf eines Ermächtigungsbeschlusses im Innenverhältnis[604].

Demzufolge ist auch die Geltendmachung der Fehlerhaftigkeit des Vertrages als außergewöhnliches Geschäft zu behandeln. Dafür spricht darüberhinaus die Ungewißheit aufgrund der verschärften Anforderungen in der beherrschte Gesellschaft, ob der Organschaftsvertrag nochmals in an die neue Rechtslage angepaßter Form abgeschlossen werden kann.

c) Die Erstreckung des Bestandsschutzes in die Zukunft

Eine Erstreckung des aus den Grundsätzen der fehlerhaften Gesellschaft resultierenden Bestandsschutzes in die Zukunft, wie dies unter anderen von Timm angeregt wurde, erscheint weder dogmatisch vertretbar noch sinnvoll. Der Grundgedanke der Befürworter einer solchen Ausdehnung liegt darin, daß es andernfalls möglich sei, daß eine Partei nur den Nutzen und die andere Seite nur Nachteile zu tragen habe. Zunächst ist eine solche Erstreckung in die Zukunft mit dem Schutzzweck der Lehre

---

604) Ebenso Priester in ZHG Sonderheft Nr.6, S.151 (184).

von der fehlerhaften Gesellschaft unvereinbar. Wie erörtert, besteht der Schutzzweck der Lehre im Abfangen der praktischen Schwierigkeiten und Unsicherheiten, die eine Rückabwicklung nach Bereicherungsrecht birgt. Erwägungen, den Bestandsschutz in die Zukunft zu erstrecken, resultieren dagegen aus Billigkeitsgesichtspunkten und sollen eine Benachteiligung einer Vertragspartei vermeiden.

Berücksichtigt werden muß in diesem Zusammenhang, daß trotz der Anwendung der Grundsätze der fehlerhaften Gesellschaft die Verträge mit einem Nichtigkeitsgrund behaftet und daher fehlerhaft sind. Eine solche Fehlerhaftigkeit kann nicht ohne Folgen bleiben. Eine Anpassung der Verträge an die geltende Rechtssituation ist geboten. Es ist daher nicht sinnvoll, über die Anwendung der Grundsätze der fehlerhaften Gesellschaft eine solche Anpassung zu erschweren.

Die Geltendmachung der Fehlerhaftigkeit des Vertrages kann lediglich in besonderen Ausnahmesituationen rechtsmißbräuchlich sein oder gegen die gesellschaftliche Treuepflicht verstoßen und dann unstatthaft sein. Dies entspricht der allgemeinen Lehre, wie sie in bezug auf fehlerhafte Gesellschaftsverträge praktiziert wird.

V. Der steuerrechtliche Bestandsschutz von fehlerhaften Verträgen

Die Anwendung der Grundsätze der fehlerhaften Gesellschaft führt dazu, daß der Organschaftsvertrag bis zur Geltendmachung der Fehlerhaftigkeit des Vertrages als zivilrechtlich wirksam behandelt wird; dies hat jedoch steuerrechtlich keine Auswirkung. Wie bereits beschrieben, hat die steuerrechtliche Literatur zu Recht hervorgehoben, daß die Anwendung der Grundsätze der fehlerhaften Gesellschaft nichts daran zu ändern vermag, daß der Tatbestand eines Steuergesetzes nicht erfüllt ist. Derartige Verträge sind von Anfang an nichtig und bleiben auch durch die Anwendung der Grundsätze der fehlerhaften Gesellschaft jederzeit kündbar und vernichtbar. Das bedeutet, die Parteien waren nie an den Vertrag gebunden. Die Fehlerhaftigkeit hätte jederzeit geltend gemacht werden können. Dem Gesetz ist ausdrücklich zu entnehmen, daß für die Anerkennung einer körperschaftsteuerlichen Organschaft der Abschluß des Gewinnabführungsvertrages für fünf Jahre und dessen Wirksamkeit bis spätestens zum Ende des dem Jahr folgenden Jahr, für das ein Organschaftsverhältnis erstmals anerkannt werden soll, nötig ist[605]. Die im Gesetz vorgesehene Kündigungsmöglichkeit gemäß § 14 Nr.4 S.2 KStG hilft in diesem Zusammenhang argumentativ nicht weiter, denn diese Vorschrift eröffnet nur die Kündigung eines einmal wirksam zustande gekommenen Vertrages. Bei einem fehlerhaften Unternehmensvertrag handelt es sich jedoch um einen nichtigen Vertrag, der nur zivilrechtlich für die Vergangenheit wie ein wirksamer Vertrag behandelt wird, um die Probleme einer Rückabwicklung des Vertrages zu umgehen. Noch dazu muß es sich bei den wichtigen Gründen, die eine derartige Kündigung rechtfertigen würden, um spezifisch wirtschaftliche Gründe handeln[606].

Gegen die Ausweitung der Grundsätze der fehlerhaften Gesellschaft auf das Steuerrecht sprechen weiterhin Gesichtspunkte der Rechtssicherheit, wie bereits von Strobl hervorgehoben. Es würden untragbare Unsicherheitsfaktoren geschaffen, die sich aus der Vernichtbarkeit eines fehlerhaften Unternehmensvertrages ergeben.

Weitere Unsicherheiten bestehen insbesondere bezüglich der genauen Voraussetzungen von GmbH-Unternehmensverträgen. Es läßt sich nicht zweifelsfrei feststellen, wann die Grundsätze der fehlerhaften Gesellschaft eingreifen und wann der Vertrag auch ohne Anwendung dieser Lehre wirksam ist. In bezug auf die zivilrechtlichen Anforderungen ist die Situation auch nach dem "Supermarkt"-Beschluß nicht abschließend geklärt; so liegt in neuerer Zeit, wie erörtert, eine abweichende Entscheidung des OLG Düsseldorf vor[607]. Außerdem hat der BGH noch keine Position zu den Mehrheitsanforderungen an einen Zustimmungsbeschluß auf

---

605) Soweit § 14 a.F. KStG anwendbar ist: Am Ende des Jahres, für das ein Organschaftsverhältnis erstmals anerkannt werden soll, mehr dazu unter 1.Teil, B.IV.b)2.
606) Vgl. ebenso BMF Rundschreiben v.31.10.1989 in GmbHR 1989, S.531.
607) OLG Düsseldorf in DB 1991, S.2381.

seiten der Organgesellschaft bezogen; ebenso steht eine Stellungnahme zur Anwendbarkeit des § 47 Abs.4 GmbHG aus. Da vom
BGH derzeit nur wenige Entscheidungen zu dem Komplex vorliegen
und nur eine Entscheidung detailliert auf die zivilrechtlichen
Voraussetzungen eingeht, kann derzeit noch nicht von einer ge-
festigten Rechtsprechung gesprochen werden. Zudem ist diese
Entscheidung des BGH kritikwürdig (wie auch diese Arbeit zeigt)
und wurde auch von etlichen Autoren zum Teil heftig kritisiert.
Die vom BGH entschiedenen Fälle betrafen noch dazu die Situation, daß ein Organschaftsverhältnis mit einer 100%igen Tochter
des Organträgers angestrebt worden war. Es wäre durchaus denkbar, daß bei einer anders gearteten Sachlage der BGH abweichend
entscheidet. Eine derartige Unsicherheit ist für das Steuerrecht untragbar. Deshalb muß in einer solchen Situation, wie
geschehen, auf allgemeine steuerrechtliche Instrumentarien zurückgegriffen werden.

Einen, wenn auch geringen, Bestandschutz bietet in diesem Zusammenhang, wie bereits ausgeführt, die Regelung des § 176
Abs.2 AO, die dann Anwendung finden kann, wenn bereits eine
Veranschlagung vorliegt. Weiter kann davon ausgegangen werden,
daß es angesichts der oben beschriebenen Situation unbillig
wäre, aufgrund der geänderten zivilrechtlichen Anforderungen an
GmbH-Organschaftsverträge die Organschaft zu versagen und Körperschaftsteuer von der Organgesellschaft zu verlangen. Die Finanzverwaltung hat daher die Möglichkeit, gemäß § 163 AO Über-
gangsvorschriften zu erlassen, um diese Unbilligkeiten auszugleichen. Von dieser Möglichkeit hat die Finanzverwaltung,
wie oben bereits erläutert, Gebrauch gemacht.

VI. Die weitergehende Haftung der herrschenden Gesellschaft

Überwiegend wird davon ausgegangen, daß die Schutzvorschriften der §§ 302, 303 AktG analoge Anwendung finden auf GmbH-Unternehmensverträge[608].

§ 302 AktG regelt die Verlusttragungspflicht der herrschenden Gesellschaft. Zunächst ist fraglich, ob ein solcher Schutz überhaupt nötig ist. Zur Anerkennung einer körperschaftsteuerlichen Organschaft, die regelmäßig angestrebt wird, ist gemäß § 17 Nr.1 KStG die Vereinbarung einer Verlustübernahme gemäß § 302 Abs.1 AktG erforderlich. Selbst wenn der Organschaftsvertrag unwirksam ist, wird er für die Vergangenheit als wirksam behandelt, so daß der Organträger trotz der Unwirksamkeit des Vertrages die Verluste zu tragen hat. Letztlich würde die Analogie lediglich dazu führen, daß die Regelung des § 17 Nr.1 KStG jede Bedeutung verlieren würde. Eine analoge Anwendung des § 302 AktG ist daher nicht angezeigt[609].

Auch eine analoge Anwendung des § 303 AktG kommt nicht in Betracht, weil die Ausgangslage im Aktienrecht eine andere ist, es handelt sich dabei um eine Regelung zum Schutz der Gläubiger, wonach die herrschende Gesellschaft den Gläubigern des beherrschten Unternehmens bei Beendigung eines Unternehmensvertrages Sicherheit zu leisten hat.

Die Voraussetzungen von GmbH-Unternehmensverträgen weichen, nach der hier vertretenen Ansicht, stark von den diesbezüglichen Anforderungen des aktienrechtlichen Vertragskonzernrechts ab; damit besteht keine Basis, für die analoge Anwendung der Vorschrift des § 303 AktG.

Da es sich bei einem GmbH-Unternehmensvertrag sowohl nach der hier vertretenen Ansicht als auch nach Ansicht des BGH und der

---

608) In der Rsp. zuletzt mit weiteren Nachweisen BGH in DB 1991, S.29 (31); Emmerich/Sonnenschein, S.401 f.; Priester in ZHG Sonderheft Nr.6, S.151 (185); Ebenroth/Müller in BB 1991, S.359 (361); Wirth in DB 1990, S.2105 (2108); Emmerich in Scholz, Anh. Konzernrecht, Rz.309 ff.; Rehbinder in FS Fleck, S.253 (259).
609) Anderer Ansicht Rehbinder in FS Fleck, S.251 (259 ff.).

überwiegenden Literatur um eine eintragungspflichtige Tatsache
handelt, findet § 15 HGB prinzipiell Anwendung. Auf diesem Wege
können auch Dritte geschützt werden. Der Organträger könnte
sich dann nicht auf die Beendigung des Organschaftsvertrages
berufen, solange diese Tatsache nicht im Handelsregister eingetragen worden wäre. Dabei wäre unerheblich, daß aller Wahr-
scheinlichkeit nach auch der Abschluß des Organschaftsvertrages
nicht ins Handelsregister eingetragen wurde.

Der BGH hat demgegenüber im Stromlieferungs-Urteil ausgeführt,
§ 15 Abs.1 HGB sei nicht anwendbar. Der umstrittene Unternehmensvertrag war 1987, also vor dem "Supermarkt"-Beschluß aufgehoben worden[610]. Der BGH hat in diesem Zusammenhang der Anwendung des § 15 Abs.1 HGB entgegengehalten, daß noch kein Vertrauen des Rechtsverkehrs bestanden habe. Zwar war bereits vor
dem "Supermarkt"-Beschluß eine eindeutige Tendenz in der Literatur vorhanden, eine Eintragungspflicht von Unternehmensverträgen zu befürworten; die Registergerichte haben jedoch erst
nach dem "Supermarkt"-Beschluß Eintragungen vorgenommen.

Dem BGH ist im Ergebnis zuzustimmen. § 15 Abs.1 HGB erfordert
Gutgläubigkeit bezüglich der im Handelsregister eingetragenen
Tatsachen. Ein GmbH-Unternehmensvertrag war zwar prinzipiell
schon immer eine eintragungspflichtige Tatsache; ein entspre-
chendes Bewußtsein und die reale Möglichkeit für eine solche
Eintragung besteht jedoch erst seit dem "Supermarkt"-Beschluß.
Die dafür erforderliche Gutgläubigkeit und damit auch die Vor-
aussetzungen des § 15 Abs.1 HGB können daher erst seit diesem
Zeitpunkt vorliegen.

---

610) Vgl. BGH in DB 1992, S.29 (31).